Radierung von Cornelia Forster
www.adhikara.com/cornelia-forster/

Vincenzo Kavod Altepost
Via a Verlin 9
CH 6954 Sala Capriasca
Schweiz

Tel. 0041 79 632 41 35
v.altepost@bluewin.ch
www.adhikara.com
www.free-mind.guru

Grundlegende Gutheit
Innere Freude

Ein beschenktes Leben

Von Vincenzo Kavod Altepost
Vorwort von Pyar Rauch
Beitrag von Désirée Kabbalah Wiprächtiger

Titelbild auf dem Umschlag:
Ein Detail aus einer Tapisserie d'Aubusson
von Cornelia Forster.
Titel: Meditation. 1948. Originalgrösse cm 165 / 143
www.adhikara.com/cornelia-forster
Inneres Titelbild: Radierung von Cornelia Forster

Copyright © 2017 by Vincenzo Kavod Altepost

Alle Rechte vorbehalten. Dieses Buch oder Teile davon dürfen ohne die ausdrückliche schriftliche Genehmigung des Herausgebers nicht vervielfältigt oder verwendet werden, es sei denn, es handelt sich um kurze Abschnitte. Fragt ruhig, ich bin unkompliziert.

Erstdruck: Februar 2017

Eigenverlag: Vincenzo Kavod Altepost
Verteiler: www.lulu.com/de

ISBN 978-1-326-83921-5

Vincenzo Kavod Altepost
Via a Verlin 9
CH 6954 Sala Capriasca
Schweiz
Tel. 0041 79 632 41 35
v.altepost@bluewin.ch
www.adhikara.com
www.free-mind.guru

INHALTSVERZEICHNIS

Seite 11	Vorwort und was ich dir wünsche
Seite 12	Einführung von Pyar Rauch
Seite 14	Einige Bilder aus meinem Leben
Seite 19	In einem alten Zürcher Riegelhaus
Seite 19	Von woher kommst du?
Seite 20	Sala Capriasca
Seite 21	Der Staubsauger
Seite 22	Das Salesianer Institut von Don Bosco Lugano
Seite 23	Die Begegnung mit der Jungfrau Maria
Seite 24	Die Begegnung mit Yesudian und E. Haich
Seite 25	Die Kraft der Gedanken.
Seite 28	Ein Traum eines Kampfes mit Mars und Venus
Seite 29	Die Symbole von Mars und Venus
Seite 30	Die Begegnung mit Vilayat Inayat Khan
Seite 31	Eine Frage
Seite 33	Sommercamp in Mellau
Seite 35	Persönliche Meditationsanweisungen
Seite 37	Sommer Camp von Vilayat in Chamonix
Seite 38	Einige Bilder aus meinem Leben
Seite 42	Der Traum der geographischen Karte von Rom
Seite 43	Sardinien und zurück in der Schweiz
Seite 44	Ein wichtiger Gedanke
Seite 44	Probleme und Leiden
Seite 45	Eine Lichtmeditation
Seite 46	Mein erstes Meditationszimmer
Seite 48	Erneute Lichterfahrung
Seite 49	Transzendentale Meditation
Seite 52	Das Fliessen der grossen Energie

Seite 53	Ein grosses Auge
Seite 53	Die Zeugin
Seite 53	Ich befinde mich in einem Licht Meer
Seite 53	Schweben in der Nacht
Seite 54	Kundalini
Seite 55	Bewusster Schlaf
Seite 55	Soma Erfahrungen
Seite 55	Die blaue Perle
Seite 55	Zahlen
Seite 56	In der Waschküche
Seite 56	Weitere Meditationskurse
Seite 57	Maharishi Mahesh Yogi
Seite 61	Transzendentale Meditation - Rehabilitation
Seite 65	Der erste offizielle Auftrag
Seite 67	Begegnung mit Swami Muktananda
Seite 77	Begegnung mit Swami Nityananda Junior
Seite 78	Begegnung mit Gurumayi Chidvilasananda
Seite 90	Besucher in meinem Herz
Seite 91	Begegnung mit Bhagavan Nityananda
Seite 93	Begegnung mit Irina Tweedie
Seite 95	Begegnung mit Shri Satya Sai Baba
Seite 101	Begegnung mit Baba Bal Nath
Seite 106	Begegnung mit Sri Chinmoy
Seite 107	Begegnung mit Mother Meera
Seite 107	Begegnung mit Amma
Seite 109	Begegnung mit Lama Sherab
Seite 111	Begegnung mit Sheikh Nazim
Seite 115	Begegnung mit Swami Vishwananda
Seite 118	Begegnung mit dem Dalai-Lama

Seite 120	Begegnung mit Shri Poonjaji
Seite 122	Begegnung mit Shakti Caterina Maggi
Seite 122	Begegnung mit Swami Atmananda
Seite 123	Verschiedene andere wichtige Begegnungen
Seite 124	Die schmerzliche Trennung vom Siddha Yoga
Seite 129	Die Begegnung mit Pyar
Seite 131	Innen und Aussen
Seite 132	Einige Bilder aus meinem Leben
Seite 135	Synchronizitäten
Seite 153	I Ging. Das Buch der Wandlungen
Seite 162	Gedanken und Schlussfolgerungen
Seite 163	Wasser
Seite 166	Frucht und Gemüsesaft
Seite 169	Ich gehe die Straße entlang
Seite 170	Selbstdefinition
Seite 171	Über unseren Geist
Seite 172	Identifikation
Seite 174	Transzendenz
Seite 176	Adi Shankara
Seite 178	Nirvana Shatkam
Seite 180	Totakacarya
Seite 182	Die grundlegende Natur eines jeden Menschen
Seite 185	Gefühle
Seite 186	Wandlungsprozess von Tamas zu Sattwa
Seite 187	Jetzt
Seite 188	Öffentliche Programme
Seite 188	Was ich dir wünsche
Seite 189	Warum Meditation in der Suchthilfe nützlich ist
Seite 190	Suchthilfe

Seite 193	Ein besonderer Dank
Seite 193	Gesang und Meditation
Seite 194	Die Entwicklungsstufen in dieser therapielosen Therapie
Seite 195	Die Reinigungsphase
Seite 197	Der Austritt
Seite 199	Todesfälle
Seite 200	Erinnerungen und Anekdoten
Seite 208	Ein kühles Feuer
Seite 212	Thich Nhat Hanh
Seite 212	Zukunftspläne
Seite 214	Innere Freude
Seite 216	Meinen Dank
Seite 218	Abschluss
Seite 219	Einige Bilder aus meinem Leben
Seite 222	Die Entstehung des Free Mind Kurses
Seite 224	Free-Mind Text
Seite 225	Um Erfolg zu haben
Seite 228	Zuflucht finden
Seite 230	Gedanken
Seite 232	Ozean und Wellen
Seite 234	Gedanken - Mantra – Japa
Seite 238	Licht durch den Körper
Seite 241	Meditation
Seite 243	Aquarium
Seite 246	Verschiedene Bewusstseinszustände
Seite 247	Shankara sagt
Seite 248	Tonglen
Seite 248	Gebet
Seite 251	Übung der Gleichheit

Seite 252	Ungerechtigkeit
Seite 254	Die Kraft eines Gedankens
Seite 256	Lust haben
Seite 256	Meinungen
Seite 257	Überwindung des Schlechten
Seite 259	Aggression, Wut
Seite 260	Resultat vergangener Gedanken
Seite 260	Wenn es dir schlecht geht
Seite 262	Mutter und Vater
Seite 266	Humor
Seite 271	Eine Geschichte im Haus. Von Kabbalah
Seite 273	Leben
Seite 276	Sucht
Seite 288	Glücklich
Seite 298	Sein
Seite 314	Inhaltsverzeichnis der «Qr Codes»
Seite 319	Liste einiger Bücher
Seite 324	Link
Seite 327	Bibliografie
Seite 339	Aktuelle Neuigkeiten
Seite 340	Platz für eigene Gedanken

VORWORT

Verschiedene gute Freunde haben mich aufgefordert, ein Buch über meine Erfahrungen in der Suchthilfe zu schreiben. Nach anfänglicher Skepsis bin ich, dank Désirée Kabbalah Wiprächtiger, zu der Überzeugung gekommen, dass so ein Buch für einige Menschen auch nützlich sein könnte, da ich die Drogenprobleme und die Rehabilitation mit einer heute in der Schweiz noch unüblichen Arbeitsweise angehe: mit Meditation, Mantra-Gesang und dem Wissen der grundlegenden Gutheit eines jeden Menschen in seiner wahren Identität. Ich ermögliche den Menschen, die zu mir kommen, ihr reines, klares Bewusstsein zu erfahren und zu erkennen. Die Erfahrung des inneren Raumes, des Raums des Herzens, unseres Bewusstseins, gibt uns die Möglichkeit, uns völlig neu zu identifizieren und orientieren. Wir erlangen dadurch ein gutes Gefühl von uns selber, und festigen uns in unserem realen Selbstbewusstsein. Dies ist der beste und erfolgreichste Weg, Suchtprobleme und falsche Identifikationen definitiv hinter sich zu lassen. Es ist ein Weg zu mehr Liebe, Freude und Freiheit.

Gleichzeitig schildere ich in diesem Buch auch meine eigenen Erfahrungen auf diesem weglosen Weg. Den Begriff „Grundlegende Gutheit" habe ich zuerst bei Pyar gehört, und er gefällt mir, da er genau das Ziel in meiner Arbeit zum Ausdruck bringt.

Was ich uns von ganzem Herzen wünsche ist, dass wir die Möglichkeit haben, die Schönheit, Grösse und Kraft unserer eigenen Natur zu erkennen. Ich wünsche uns, dass wir unser Fühlen, Denken und Handeln in Übereinstimmung bringen können mit unserer inneren Kostbarkeit und unserer grundlegenden Gutheit. Ich wünsche uns, dass wir lernen, uns an unserem eigenen Bewusstsein zu berauschen. Ich wünsche uns, dass wir grundlos glücklich sind. Ich wünsche uns viel Liebe und Vertrauen in unsere grundlegende Gutheit.

Vincenzo Kavod Altepost

Sala Capriasca, 28.9.2016

 ## EINFÜHRUNG VON PYAR RAUCH

Seit zwölf Jahren ist Kavod mein Schüler. Ich fühle mich geehrt, ihn in seinem Reifen an Weisheit, Liebe und Freude begleiten zu dürfen.

Seit vielen Jahren genieße ich gemeinsam mit den Teilnehmern meiner Retreats die Mantra-Gesänge, die Kavod und Kabbalah mit uns vor der nachmittäglichen Meditation singen. Gelegentlich erzählt er dann auch eine Geschichte aus seinem wahrlich reich beschenkten Leben, die die Bedeutung eines Mantras erhellt. Und immer sind wir dann alle zutiefst berührt. Manchmal erzählt er von einem der großen Meister und ist dann selbst so sehr berührt, dass ihm die Tränen übers Gesicht laufen. Ich bin so froh, dass all dieser Reichtum nun allen Menschen, die dieses Buch lesen zur Verfügung steht.

Genauso berührt bin ich jedes Mal, wenn er einem an sich zweifelnden Menschen eindringlich die Grandiosität unserer Essenz – der grundlegenden, strahlenden, freudigen Gutheit in uns allen, zuruft.

Sein Gesang vibriert vor Leben, Freude und Innigkeit. So wunderte es mich nicht, als ich schon bald erfuhr, dass er vielen suchtkranken jungen Menschen in seiner Einrichtung im Tessin durch Mantra-Gesang, Meditation und praktische Arbeit an der Töpferscheibe aus ihrem Gefängnis helfen konnte. Und vor allem durch seine felsenfeste Gewissheit, dass wir alle grundlegend gut sind, konnte und kann er viele Menschen erleichtern und befreien.

Als Kavod mir nun vor einiger Zeit das Manuskript zu diesem Buche sandte und ich begann darin zu lesen, hüpfte mein Herz vor Freude. Es ist in einer Weise geschrieben, dass man meint, all die Weisheit und die wunderbaren Geschichten aus diesem beschenkten Leben nicht nur zu lesen, sondern Kavod sprechen zu hören. Humor, Tiefgang und spannende Erzählung dieses Textes ließen mich nicht mehr los.

Ein weiteres Juwel dieses Buches ist die Lebensgeschichte von Kabbalah Désirée Wiprächtiger. Sie erzählt ihren Weg aus der Sucht, hin zu einem freien glücklichen Leben. Seit vielen Jahren ist sie jetzt Kavods Mitstreiterin und Gefährtin in seinem Haus im Tessin.

Ich wünsche diesem Buch weite Verbreitung, denn es ist segensreich und wird viele Herzen berühren. Dieses Buch ermöglicht sich mittragen zu lassen und dabei den eigenen tiefsten Schatz, die eigene Schönheit und vor allem die bedingungslose Freude in sich selbst zu entdecken.

Pyar

München, 26.1.2017

EINIGE BILDER AUS MEINEM LEBEN

Mein Vater und meine Mutter. 1949 ca.

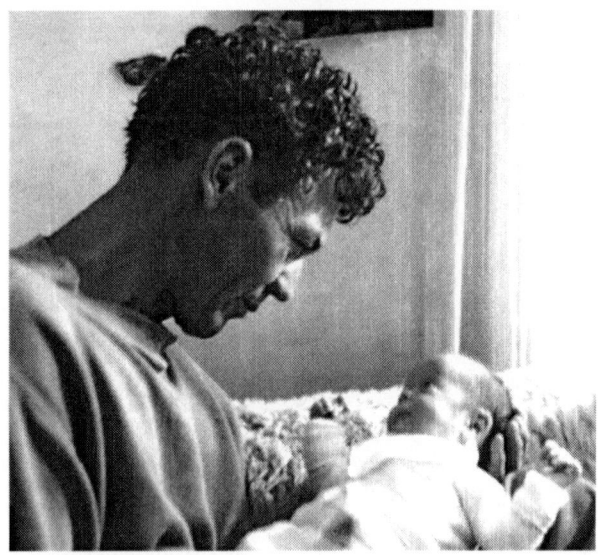

In den Armen von Hans Erni. 1944

Mein Vater und ich im Garten

Mit ungefähr fünf Jahren.

Sala Capriasca, um 1954.

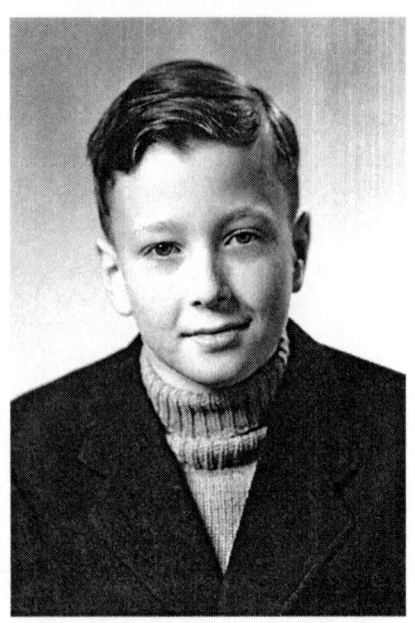

Mit Karl Mai im Bett.

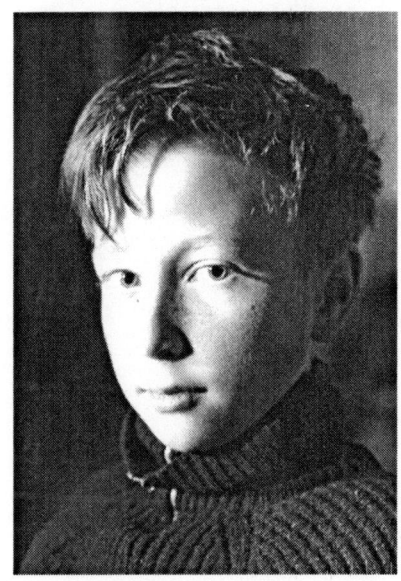

Ungefähr 13 Jahre alt.

 IN EINEM ALTEN ZÜRCHER RIEGELHAUS
Geboren bin ich in Zürich am 22. September 1944. Meine Mutter war die Künstlerin Cornelia Forster und mein Vater, Hill Altepost, arbeitete mit Siebdruck auf Textilien. Aufgewachsen bin ich während der ersten zehn Jahre in einem ganz alten Zürcher Riegelhaus «Zur Arch», 1670 gebaut, an der Bärengasse 18 in Zürich. Ein Haus, etwa siebzig Meter vom Paradeplatz entfernt, mit einem ganz grossen Garten, mit grossen Bäumen und weitem Rasen. In der Kriegszeit wurde hier ein Acker angelegt. Wenn man heute den Paradeplatz sieht, kann man sich das gar nicht mehr vorstellen. Das Riegelhaus und der Garten sind verschwunden, und heute steht dort eine grosse Bank. Der bessere Teil dieses Riegelhauses wurde 1972 auf Schienen verschoben und wurde danach das Wohnmuseum von Zürich. An diesen grossen Garten und an seine grossen Bäume erinnere ich mich gut. Mein Schlafzimmer hatte den Ausblick auf diesen Park, und nachts, wenn auf der Talackerstrasse ein Tram vorbeifuhr, durchbrach das Licht der Scheinwerfer die Bäume und auf der Wand meines Zimmers ergab sich dadurch ein bewegtes und lebendiges Licht- und Schattenspiel. Vor dem Einschlafen wartete ich immer auf dieses Licht- Schauspiel, in dem ich ganze Geschichten sehen konnte.

VON WOHER KOMMST DU?

Meine Mutter stellte mir die Frage: «Woher kommst du?»
Als kleiner Bub war ich am Spielen mit Holzklötzchen.
Ich antwortete ihr:
«Ich chume usemene ganz grosse Chlötzli, und das isch d'Liebi, und dethäre gahni wider.»
«Ich komme aus einem grossen Klötzchen, und das ist die Liebe, und dorthin gehe ich wieder.»
So hat es mir meine Mutter erzählt.

Wie die Blüte Vorbote der Frucht, ist die Kindheit des Menschen die Verheissung seines Lebens.
Hazrat Inayat Khan [118]

SALA CAPRIASCA

Wir lebten ab 1954 in einem neuen Haus, das meine Mutter bauen lassen hat, im Kanton Tessin, in Sala Capriasca, in der Nähe einer kleinen Kirche mit dem Namen «Santa Liberata», «Heilige Befreite.» In der ganzen Region, bis nach Lugano, waren alle Verbindungen einfache, schmale Schotterstrassen. Die meisten Familien lebten noch von einer einfachen Agrarwirtschaft. Manche Familien hatten eine Kuh oder ein paar Ziegen. Die Wälder in dieser Region bestehen aus Kastanienbäumen und diese Kastanien lieferten ein Mehl, das zu jener Zeit in der Ernährung noch eine Rolle spielte. In der Nähe unseres Hauses gab es einen öffentlichen Waschtrog, in welchem die Frauen des Dorfes ihre Wäsche mit Asche oder mit Seife im kalten Wasser wuschen. Am Abend nach der Arbeit trafen sich die Familien, die Erwachsenen und die Kinder auf dem Dorfplatz, in deren Mitte die Kinder spielten. Den Wänden entlang sassen die älteren Menschen. Das förderte so einen lebendigen Austausch. Es gab damals noch keine Television. In Sala Capriasca besuchte ich die fünfte Klasse der Primarschule, beherrschte die italienische Sprache aber noch nicht. Italienisch habe ich ohne Kurse auf natürliche Art und Weise erlernt. In der Schule hatte ich die Gewohnheit, unter der Schulbank, im Versteckten, die Bücher von Karl May zu lesen. Die Lehrerin hat immer simuliert, mich nicht zu sehen. Ich nehme an, dass sie wohl gedacht hatte, dass dieses Lesen schlussendlich nützlich für mich sein könnte. Nachts, mit der Taschenlampe unter der Bettdecke, habe ich weitergelesen.

DER STAUBSAUGER

Ich war etwa zwölf oder dreizehn Jahre alt. Meine Mutter gab mir 20 Rappen mit dem Auftrag, den Boden des Wohnzimmers zu saugen. Als ich so den Teppich saugte, kam ich in die Nähe des Büchergestells. Der Titel eines Buches zog meine Aufmerksamkeit an: «Von woher kommst du? Wohin gehst du?» Die gleiche Frage, die mir schon meine Mutter als Knirps gestellt hatte. «Die Botschaft von Hazrat Inayat Khan». Ich habe angefangen zu lesen, aber nach einer gewissen Zeit spürte ich, dass mich etwas störte. Ich wurde mir meiner Umgebung wieder bewusst und erkannte, was mich störte: Es war der Lärm, den der Staubsauger verursachte. Ich bemerkte, dass ich volle zwei Stunden in die Lektüre eingetaucht war, ohne den Staubsauger wahrzunehmen. Das war das erste Buch, das ich in diesem Bücherregal gefunden habe. Danach kamen die Bücher: Jnana Yoga, Karma-Yoga, Bhakti-Yoga und Raja Yoga von Swami Vivekananda. Davon interessierten mich natürlich am meisten die Yogasutras von Patanjali, da diese die Siddhis erläuterten. Das sind spezielle Fähigkeiten, die im Laufe der Entwicklung möglich werden. Aus der heutigen Sicht habe ich bei der Lektüre dieser Bücher sicher sehr wenig, fast nichts verstanden, aber es war genug, um zu wissen: «Das will ich.»

Andere Bücher folgten. Die „Autobiographie eines Yogi" von Paramahansa Yogananda habe ich verschiedene Male gelesen, es berührte mich tief. Ein anderes Buch, das ich immer wieder las, war «Der Prophet» von Khalil Gibran. Auch «I Ging – das Buch der Wandlungen» von Richard Wilhelm war wichtig für mich.

Der Geist ist so nah, dass Du ihn nicht sehen kannst!
Doch greife danach.
Sei nicht der Reiter, der durch die Nacht galoppiert,
ohne je das Pferd zu sehen, auf dem er sitzt.
                                            Rumi [1]

DAS SALESIANER INSTITUT VON DON BOSCO

Meine Mutter und ich lebten alleine, mein Vater war mit einer anderen Frau nach Südafrika ausgereist. Ich ging in Sala Capriasca in die Primarschule. Es geschah aber manchmal, dass meine Mutter auf Reisen ging, und ich konnte auswählen, ob ich alleine und selbstständig im Haus bleiben wollte oder ob ich es vorzöge, die Zeit im Salesianer Institut von Don Bosco in Lugano als Internist zu verbringen. Meistens habe ich das Salesianer Institut von Don Bosco gewählt, da es für mich einfacher war, wegen der schon vorgegebenen Tagesstruktur. Dieses Institut wurde von Salesianer Priestern geleitet, ganz katholisch. In Zürich bin ich in einer protestantischen, nicht praktizierenden Gemeinschaft aufgewachsen. Die katholischen Traditionen waren für mich eine fremde Welt. Im Institut gingen wir jeden Tag zur heiligen Messe, zum Gebet und zum Gesang. Ich war all dem gegenüber ganz unbeschwert, frei und offen. Eines Tages, als ich im Institut lebte, hatten die Ferien angefangen, aber meine Mutter war noch nicht von ihrer Reise zurückgekehrt. Alle Schüler reisten ab und ich blieb alleine zusammen mit allen Priestern. Jetzt ergab sich in der Kirche eine neue Situation. Beim Singen und Beten, zusammen mit all diesen Priestern, bildete sich eine Energie, ein Kraftfeld. Diese Energie berührte mich, ich liebte sie, ich wollte sie. Und so habe ich die Salesianer Priester gefragt, was ich denn tun muss, um Salesianer Priester zu werden. Als ich danach aber hörte, was ich alles glauben und machen musste, ist mir der Wunsch ganz plötzlich wieder vergangen. Fast gleichzeitig entstand in mir der Wunsch und der Entschluss, den Weg des Yoga zu begehen, um dieses Kraftfeld zu erlangen. Ich war damals zwölf, anfangs dreizehn Jahre alt.

Perlmuttern erglänzen die Horizonte der Phantasien.
Weisse Sonnenscheiben kreisen und schütten flimmernde Sterne in den Grund. Ein Götterschiff mit offenen Segeln zieht vorüber und zuoberst im Zenit ist die Rosette, welche alles Leben einsaugt wie ein Vulkan das Feuer. Doch das Zentrum, ein Punkt, bleibt der Phantasie verschlossen, bleibt Rätsel jeder Vorstellung.
                                                            Cornelia Forster [2]

DIE BEGEGNUNG MIT DER HEILIGEN JUNGFRAU MARIA

Eines Tages kam ein Priester in die Schulklasse, er suchte einen Freiwilligen, der ihm bei einer Arbeit helfen sollte. Eine Prozession wurde vorbereitet. Er benötigte meine Hilfe, um von einem Altar eine Skulptur aus Holz der Heiligen Jungfrau Maria abzuschrauben. Es handelte sich um eine hellblau angemalte Holzskulptur, kein altes Werk. Ich bin auf den Altar geklettert und habe mit einem Schlüssel die Schrauben gelöst und dem Priester geholfen, sie herunter zu nehmen und danach auf einer Einrichtung zu montieren, die dazu diente, diese Skulptur in dieser geplanten Prozession zu tragen. Bei dieser Arbeit habe ich eine erstaunliche Erfahrung gemacht. Ich konnte wahrnehmen, dass diese Skulptur energetisch geladen war, als wäre sie lebendig. Ich habe von dieser Erfahrung niemandem etwas gesagt.

Als die Kirche leer war, bin ich nochmals hineingegangen und habe mich dieser Skulptur genähert. Ich konnte feststellen, dass es mir möglich war, diese Energie körperlich wahrzunehmen, ab einer Distanz von ungefähr 80 cm. Damals hatte ich keine Erklärung dafür, ich hatte nur meine Erfahrung. Maria ist die Personifizierung eines Aspektes Gottes, und die vielen Menschen, die sich in ihrem Gebet an diese Figur der Maria wendeten, haben diese Holzskulptur von Maria energetisch aufgeladen, zum Leben erweckt. Da ich aus einer nicht praktizierenden protestantischen Familie kam, war mir die Figur der Maria unbekannt. Und so habe ich sie kennengelernt

Wir verehren eine unsichtbare Präsenz die uns beschenkt.

Rumi [3]

DIE BEGEGNUNG MIT SELVARAJAH YESUDIAN UND ELISABETH HAICH

Dank meiner Mutter kannte ich eine Yogaschule, die sich in einem schönen Haus am See zwischen Caslano und Ponte Tresa befand. Diese Yogaschule gibt es immer noch. Ich hatte ein Fahrrad, und so bin ich, von Sala Capriasca aus, zu dieser Yogaschule gefahren, mit dem klaren Entschluss, Selvarajah Yesudian zu fragen, ob ich sein Schüler werden durfte. Diese Frage war für mich total. Etwa so, wie ich es bei Yogananda gelesen hatte. Etwa so, als würde ich Sri Yukteswar fragen, Schüler zu werden. Ich habe mich an Selvarajah Yesudian mit dieser Frage gewandt, aber es war auch sofort klar, dass er die Tiefe meiner Frage nicht wahrgenommen hatte. Er antwortete mir, ich soll doch am Anschlagbrett im Büro nachsehen, wann die nächsten Yoga-Lektionen stattfinden würden. In diesem Moment wurde mir klar, dass Selvarajah Yesudian nicht mein Meister werden würde. Ich habe mich aber an den täglichen Yogalektionen eingeschrieben und habe mich auf einem am See gelegenen Campingplatz eingerichtet. Ich hatte ein kleines Zelt und habe mir zwischen zwei Bäumen eine Hängematte platziert.

Für mein Zelt hatte ich zwei Wimpel gemacht.

Das Schriftzeichen AUM steht für «Alleanza Umana Mondiale».
«Weltweites Menschliches Bündnis».
Und AUM ist auch eine andere Schreibweise für das Mantra OM.
Der Kreis mit dem Punkt ist ein Symbol für das reine Bewusstsein.
Das grosse "E" stand für Europa.
Das war in meinen Sommerferien, im Alter von dreizehn Jahren.

Am Morgen ging ich in die Hatha Yoga Lektionen von Selvarajah Yesudian, ich liebte ihn und seine edle Feinheit und Ruhe. Am Abend ging ich zur Meditation bei Frau Elisabeth Haich. Es war eine kleine Gruppe von etwa sechs bis acht Menschen, die unter der Leitung von Frau Elisabeth Haich zusammen im Kreise meditierten. Als Frau Elisabeth Haich mich das erste Mal sah, war sie erstaunt über mein junges Alter und sagte: «Du hast sicher schon in früheren Leben meditiert.» Zur Meditation liess uns Frau Elisabeth Haich das Mantra OM gebrauchen. Frau Elisabeth Haich hatte eine sehr entschlossene, starke und klare Ausdrucksweise. Ich liebte sie, und etwas, was mir von ihr geblieben ist und das ich nie mehr vergessen werde, war eine Aufforderung an mich. Mit voller Energie forderte sie mich auf: «Sei frei, sei frei, sei frei». So habe ich meine ersten Meditationserfahrungen gemacht, hatte aber noch keine tägliche Disziplin. Mein Dank an Frau Elisabeth Haich, und an meine Mutter, die mir diese Freiheit zugestanden hat.

DIE KRAFT DER GEDANKEN

Sommer 1958, im Alter von dreizehn, aber schon fast vierzehn Jahren.

Mein Bruder Cornelius und ich waren eines Abends in Lugano im Kino. Damals gab es vor dem Hauptfilm meistens noch einen Vorspann mit einem Dokumentarfilm oder einem Trickfilm. Als Vorspann gab es diesen Abend einen Dokumentarfilm, von Walt Disney gemacht, über Sardinien. Von der Schönheit dieser Insel waren wir beeindruckt und haben unsere Mutter überzeugt, alle zusammen auf Sardinien die Sommerferien zu verbringen. Unser erster Aufenthalt war in einem kleinen Fischerdorf Stintino, an der Nordküste von Sardinien gelegen. Heute ist Stintino eine touristische Attraktion und völlig überlaufen, aber damals, 1958, war es ein ganz einfaches, bescheidenes, kleines Fischerdorf. Alles Schotterstrassen und kein fliessendes Wasser. Das Trinkwasser wurde zweimal im Jahr mit einem Schiff aus Neapel geliefert. Meine Mutter hatte ein Zimmer gemietet und ich lebte in einem kleinen Zelt am Strand. Ich war noch dreizehn Jahre alt und wartete sehnlichst auf den vierzehnten Geburtstag. Mit vierzehn ist man doch schon ein wenig erwachsener. In Stintino habe ich ein Mädchen kennengelernt. Ihr Name war Marisa und sie war schon fünfzehn Jahre alt. Ihre Schönheit war überwältigend. Wenn ich das heute schreibe, berührt es mich immer noch. An einem Dorffest hat mich Marisa zum Tanz eingeladen, und obwohl ich nicht tanzen konnte und ganz scheu war, habe ich diesen Tanz angenommen. Wir haben fast nicht gesprochen, da ich viel zu schüchtern war. Ich träumte von ihr und habe ihren Namen am Strand in den Sand geschrieben. Am Tag unserer Abfahrt habe ich sie gesucht, gefunden, und von ihr ihre Adresse bekommen. Ein letztes wichtiges Detail, an das ich mich klar und gut erinnere, war ein Gedanke. Ich sass im hinteren Teil des Corriera-Busses, auf der linken Seite und schaute auf den kleinen Hafen von Stintino. Ich dachte: „Wenn ich zwanzig bin, komme ich wieder und hole sie mir." In den darauffolgenden Jahren habe ich eigentlich selten an sie gedacht, aber ihr doch jedes Jahr eine Postkarte geschickt, manchmal auch ganze Pakete. Als ich 1964 zwanzig Jahre alt wurde, musste ich in die Rekrutenschule zum Militär, hatte davor aber noch einige Wochen Ferien. Ich hatte ein Motorrad, eine alte „BMW 250". Ich überlegte mir zwei verschiedene Reisen mit diesem Motorrad. Eine Möglichkeit war, bis Amsterdam und danach der Küste entlang bis nach England zu fahren, um in London meinen Bruder zu besuchen, der dort in einem Architekturbüro arbeitete. Die zweite Variante war eine Reise nach Sardinien, um dort Marisa wieder zu treffen. Wie ihr schon ahnt, bin ich nach Sardinien gereist. Wir haben uns getroffen, und ich habe ihr angeboten zu mir in die Schweiz zu kommen. Sie hat sich dazu entschlossen und ist gekommen. In den ersten Monaten ergab sich eine tiefe Freundschaft, die sich in Liebe wandelte, und ein Jahr später, im Dezember 1965, haben wir geheiratet.

  Nochmals kurz zurück zu meiner ersten Reise nach Sardinien im Jahr 1958. Nach Stintino sind wir in den Süden gefahren, nach Portoscuso. Mein Bruder hatte mir erlaubt, sein Motorrad, eine „Gilera 125", zu gebrauchen. In Italien gab es zu jener Zeit noch keine Altersgrenze oder Prüfung, um ein Motorrad fahren zu dürfen. So konnte ich etwa dreihundert Kilometer, von Sassari aus, in den Süden von Sardinien fahren. Von dieser Reise trage ich noch Bilder in mir, die einfachen Strassen, Bauern, die auf dem Rücken ihrer Esel ritten, Raben, die sich von der Strasse aus zum Flug erhoben, das starke Licht der Sonne, die von der Sonne verbrannte Sommerlandschaft. In Portoscuso, einem Dorf am Meer, lebten wir bei einer Familie. Mit dem Sohn, der schon sechzehn Jahre alt war, also in meinen Augen schon fast ein Grosser, waren wir zusammen am Strand und ich habe ihm mein Leid gebeichtet: „Jetzt bin ich doch schon bald vierzehn Jahre alt und habe noch nie eine nackte Frau gesehen." Der Junge hatte Mitgefühl und Anteilnahme und sagte mir: „Kein Problem, morgen kommst du mit mir, wir fahren nach Carbonia, und dort werde ich dir nackte Frauen zeigen." Am Tag darauf sind wir mit dem Corriera- Bus nach Carbonia gefahren, eine kleine Stadt, die von Mussolini gebaut wurde. Die Strassen waren breit und auf jedem Haus unter dem Giebel gab es ein „M". Wir kamen in einer etwas abgelegenen Strasse zu einem Haus, wo alle Fensterläden geschlossen waren. Es war ein staatliches, öffentliches Bordell, wie es sie in diesen Jahren noch gab. Ich hatte grosse Angst. Wir sind eingetreten, sieben Stufen hochgegangen, und haben an der Tür geläutet. Eine mächtige Frau, sie hätte Federico Fellini gefallen, hat uns aufgemacht und sich auch sofort an mich gewandt: „Du kannst nicht rein, heute sind die Carabinieri hier". Ich war tief erleichtert und dankbar, von dieser Angst befreit zu sein.

Diese Geschichte hat aber noch eine Folge. 1969 habe ich in Porza, oberhalb von Lugano, die Kunstgalerie „Galleria d'arte Il Claustro" eröffnet. Fast jeden Monat organisierte ich da eine Kunstausstellung. In den Zeitungen hatte ich damals einen grossen Erfolg. Zwischen Zeitungsartikel und Pressemitteilungen erhielt ich durchschnittlich sechzehn Interventionen der Zeitungen. Ein Resultat, das heute unmöglich erreichbar ist, sogar für ein Museum nicht. Ein italienischer Journalist hat mir grosszügig jeden Monat einen Artikel geschrieben. Im Jahr 1972 hatten Marisa und ich die Absicht, unsere Ferien in Sardinien zu verbringen. Dieser Journalist kam auch aus Sardinien und hat uns eingeladen, ihn bei sich zuhause zu besuchen, bei ihm zu essen und auch zu übernachten.

Der Ort wo er wohnte war Carbonia. Dort angelangt kamen wir in einer etwas abgelegenen Strasse zu einem Haus, wo alle Fensterläden offen waren. Als wir eingetreten waren und ich sieben Stufen hinaufging und an der Tür läutete, da erkannte ich, dass ich schon einmal hier war, aber nicht eintreten durfte. Das Haus hatte jetzt eine andere Funktion erhalten, mit verschiedenen Privatwohnungen. Jetzt, viele Jahre später, konnte ich zusammen mit Marisa auch dort schlafen. Mir gefallen diese zwei kleinen Geschichten, weil sie die Kraft der Gedanken so schön schildern.

EIN TRAUM EINES KAMPFES MIT MARS UND VENUS

Ungefähr 1960 im Alter von sechzehn Jahren.

In einer Vollmondnacht befand ich mich auf einem Hügel in einem reifen Kornfeld. Ich hatte ein Schwert in der Form eines Halbmondes und kämpfte gegen zwei Gottheiten, Mars und Venus. Meinerseits war es ein verbissener Kampf. Ich kämpfte mit all meinen Kräften. Aber diese zwei Gottheiten schienen unbesiegbar. Nach einer gewissen Zeit entschwand Mars der Szene und ich blieb alleine im Kampf mit Venus. Ich versuchte sie zu töten, aber es gelang mir nicht. In einem letzten Versuch ergriff ich ihre Haare und bog sie rückwärts.

Ich bewunderte die Schönheit ihres Halses und versuchte sie mit meinem Schwert zu töten. Ich realisierte dabei, dass Venus absolut unverwundbar und unbesiegbar ist. Ich änderte meine Einstellung. Mein Schwert warf ich weg und nahm sie in meine Arme. Venus erwiderte meine Umarmung und massierte mich rhythmisch an der Basis meiner Wirbelsäule, dem Sitz des Muladhara Chakras.

Du kannst Dich nicht mehr vor mir verbergen oder von mir fernhalten. Jeder Atemzug bindet mich an Dein machtvolles Mysterium, und ich erfahre Deine Kraft allein als meine eigene unberührte Stärke.

Ramprasad. [4]

DIE SYMBOLE VON MARS UND VENUS

Ungefähr 1960 im Alter von sechzehn Jahren.

Dieser Traum war ein bewusster Traum. Mein Körper schlief auf dem Rücken, gleichzeitig war ich mir aber bewusst. Ich sehe vor mir die Symbole von Mars und von Venus. (Das ist ein Kreis mit einem Pfeil oben rechts für Mars, und ein Kreis mit einem Kreuz unten in der Mitte für Venus.) Ich überlege mir im Traum, in welcher Position ich diese zwei Symbole mir gegenüber halten sollte. Welches Symbol auf der rechten Seite und welches auf der linken Seite? Ich überlege und finde, dass dies ein Problem ohne Lösung ist, da der Standpunkt von meinem Gesichtspunkt abhängt. Links wird rechts und rechts wird links, je nachdem von welcher Seite man diese Symbole anschaut. Darauf entscheide ich mich, diese beiden Symbole übereinander zu legen. Dies ergibt ein neues Symbol bestehend aus einem Kreis, mit oben rechts einem Pfeil und unten in der Mitte ein Kreuz. Im Moment wo ich diese beiden Symbole zusammenlege, wird mein Körper von einer gigantischen und überwältigenden Energie überflutet, von unten nach oben fliessend. Diese Energie ist überwältigend und fast unerträglich stark, so trenne ich sofort diese zwei Symbole und die Energie beruhigt sich. Ich denke im Traum über die Bedeutung dieser starken Energie nach. Ich fragte mich, ob das wohl diese Kundalini-Kraft ist, von der ich in den Büchern von Vivekananda gelesen hatte. Ich war neugierig und ich wollte es genau wissen, und so habe ich erneut diese zwei Symbole übereinandergelegt. Augenblicklich wurde mein Körper erneut von dieser überwältigenden Energie durchflutet. Ich erschrak erneut und bin aus diesem Traum aufgewacht.

Es liegt ein geheimes Sein in unserem Inneren verborgen.
Die Planeten aller Galaxien wandern wie Perlen durch seine Hände.
Kabir [5]

BEGEGNUNG MIT VILAYAT INAYAT KHAN

Als ich sechzehn Jahre alt war, hatte mich meine Mutter nach Paris mitgenommen. Wir haben das Haus von Hazrat Inayat Khan besucht (Hazrat Inayat Khan, ein grosser Sufi Meister, geboren am 5. Juli 1882 – gestorben am 5. Februar 1927). Das Haus war in der „rue de la Tuilerie 23" in Suresnes, ganz in der Nähe von Paris. Vilayat Inayat Khan war der Sohn von Hazrat Inayat Khan, er war auch ein hochintelligenter und feiner, sensibler Mann. (Vilayat Inayat Khan, geboren am 19. Juni 1916 – gestorben am 17. Juni 2004). Vilayat Inayat Khan führte die Arbeit seines Vaters als Sufi Lehrer weiter. Er als Mensch und seine Art zu unterrichten, hatte mir gefallen, und so habe ich ihn gefragt Schüler werden zu dürfen. Vilayat Inayat Khan hat meiner Anfrage zugesagt.

Am Abend, mit einer kleinen Einführungszeremonie, wurde ich als «Murīd» Schüler, im Sufi Orden eingeführt. Die ersten Unterweisungen habe ich im Zimmer seines Vaters Hazrat Inayat Khan erhalten. In dieses Zimmer eingelassen zu werden, war ein ganz spezielles Privileg. Ich erinnere mich noch deutlich daran. In den darauf folgenden Jahren war ich oft bei ihm in Suresnes, oder aber ich beteiligte mich an Sommercamps, welche Vilayat in den Bergen für Jugendliche organisierte. Was mir von Vilayat Inayat Khan bis heute geblieben ist, das ist seine Universalität. Für Vilayat Inayat Khan ist die mystische Erfahrung in den verschiedenen Kulturen und Religionen die gleiche. In seinen Erläuterungen brauchte er Texte aus allen Kulturen und Religionen. In den Zeremonien und Ritualen, die Vilayat Inayat Khan ausführte, wurden diese verschiedenen Religionen und Kulturen geehrt.

Meine Berührtheit und mein Dank an Vilayat Inayat Khan.

Dein ursprünglicher Geist ist so rein und leer wie der Himmel.
Wenn Du wissen willst, ob das stimmt oder nicht, schau in Deinen Geist hinein.
Padmasambhava. [6]

EINE FRAGE

Im Alter von siebzehn Jahren, 1961, war ich in Paris. Ich war geplagt von diesem täglichen starken Drang der Sexualkraft. An einem Satsang von Vilayat Inayat Khan habe ich ihm öffentlich die Frage gestellt: «Wie steht es mit der Keuschheit, Meister?» Vilayat Inayat Khan hat mir geantwortet: «Wir werden das privat besprechen.» Nach dem öffentlichen Satsang trafen wir uns, und er erklärte mir: «Keuschheit ist etwas Gutes, aber dies sollte in einer spontanen Sublimation stattfinden, wie es in einer ständigen Kontemplation Gottes geschieht. Dies ist in unserer Gesellschaft aber nicht möglich. Mache dir damit also bitte keine Probleme. Suche, und du wirst sicher jemanden finden, der Verständnis für deine Situation hat.» Für mich war das eine sehr befreiende Information. Doch einige Tage später hielt ein Priester bei Vilayat Inayat Khan auch einen Satsang. An den Namen dieses Priesters erinnere ich mich nicht mehr. In meiner Erinnerung war er ein russisch-orthodoxer Priester. Seine Kirche, die er leitete, war die Église Orthodoxe Saint Irénée de Paris. Ich habe auf Internet nachgeschaut und diese Kirche wird heute definiert als katholisch-orthodoxe Kirche Frankreichs. Ich habe ihm die gleiche Frage gestellt. Er hat mir darauf geantwortet: »Die meisten Menschen denken, dass die Keuschheit am Anfang des spirituellen Weges liegt. Dem ist aber nicht so, Keuschheit ist etwas, das eventuell am Ende der spirituellen Entwicklung geschehen kann. Mache dir also damit ganz bestimmt keine Probleme. Suche dir ein Mädchen oder einen Burschen, du wirst sicher jemanden finden, der Verständnis für deine Bedürfnisse hat. Lass es dir gut ergehen.» Auch diese Antwort hat mir gutgetan.

Ich habe ihn danach in seiner Kirche abends besucht. Es gab gerade die Ostermesse. Ich habe der beigewohnt. Ein schönes Erlebnis. Die Kirche war nur beleuchtet von den Kerzen, die alle Anwesenden in der Hand hielten. Mein Priester hat eine enthusiastische, energiegeladene Predigt gehalten und am Ende in voller Lautstärke gerufen: «Le Christ est ressuscité», Christus ist auferstanden. Nach der Messe hat er ein Lokal geöffnet, das man von der Kirche aus betreten konnte. Er hatte mehrere Clochards zum Essen eingeladen. Er sass, strahlend, glücklich und zufrieden hinter seinem Pult, und rauchte genüsslich eine Zigarette. Hinter seinem Kopf hing eine grosse Tafel, mit der Schrift: „Rauchen verboten".

Die Begegnung mit diesem Priester, seine Belehrung, die Ostermesse und das gemeinsame Essen danach mit den Clochards hat mir sehr gefallen. Schade, dass ich seinen Namen nicht mehr weiss. Ich habe versucht über Internet zu erfahren, von wem diese Kirche 1961 geleitet wurde, leider erfolglos.

Vertraue der göttlichen Kraft, und sie wird in Dir freisetzen, was gottähnlich ist, und alles zu einem Ausdruck der göttlichen Natur formen.
Sri Aurobindo [7]

SOMMERCAMP IN MELLAU

Als ich achtzehn Jahre alt war, hatte Vilayat Inayat Khan so ein Sommercamp in Mellau bei Bregenz in Österreich in den Bergen organisiert. Ich habe an diesem Sommercamp teilgenommen. Wir waren etwa zwanzig Jugendliche. Jeden Tag hatten wir einige Stunden Unterricht bei Vilayat. Ich habe noch gute Erinnerungen an dieses Sommercamp. Vilayat hatte auch einen grossen Adler dabei. Ich habe noch Fotografien aus dieser Zeit. (Unter Google-Bilder, findet ihr von Vilayat Inayat Khan noch verschiedene gute Fotografien, auch mit seinem Adler.) Er liess ihn fliegen und der Adler kam immer wieder zu ihm zurück. Darauf hatte ich einen Traum. In diesem Traum hatte ich viele Adler und Vilayat nur einen, meine Adler gehorchten mir aber nicht, sein Adler aber wohl. Ich erinnere mich auch noch wie Vilayat uns an einer Wandtafel den spirituellen Entwicklungsweg, wie er in der jüdischen Kabbala beschrieben ist, darstellte. Als er in seinen Erklärungen zum Punkt kam, wo es darum ging, einen direkten Weg der Verwirklichung zu gehen und somit sämtliche übliche Schritte der persönlichen Entwicklung zu überspringen, habe ich mich zu Wort gemeldet und gesagt: «Ich verstehe nicht die Notwendigkeit dieses direkten Weges, da mir das Leben, so wie ich es jetzt erfahre, doch sehr gefällt.» Vilayat Inayat Khan musste laut lachen, er hatte Freude und hat mir liebevoll auf die Schulter geklopft. Danach war mein Hemd, meine Schulter, voll weisser Kreide. An diesem Retreat habe ich auch ein Mädchen kennengelernt, aus Amsterdam.

Nach diesem Sommercamp mit Vilayat Inayat Khan bin ich mit meiner alten Vespa zuerst nach Paris gefahren und habe dort auf der Strasse, auf der „Place du Tertre" beim Sacré-Coeur Montmartre, Zeichnungen gemacht und auch verkauft. Als ich angefangen habe, bin ich am Morgen nicht genug früh am Platz gewesen und die anderen Strassen- Zeichner haben mich weggejagt. Danach war ich immer als erster dort und liess mich nicht mehr verjagen. Anfangs habe ich es mit Portraits versucht, aber ich war zu langsam und die Menschen wurden auch immer viel älter auf meinen Zeichnungen. So habe ich mein Thema geändert und habe nur noch Strassenzüge von Paris gezeichnet. Diese Strassenzüge hatten den Vorteil, sie bewegten sich nicht, hatten Zeit, und dass sie älter erschienen als sie waren, hat ihnen auch nichts ausgemacht. Ich erinnere mich, dass ich auch an ein Schweizer Hotel von diesen Zeichnungen verkauft habe. Es würde mich schon Wunder nehmen, wo die jetzt hängen. Mir ist nur noch eine Skizze geblieben von einem Porträtprofil von meiner Mutter, als sie mich auf der Strasse kurz besuchte.

Als ich genug Geld zusammen hatte, um weiterreisen zu können, bin ich nach Amsterdam gefahren und habe dieses Mädchen besucht. Sie lernte, Violine zu bauen, und hat diese Arbeit bis jetzt gemacht. Dieses Jahr, 2016, hat sie mir noch einige Fotos geschickt, aus der Zeit in diesem Jugendlager bei Vilayat Inayat Khan.

PERSÖNLICHE MEDITATIONSANWEISUNGEN

An diesem Retreat habe ich auch ganz persönliche Meditationsanweisungen von Vilayat Inayat Khan erhalten. Er gab mir das Mantra «Ya Wahabo» aus der islamischen Sufi-Tradition. Er erklärte mir die Bedeutung und die Wirkung dieses Mantra nicht, sondern nur, wie ich es anwenden sollte. Er wünschte von mir, dass ich alle sechs Stunden ganz leise, fast nicht hörbar, dieses Mantra rezitiere. Wieder daheim angekommen habe ich diese Disziplin aufgenommen, um sechs Uhr morgens, am Mittag, um sechs Uhr abends, und um Mitternacht. Ich erinnere mich jetzt nicht mehr, wie lange ich diese Disziplin durchgehalten habe. Ich erinnere mich aber, wie die Energie in meinem Zimmer zugenommen hatte, ich hatte aber auch das unangenehme Gefühl, in meinem Zimmer nicht mehr alleine zu sein. Die Situation wurde für mich ungemütlich, und so habe ich diese Disziplin aufgegeben. Vilayat Inayat Khan lebte in Paris und ich in Sala Capriasca. Anno dazumal gab es noch keine E-Mails. In der heutigen Zeit hätte ich ihn angefragt, was diese Erfahrung zu bedeuten hat.

Zu diesem Schweigen über die Bedeutung vom Mantra habe ich heute meine Interpretation.

Unser Bewusstsein ist in Verbindung mit der Welt durch die Sinneswahrnehmungen.

Diese Sinneswahrnehmungen sind also unser Bindeglied zu unserem reinen Bewusstsein. Die meisten Meditationsübungen gebrauchen eine Sinneswahrnehmung. Beim Mantra gebrauchen wir das Hören. Wenn ich innerlich einem Mantra zuhöre, so besteht die Möglichkeit, dass es sich verfeinert. Am Anfang sind noch alle Buchstaben vorhanden, aber mit der Zeit kann es sich so verfeinern, dass man nur noch einen Impuls wahrnehmen kann, der dann auch noch transzendiert wird. (Eine Funktion in der rechten Seite unseres Gehirns.) Mit einem Konzept, einer Idee oder Bedeutung, gibt es diese Möglichkeit nicht. Ein „Stuhl mit vier Beinen" bleibt ein „Stuhl mit vier Beinen" auf jeder Ebene des Geistes. (Eine rationale Funktion in der linken Seite unseres Gehirns.) Dies könnte der Grund sein, warum bei einer Meditations-Anweisung mit Mantra dessen Bedeutung oft nicht erläutert wird. (Auch in der

Transzendentalen Meditation, zum Beispiel, werden die Mantras nie erklärt.) In der arabischen Sprache gebraucht man nicht das Wort „Mantra", sondern das arabische Wort Wazifa (so etwas wie Rezept oder Eigenschaft).

Das Wazifa «Ya Wahabo» hat seine Wurzel in einem der „99 Namen Gottes". „Al-Wahhâb". Dieser Name Gottes bringt die unendliche Fülle und Grosszügigkeit der Gnade Gottes zum Ausdruck. Die Praxis, dieses Mantra «Ya Wahabo» in Gesang und Meditation zu gebrauchen, soll in uns diese Qualitäten der Grosszügigkeit fördern. Es soll uns in Übereinstimmung bringen mit der Fülle der Gnade Gottes, uns öffnen und im Fluss bleiben lassen im Nehmen und im Geben.

Nehme das Wort wahr, aus dem das Universum entsprungen ist! Dieses Wort ist der Lehrer; ich habe es gehört und wurde sein Schüler. Wie viele sind es, welche die Bedeutung des Wortes kennen? Oh Sadhu! Praktiziere das Wort!
Kabir [8]

SOMMERCAMP VON VILAYAT INAYAT KHAN

Im Alter von einundzwanzig Jahren, 1965, war es mir möglich, wieder so an einem Sommercamp von Vilayat Inayat Khan teilzunehmen. Es war ein Camp hoch in den Bergen oberhalb von Chamonix in Frankreich. Auch der Adler war immer noch dabei. Über das Mantra «Ya Wahabo» haben wir nicht mehr zusammen gesprochen. Ich war an diesem Sommercamp zusammen mit Marisa und hauptsächlich mit ihr zusammen, wir haben uns in diesem Sommercamp entschlossen zu heiraten. Wieder zurück in Lugano haben wir eine Wohnung gesucht und gefunden. Als meine Mutter erfahren hatte, dass ich entschlossen war zu heiraten, war sie entsetzt, sie empfand, dass ich mit einundzwanzig Jahren viel zu jung war für so einen Entschluss. Da gab es auch noch ein Problem. Der Besitzer der Wohnung verlangte von mir, dass ich eine ganze Jahresmiete im Voraus bezahle. Darauf hat meine Mutter all unseren Freunden und Bekannten signalisiert, dass sie mir ja kein Geld leihen sollten. Ein Freund von uns hat so über unsere finanziellen Geldschwierigkeiten erfahren und hat uns die ganze Jahresmiete bezahlt, die Hälfte auch noch geschenkt. Ende Jahr waren wir verheiratet. Meine Mutter war verärgert und ist nicht an die Heirat gekommen. Wir aber hatten es sehr schön.

Gib mir die Freiheit, ohne Echo zu singen.
Gib mir die Freiheit, ohne Schatten zu fliegen
und zu lieben, ohne Spuren zu hinterlassen.
Sufi-Spruch [9]

EINIGE BILDER AUS MEINEM LEBEN

Mit Vilayat Inayat Khan in den Bergen. – 1963
Der zweite von links bin ich.

Vilayat Inayat Khan mit seinem Adler – 1963

Retreat mit Vilayat Inayat Khan in Mellau. 1963

1963. Mit einer alten Vespa.
Von Mellau nach Paris und Amsterdam.

1964 – Mit David, dem Sohn meiner Schwester Rosina.
Bereit nach Sardinien zu fahren.

1965 – An einem Ausflug mit Marisa in Desulo, Sardinien.

1965 –Marisa in Desulo, Sardinien.

An unserem Hochzeitstag, 12.1965.

TRAUM DER GEOGRAPHISCHEN KARTE VON ROM
1965, im Alter von einundzwanzig Jahren.
Es ist ein bewusster Traum.

Mein Körper schlief auf dem Rücken, gleichzeitig war ich mir aber bewusst. Ich schlafe auf dem Rücken, rechts von mir schläft Marisa. Es war die Zeit, kurz bevor wir geheiratet haben. Ich sehe vor mir die geographische Karte von Rom. Ich rufe aus: «Das ist gut, das ist gut, aber ich will diese Karte mit allen Heiligen von Rom». Meine Worte « mit allen Heiligen von Rom» hat erneut diese gewaltige Energie entfesselt, die meinen Körper von unten nach oben durchfloss. Ich konnte nichts tun, ich war dieser gewaltigen Energie ausgesetzt.

Ich hoffte, dass Marisa, die neben mir schlief, von dieser Energie nicht in Mitleidenschaft geraten würde. Als dieser Energiefluss sich beruhigte, habe ich mich gefragt, ob dies wohl die Kundalini-Energie war. Es nahm mich Wunder und ich wollte es wissen, und so habe ich erneut ausgerufen: «Mit allen Heiligen von Rom». Erneut ist diese enorme Energie durch meinen Körper geflossen. Darauf habe ich überrascht gehört, wie ich ausgerufen habe: «Oh, welch heiliges Wasser!» Ich bin darauf aufgewacht mit dem Empfinden, ein grosses Energie-Loch in meinem Rücken zu haben. Ich war ein wenig erschrocken über die Kraft dieser Erfahrung.

Oh Sadhu,
Gott ist der Atem allen Atems.
Kabir [10]

SARDINIEN UND ZURÜCK IN DER SCHWEIZ

Marisa hatte schon eine Tochter, die Silvia, und als erstes nach unserer Heirat, haben wir Silvia zu uns geholt. Im Jahr nach unserer Heirat lebten wir einige Jahre in Sardinien, ich hatte dort Arbeit gefunden. Es ging um den Bau eines Feriendorfes am Meer, an der Nordküste, in der Nähe von Castelsardo. Wir lebten, vom Dorf abgelegen, direkt am Meer. Ich hatte die Möglichkeit jeden Tag zu schwimmen, zu tauchen und zu fischen. Es waren gute Jahre, Marisa und ich hatten es gut zusammen, und Sardinien ist mir richtig ans Herz gewachsen. In Sardinien ist auch unser erster Sohn Lucas auf die Welt gekommen. Wenn ich aber heute nach Sardinien gehe, ist da immer auch gleich eine gewisse Traurigkeit, weil viele der Menschen, die mir da wichtig waren, heute gestorben sind. In diesen Jahren hatte ich zwar immer noch das Wissen von der Meditation, aber gar keine Disziplin.

Als ich dann wieder in der Schweiz war, habe ich ganz verschiedene Arbeiten gemacht, mit wechselndem Erfolg. Ich habe Büromöbel verkauft, eine Kunstgalerie eröffnet, jeden Monat eine neue Kunst-Ausstellung, und Versicherungen verkauft. Uns sind auch noch zwei Kinder geboren, Sara und Sibilla. Wir waren jetzt eine grosse Familie mit Silvia, Lucas, Sara und Sibilla. In den ersten Jahren haben wir in Sala Capriasca in einer Wohnung gelebt. Danach haben wir in Roveredo Capriasca ein altes Haus gefunden, ein wenig abseits vom Dorf, drei Stockwerke, zehn Zimmer und einen Garten, mit einer fantastischen Aussicht über das ganze Tal bis zum See von Lugano. Für einen so geringen Preis, wo man heute nicht mal mehr ein Einzelzimmer findet. Etwa zehn Jahre haben wir dort gelebt. Für unsere Kinder war das ein schöner und idealer Ort, um aufzuwachsen.

Je näher der Mensch sich selbst kommt,
desto näher kommt er dem Göttlichen.
         Rumi [11]

EIN WICHTIGER GEDANKE

1971 lebten wir noch in Sala Capriasca. Ich hatte ein Buch gelesen über psychedelische Erfahrungen, geschrieben von Timothy Leary. In diesem Buch ging es um psychedelische Substanzen, wie LSD, Peyotel-Kaktus, psilocybinhaltige Pilze und andere halluzinogene Substanzen. Dieses Buch hatte mich sehr interessiert, besonders die Wirkung vom LSD. Mein abschliessender Gedanke zu dieser Lektüre war aber ganz anders als der Inhalt dieses Buches. Der Gedanke war: «Mit der Meditation sollte es möglich sein, Drogenabhängigkeiten zu überwinden». Nach diesem Gedanken, an den ich mich nach all diesen Jahren noch gut erinnere, bin ich in mein Zimmer gegangen und habe meditiert. Einige Jahre später sollte dann dieser Gedanke ganz konkrete Aktionen in Bewegung bringen.

PROBLEME UND LEIDEN

In den ersten Jahren, nachdem wir geheiratet hatten, ging alles gut, aber mit den Jahren haben sich Probleme angehäuft. Wir haben auch Fehler gemacht. 1974 befand ich mich dann in einer schwierigen Situation, in allen Bereichen meines Lebens hatte ich Schwierigkeiten, Probleme, die Leiden verursachten. Ich hatte auch permanent finanzielle Probleme und war in allem ständig rückständig. Langsam hat Marisa die Achtung vor mir verloren. Einmal hat sie ausgerufen: „Hätte ich doch einen gesunden Materialisten als Mann."

Nach neunzehn Jahren Ehe haben wir uns friedlich geschieden. Das war für uns beide schmerzvoll, aber trotz allem für beide richtig. Wir sind gute Freunde geblieben und sehen uns sehr oft. Marisa hat wieder geheiratet und auch wieder Achtung und Liebe zu mir. Trotz allem empfinde ich, dass wir eine schöne und wertvolle Ehe hatten und, dass unsere Kinder heute gute, klare und wertvolle erwachsene Menschen sind. Sie haben unsere Achtung und Liebe.

EINE LICHTMEDITATION

1974, im Alter von dreissig Jahren. Ich war schrecklich eifersüchtig und hatte mein inneres Gleichgewicht verloren. Mit dem Wunsch, mein Gleichgewicht erneut in mir zu finden, bin ich zu einem Meditations-Retreat zu Vilayat Inayat Khan hoch in die Berge, oberhalb von Chamonix gefahren. Zu dieser Zeit war der Adler nicht mehr bei ihm, sondern hatte die Freiheit in den Bergen gewählt. Als ich von Chamonix zurückgekommen bin, hatte ich den Wunsch zu meditieren, mit der Motivation, meine Liebe auf einer Ebene zu erfahren, wo keine Eifersucht besteht. Ich bin in mein Schlafzimmer gegangen und habe mich auf das Bett gesetzt. Ich habe die Meditation angefangen, ohne Mantra, ohne jegliche Technik. Ich bin in die Meditation eingetaucht und ganz spontan blieb meine Aufmerksamkeit zentriert auf meiner Stirne. Die Aufmerksamkeit blieb für längere Zeit konzentriert auf einem Punkt in der Mitte der Stirne. Nach einer gewissen Zeit verschob sich dieser Punkt von der Stirne auf den obersten Scheitelpunkt. All dies geschah spontan, ohne mein Dazutun. Ab diesem Moment entwickelte sich ein inneres Licht von fast unerträglicher Intensität. So ein starkes Licht habe ich nie mehr erfahren. Dieses Licht hatte aber noch eine ganz besondere Eigenart, es enthielt das gesamte Wissen über Liebe, Versprechen und über Hoffnung. In diesem Zustand war dieses Wissen, über diese drei Worte, ein Volles und Ganzes und vollständiges Wissen. Ich weiss nicht, wie lange diese Meditation angedauert hat. Als ich aus dieser Meditation zurückkam, waren mein Körper und meine Kleider komplett nass, als hätte ich mit den Kleidern geduscht. Ich hatte auch einen Riesenhunger und habe mir gleich einen grossen Teller Spaghetti gemacht. Die drei Worte waren auch nur noch drei Worte, und der vollständige Inhalt war nur noch eine Erinnerung. In all den Jahren die ich schon meditiere, war dies bestimmt die intensivste Erfahrung. Es hat etwa zwei Jahre gedauert, bis ich davon erzählen konnte.

MEIN ERSTES MEDITATIONSZIMMER

1974, im Alter von dreissig Jahren. Wir wohnten damals in Roveredo Capriasca in einem grossen alten Haus, drei Stockwerke, zehn Zimmer, etwas vom Dorf abgelegen mit einer grandiosen Aussicht und einem grossen Lindenbaum im Garten. Ich habe mir im Dachstock ein kleines Zimmer für die Meditation eingerichtet. Ich benutzte dieses Zimmer für kurze Meditationen, ganz ohne Technik, oder um etwas zu singen. Ich erinnere mich, dass ich das „Kyrie Eleison" gesungen habe, mit einer spontan erfundenen Melodie, oder auch den Sonnengesang vom heiligen Franz von Assisi.

Das hat dann ein wenig gregorianisch geklungen. Beim Sonnengesang vom heiligen Franz von Assisi erinnere ich mich, dass ich ganz unerwartet ganz fest weinen musste, aus tiefer Berührtheit.

Allmächtiger, heiligster, erhabenster und höchster Gott, Du alles Gut, höchstes Gut, ganzes Gut, der Du allein der Gute bist, Dir wollen wir erweisen alles Lob, alle Herrlichkeit, allen Dank, alle Ehre, allen Preis und alles Gute. Es geschehe! Es geschehe! Amen
Franz von Assisi [12]

Dieses Zimmer, das der Meditation gewidmet war, hatte ich dazu ganz einfach eingerichtet. Meditation bedeutete für mich damals: die Revolution im Innern. An einer Wand hatte ich dazu eine ganz grosse, rote Fahne der kommunistischen Partei aufgehängt. Roter Grund mit Hammer und Sichel. Für mich ein Symbol der äusseren Revolution. Den Stuhl zur Meditation stellte ich so in den Raum, dass die Fahne an der Wand hinter meinem Rücken lag. Vor mir gab es einen inneren Fenstersims und ein kleines Fenster mit Aussicht nach Süden. Dies war die Einrichtung meines Meditationszimmers in der ersten Zeit. Ein Freund von mir kam etwas später von einer Reise aus China zurück und hatte mir Steinabreibungen, die er in China erworben hatte, gezeigt. Auf einer dieser Steinabreibungen war ein Schriftzeichen mit der Bedeutung: «die doppelte Freude.» Dieser Begriff der „doppelten Freude" hatte mir gefallen und so habe ich mir diese Steinabreibung, anstelle der roten Fahne, im Meditationszimmer aufgehängt. Die innere Freude und die äussere Freude war ein schönerer Begriff, der mir passender erschien. Ein anderer Freund hatte mir die Reproduktion eines alten Bildes von einem Engel geschenkt. Ich habe diesen Engel, der sich nach links verneigte, auf der rechten Seite meines Fensters aufgehängt. Ich empfand aber ein Ungleichgewicht in der Darstellung, und so habe ich mir auch einen Engel besorgt, der sich nach rechts neigte, und ihn dann auf die linke Seite neben meinem Fenster aufgehängt. Danach kam eine grosse Keramikvase mit Blumen, Kerzen und Duft mit Räucherstäbchen. Mein Meditationszimmer wurde ganz offensichtlich zu einer Kapelle.

Was ist Erleuchtung?
Endlich aufzuwachen um zu realisieren: "Es gibt niemand in diesem Körper", und, dass die Sache, auf welche du dich bezogen hast als "mein" oder "ich", es gar nicht gibt. Es ist nicht das was du dachtest. Es ist die Quelle des Universums selbst.
Bodhi Avasa [13]

ERNEUTE LICHTERFAHRUNG

In einer Meditation erfuhr ich ganz unerwartet wieder starkes Licht. Freude ist darüber aufgestiegen. Jetzt ist es besser, keine Erwartung besonderer Erfahrungen während der Meditation zu haben. Bei der Meditation geht es nicht um Erfahrungen. Wir beurteilen die Meditation auch nicht auf der Basis der Erfahrungen in der Meditation, wir beurteilen die Meditation auf der Basis des Wandels in unserem Leben. Wir können Meditationen erfahren, die mehr einem Hirndurchfall gleichen, so viele Gedanken fliessen durch, oder man kann hohe spirituelle Erfahrungen haben. Bei der Meditation geht es aber nicht um Erfahrungen. Meditation ist das Erscheinen der inneren Stille. Das kann der Zwischenraum zwischen zwei Gedanken sein und mehrere Sekunden andauern, oder auch die Wahrnehmung der Stille hinter allen Gedanken und Erfahrungen. Also nochmals: Wir beurteilen die Meditation nicht auf der Basis der Erfahrungen in der Meditation, wir beurteilen die Meditation auf der Basis des Wandels in unserem Leben. Ist unser Verhalten im Leben richtig, so zeigt das, dass unsere Meditation in Ordnung ist. Weite und Verbundenheit wachsen, die irrtümlichen Identifikationen und Verstrickungen lösen sich auf. Es ist besser, keine Erwartung besonderer Erfahrungen während der Meditation zu haben. Meditation ist einfach Stille.

Meine erneute Lichterfahrung war übrigens von kurzer Dauer, da es sich schnell herausstellte, dass es nur die Scheinwerfer eines Autos waren, das mich von der gegenüber liegenden Talseite „erleuchtete".

TRANSZENDENTALE MEDITATION

Ich empfand den Wunsch einen Meditationslehrer in meiner Nähe zu finden. Ich schätzte Vilayat Inayat Khan, aber Paris war mir zu weit entfernt. Eines Tages habe ich in der Stadt Lugano ein Plakat gesehen, das einen Vortrag über Transzendentale Meditation ansagte. Ich bin an diesen Vortrag gegangen, mit der Überzeugung, Maharishi Mahesh Yogi dort zu begegnen, da sein Foto ja auf dem Plakat war. Anstelle von Maharishi waren da eine deutsche Frau und ein Mann. Wenige Personen sind an diesen Vortrag gekommen und haben sich alle ganz hinten in den Raum gesetzt. Ich setzte mich zuvorderst in die erste Reihe. Ich erwartete, etwas von dieser Meditation zu erfahren, aber da war nur Propaganda. Ich war ziemlich frech und aggressiv, aber zu meinem Erstaunen musste diese Frau dazu immer herzlich lachen. Sie musste lachen und hatte mich dabei auch noch ganz liebevoll angeschaut. Dass diese Frau in dieser Weise auf meine Aggressionen reagierte, hat mich dazu gebracht, ihr zu sagen: «Ich will diese Meditation erlernen, will aber auch, dass Sie meine Lehrerin sind.» Und so geschah es, dass ich der erste Schüler war, der in Lugano eingeführt wurde.

Frau Herta Klaus hat mich am 21. Juni 1975 in die Transzendentale Meditation eingeführt. Dieses Datum werde ich nie vergessen, da es eines der wichtigsten in meinem Leben bleibt. Frau Herta Klaus hatte viel Geduld mit mir, ich hatte mit der Zeit viele Stresslösungen, aber sie konnte darüber lachen und sagen: Alles gute Anzeichen der Entwicklung. Heute ist Frau Herta Klaus nicht mehr am Leben und in Vergessenheit geraten. Für mich aber waren diese ersten Unterweisungen von Frau Herta Klaus etwas vom Wichtigsten und dauerhaft Wertvollsten in meinem Leben.

Mein herzlicher Dank an Frau Herta Klaus.

Ich möchte hier noch von einer kuriosen Erfahrung erzählen, die ich etwa sechs Monate nach meiner Einführung in die Transzendentale Meditation gemacht habe. Es war Winter und es schneite reichlich. Im Haus, wo wir wohnten, war die Eingangstüre aus massivem Holz, und für die Katze gab es hier keinen speziellen

Eingang. Eines Nachts bin ich ganz plötzlich aufgewacht durch den Lärm, den unsere Katze an der Eingangstüre verursachte. Sie wollte wegen dem vielen Schnee unbedingt ins Haus gelangen. Wie ich so abrupt aus dem Schlaf gerissen wurde, konnte ich feststellen, wie mein Geist im Schlaf das Lied sang, das Frau Herta Klaus bei meiner Einführung in die Transzendentale Meditation gesungen hatte. Dieses Lied war in Sanskritsprache. Dieses Lied hatte ich nur einmal gehört, aber mein Geist hatte es registriert. Im Wachbewusstsein war es mir nicht möglich, mich an dieses Lied zu erinnern. Im Schlaf hatte ich es gesungen, mit Text und Melodie.

Sei regelmäßig in Deinen Meditationen und verschiebe nicht Dein Streben nach Gottesbewusstsein auf ein späteres Datum.
Maharishi Mahesh Yogi [14]

Ich möchte jetzt hier noch etwas ganz Generelles über die verschiedenen Schulungswege sagen. Es gibt offene und geschlossene Schulungswege. Beide Arten haben ihren Vor- und Nachteil. In einem offenen Schulungsweg wird einem das gesamte Wissen sofort zugänglich, in seiner vollen Schönheit und Grösse. Der Nachteil dieser offenen Schulung besteht darin, dass die Schüler die Tendenz haben, die vorbereitenden Übungen zu überspringen, und gleich bei den fortgeschrittenen Übungen anzufangen. Das ist nicht empfehlenswert. Bei einem geschlossenen Übungsweg bleiben hingegen die tiefen Schönheiten, das grosse und wertvolle Wissen, hermetisch abgeschlossen. Es werden Klassen gebildet, in denen man Stufe für Stufe voranschreitet. Das Wissen wird einem erst offenbart im Moment, wo man an solch einem Kurs teilnimmt. Von aussen betrachtet begegnet man nur Propaganda, die das eigene Ego ansprechen soll. Der wahre schöne Inhalt bleibt verborgen. So ein geschlossener Übungsweg hat den Vorteil, dass die vorbereitenden Übungen gar nicht übersprungen werden können. Die Transzendentale Meditation war so ein geschlossener Übungsweg. Nach aussen nur eine ziemlich provokative Propaganda. Der wertvolle und feine Inhalt blieb nach aussen verborgen und zeigte sich dann in seiner vollen Schönheit den Kursteilnehmern.

Transzendentale Meditation war nicht etwas, um darüber zu reden, sondern es war eine tägliche Disziplin. Jeden Morgen zwanzig Minuten Meditation, jeden Abend zwanzig Minuten Meditation. Dieses tägliche Eintauchen in den Inneren Raum, in die Meditation, ergab auch schon nach wenigen Tagen eine beeindruckende und gute Erfahrung. Ich erinnere mich, wie ich an diesen Tagen, am morgen früh, auf dem See von Lugano zum Segeln ging. Der Wind war stark, ich lag nach hinten voll ausgestreckt über dem Wasser, um das Boot zu halten. Und ich musste lachen, lachen, lachen.

Innere und äussere Freude. 200 % Leben. 100 % innen und 100 % aussen.

Wahrlich, es ist das Grenzenlose, ohne Anfang und ohne Ende, das als reines, erfahrendes Bewusstsein existiert.
Yoga Vasishtha [15]

Frau Herta Klaus beherrschte die italienische Sprache nicht, und so hat sie mich gebeten ihr zu helfen, bei den Vorträgen und bei den Einführungen. Dies hat mir die Möglichkeit gegeben, diese Meditationsanweisungen sicher etwa zwölf Mal anzuhören. So wurde es mir möglich, zu erkennen, wie dieser Kurs, in seiner ganzen Einfachheit, gut durchdacht, mit Weisheit, Feinheit und spiritueller Kraft, geführt wurde.

Eine der Bedingungen bei diesem Kurs war, das Mantra nie auszusprechen und nur für die Meditation zu gebrauchen und es auch nicht an andere Menschen weiterzugeben. Der Meditationskurs war sehr einfach und sehr teuer. Ich empfand das als nicht richtig. In meinem Empfinden sollte so eine wertvolle Übung allen Menschen gratis zur Verfügung stehen. So habe ich mich nicht an diese Bedingungen gehalten und einem Freund diese Meditation direkt erklärt. Am nächsten Tag habe ich ihn gefragt wie es ihm ergangen ist. Er wusste nicht mehr, auf was ich mich beziehe. Er hatte meine Meditationsanweisungen total vergessen. Ich folgerte daraus, dass wenn etwas gratis ist, die Menschen dazu tendieren, ihm auch keinen Wert beizumessen. Danach habe ich mehr als hundert Menschen zur

Einführung in die Meditation zu Frau Herta Klaus gebracht, und sie hatte Freude an meinem Einsatz.

Der 21. Juni 1975 war der Anfang meiner regelmässigen täglichen Meditation. In diesen Jahren habe ich auch andere Formen der Meditation erlernt und gebraucht, aber die tägliche Meditation ist mir bis heute geblieben. Mit diesem Inneren Raum in Verbindung zu sein, ist das Wertvollste und Schönste in meinem Leben geworden. Es ist die Erfüllung der tiefen Sehnsucht des Herzens. Dieser innere Raum, dieses reine Bewusstsein, ist die wahre Grundlage unseres Geistes und hat seinen natürlichen Ausdruck in Liebe und in Freude.

Wenn Du reines Wasser trinken willst, dann geh zur Quelle.

Mooji [16]

DAS FLIESSEN DER GROSSEN ENERGIE

In den ersten Jahren, nachdem ich angefangen hatte, regelmässig täglich zu meditieren, hatte ich jede zweite oder dritte Nacht Erfahrungen von enorm starkem Energiefluss. In der Anfangsphase war dieser Energiefluss begleitet von einem Empfinden der Paralyse. Mein Körper schlief, aber mein Geist war bewusst. Wenn der Energiefluss sich steigerte, war er begleitet von starkem Lärm, so ungefähr, wie wenn ein Güterzug durch einen Bahnhof fährt, ohne die Geschwindigkeit zu reduzieren. Es konnte gelegentlich auch passieren, dass der Energiefluss sich weiterhin bis an die Grenzen des Erträglichen steigerte, und dabei wurde dieser Energiefluss von Licht begleitet, von unten nach oben fliessend. Diese Erfahrung hatte mich auch immer durch seine enorme Kraft erschreckt, auf der anderen Seite war ich aber auch beglückt und wünschte sie, da ich sie als eine heilige Energie empfand.

EIN GROSSES AUGE

Traum. 1977, im Alter von dreiunddreissig Jahren. Ich befand mich in einem bewussten Schlaf. Der Energiefluss war enorm stark. Ich überwinde bewusst meine Angst und ergebe mich ganz. Darauf steigert sich die Energie ins Unermessliche, ich denke zu sterben und höre mich ganz unerwartet ausrufen: «Kyrie Eleison.» Darauf erscheint ein einziges grosses, dunkles, lebendiges Auge, das mich aus wenigen Zentimetern Distanz anschaut. Ich erwache und habe einen grossen Hunger.

DIE ZEUGIN

Traum. Bewusster Schlaf. Die Energie fliesst in ihrer ganzen Stärke. Auf meiner rechten Seite, aus ungefähr einem Meter Distanz, höre ich eine weibliche Stimme, die jemandem, den ich nicht höre, meine Situation beschreibt und kommentiert: «Aha, gut, gut. Die Energie fliesst gut, das Licht fliesst auch schon gut.»

ICH BEFINDE MICH IN EINEM LICHTMEER

Traum. Bewusster Schlaf. Ich denke, dass ich mit dieser Lichterfahrung eigentlich aufwachen, mich hinsetzen und in diesem Licht meditieren sollte. Ich mache eine grosse Anstrengung, um aufzuwachen. Als mir das gelungen war, habe ich mich zur Meditation hingesetzt, aber das Licht war leider verschwunden.

SCHWEBEN IN DER NACHT

Bewusster Schlaf. Die Energie fliesst stark. Ich schlafe auf dem Bauch. Ich habe das Gefühl, dass mein Körper ganz leicht wird und anfängt zu schweben. Ich bringe es fertig, meine Augen zu öffnen, und sehe den Nachtisch auf meiner rechten Seite. Ich sehe, wie ich etwa dreissig cm heruntersinke. Ich schliesse erneut die Augen, die Energie fliesst, der Körper wird wieder leicht und ich habe das Empfinden, mich wieder in einem Schwebezustand zu befinden. Ich öffne erneut meine Augen und sehe mich wieder langsam sinken. Im Nachhinein bin ich nicht fähig zu beurteilen, um was es sich genau bei dieser Erfahrung gehandelt hat. Vielleicht eine erste ausserkörperliche Erfahrung?

KUNDALINI

Meditationserfahrung, 1977, im Alter von dreiunddreissig Jahren. Während der Meditation mache ich eine für mich gänzlich neue Erfahrung. Die Kundalini Energie steigt in meinem Rückengrat. Ich erschrecke zutiefst und sperre meine Augen auf, um die Energie zu blockieren. Bevor die Energie zur Herzregion gelangen konnte, sank sie wieder zurück an die Basis meines Rückens. Im Nachhinein habe ich es natürlich bereut, so erschrocken gewesen zu sein und eine so wertvolle Erfahrung unterbrochen zu haben.

Einige Zeit nach dieser ersten Kundalini Erfahrung empfand ich leichte Schmerzen an den Stellen, wo sich die wichtigsten Chakren befinden. Dieser leichte Schmerz wanderte, so alle fünf bis zehn Minuten, von einer Position zur nächsten. Dieses Phänomen hat ein paar Tage angedauert. Das einzige Chakra, das wirklich schmerzlich wurde, war das Hals-Chakra. Ich war mit einem Freund in einer Pizzeria, die Schmerzen waren störend und auch meine Optik war gestört. Das Zentrum meiner optischen Wahrnehmung war scharf eingestellt, während das Umfeld als verschwommen wahrgenommen wurde. So wie etwa eine alte Fotografie, nur in der Mitte scharf eingestellt. Am nächsten Tag waren die Schmerzen verschwunden und alles war wieder normal. Aus meiner heutigen Sicht betrachtet war das wohl einfach ein intensiver Reinigungsprozess des Nervensystems. Mit der regelmässigen Meditation hat man, besonders am Anfang, Reinigungsprozesse und Stresslösungen, auf körperlicher, mentaler oder emotionaler Ebene.

BEWUSSTER SCHLAF

Die Energie fliesst und ich habe das Gefühl, mich aus meinem Körper zu lösen. Ich bin aber blind. In diesem Moment erklingt eine klare Stimme die mit Autorität sagt: «Nein, Nein, viel zu früh.» Ich gleite in meinen Körper zurück.

SOMA ERFAHRUNGEN

In diesen ersten Jahren der regelmässigen Meditation hatte ich auch oft sogenannte Soma-Erfahrungen. Energie-Fliessen, in verschiedenen Körperteilen, eine Erfahrung intensiver Süsse im Rücken, Licht und das Erklingen kleiner Glocken. Fast jede zweite oder dritte Nacht hatte ich bewussten Schlaf und oft auch bewusste Träume, Energie-Fliessen und manchmal auch Licht.

DIE BLAUE PERLE

Meditationserfahrung. Vor einem Hintergrund, bestehend aus blauem Licht, sehe ich eine blaue Perle, etwa so gross wie ein Reiskorn. Ich empfinde den Impuls, in diese blaue Perle einzutauchen.

ZAHLEN

Traum. Bewusster Schlaf. In meinem Traum bin ich umgeben von vielen Zahlen. Ich erkenne, dass all diese Zahlen bewusste, lebende Persönlichkeiten sind. Ich sehe, wie es Zahlen gibt, die viele Gemeinsamkeiten mit anderen Zahlen haben. Zum Beispiel eine Vierundzwanzig und eine Zwölf haben Gemeinsamkeiten mit der Sechs, mit der Vier, mit der Drei, mit der Zwei und mit der Zwölf. Es gibt aber auch Zahlen, die keine Gemeinsamkeiten haben. Zum Beispiel die Dreizehn oder die Siebzehn. Doch ganz plötzlich erkenne ich, dass alle Nummern etwas gemeinsam haben. Die Eins. Dieser Traum hatte auch eine Bedeutung betreffend die Beziehung, zwischen mir und Marisa.

IN DER WASCHKÜCHE

Traum. Ich befinde mich in der Waschküche, da stehen fünf grosse und hohe Kessel voller Wäsche. Ich untersuche die Wäsche und stelle fest, dass schon ein erster Wäschegang gemacht wurde, aber dass es ganz offensichtlich war, dass diese Wäsche noch einen weiteren Wäschegang gebrauchte. Ich nehme einen Kessel, um diese Arbeit zu machen. Da sehe ich zwischen den Kesseln eine grosse Schlange, vertikal stehend, die mich anschaut. In meiner heutigen Interpretation symbolisiert die Schlange die Kundalini-Kraft (unsere Lebensenergie, die sich im Rücken befindet). Die fünf Kübel könnten eine Darstellung sämtlicher Sinneseindrücke sein, durch die fünf Sinne, die noch bereinigt werden müssen. Durch meine Meditationen in diesen ersten Jahren war schon einmal ein erster Waschgang abgeschlossen. Jetzt geht es weiter, zweiter Waschgang. Die lebendige Kundalini unterstützt mich.

WEITERE MEDITATIONSKURSE

Nach den ersten Jahren der Transzendentalen Meditation habe ich noch verschiedene weitere Kurse belegt. Alle diese Kurse habe ich als äusserst gut und wertvoll erlebt. Am Anfang waren es nur zwanzig Minuten am Morgen und zwanzig Minuten abends. Mit den weiteren Kursen kamen aber auch weitere Übungen dazu, und mit der Zeit hatte ich so am Morgen ein Meditationsprogramm, welches eine Stunde dauerte und abends ebenso. Ich habe diese Disziplin etwa acht Jahre durchgehalten. Mit der Beteiligung an Kursen sind auch Freundschaften entstanden und die Gewohnheit, oft zusammen zu meditieren. Die Erfahrung zeigte, dass gemeinsam zu meditieren förderlich war. Einige dieser Freundschaften bestehen heute noch. Während mehreren Jahren haben wir, jeden Morgen vor der Arbeit und jeden Abend nach der Arbeit, gemeinsam meditiert. Was ich dadurch erhalten habe, war sehr wertvoll und hat mich vorbereitet, zu weiteren Öffnungen und Erfahrungen bereit zu sein.

Ich erinnere mich jetzt an eine kurze Erfahrung, die ich an einem drei Wochen dauernden Kurs gemacht habe. Es war ein intensiver Kurs mit verschiedenen Meditationsübungen, von morgens bis abends. Während etwa einer Minute war es mir möglich, im Gesicht von Maharishi Mahesh Yogi sein unendliches Mitgefühl und seine unendliche Anteilnahme zu erkennen. Nach dieser Erfahrung war die Tiefe des Sehens wieder verschwunden, aber das Wissen ist mir geblieben. Mein Dank an Maharishi Mahesh Yogi für alles, was er uns gegeben hat.

MAHARISHI MAHESH YOGI

Wann immer es mir möglich war, ging ich nach Seelisberg, an die Vorträge, an die Begegnungen, mit Maharishi Mahesh Yogi. Er hatte ein grosses Wissen, eine grosse und herzliche Weisheit und immer auch viel Humor. Wenn er auf seinem Polstersitz lachen musste, so schüttelte es ihn regelrecht und es schien, als würde er auf seinem Polstersitz hüpfen.

Maharishi Mahesh Yogi organisierte in Seelisberg in den siebziger Jahren verschiedene internationale Kongresse, betreffend verschiedener Thematik. Jedes Jahr ein anderes Thema. Erziehungswesen, Psychiatrie, Rehabilitation, Ökonomie, Militär. Zu diesen Kongressen kamen Menschen aus der ganzen Welt angereist. Es ging immer darum, die Möglichkeiten der Meditation in diesen Bereichen zu erkennen. Maharishi Mahesh Yogi war ein Mensch mit grosser Intelligenz, Weisheit, Liebenswürdigkeit und Humor. Seine Vorträge waren so klar formuliert, dass sie schon gut zum Druck waren. Da gab es nichts mehr zu korrigieren. Zum Beispiel, das Buch: „Die Wissenschaft vom Sein und die Kunst des Lebens" hatte Maharishi nicht geschrieben, sondern direkt auf Tonband gesprochen. Dieses Buch habe ich verschiedene Male gelesen. Es gibt da noch zwei andere Bücher von Maharishi Mahesh Yogi, die ich herzlich empfehle: „Die Bhagavad Gita" Kapitel 1–6. Und das Buch „Liebe und Gott."

Provokative Fragen waren nie ein Problem für ihn, er war immer fähig, gut und schlagfertig zu antworten. Ich erinnere mich, wie eine Journalistin ihn mit genervter Stimme fragte: „Maharishi, warum wiederholst du immer wieder die gleichen Sachen?" Er antwortete mit feiner und liebevoller Stimme: „So lange, bist du es verstanden hast." Ein anderes Mal, nach einem Vortrag von Maharishi, hat eine Frau ihn gefragt: „Maharishi, was kannst du mir geben, wo ich doch schon alles habe?" Maharishi antwortete ihr: „Wenn es stimmt, dass du schon alles hast, so gebe ich dir das Leiden der Welt, damit du es teilen kannst."

O Gott Mein Herr Meine Liebe
Aus dem Fenster meines Herzens,
Kommt das Licht Deines Altars,
Kommt das Licht Deines Altars,
Mein Herr
Und überwältigt mein Sein.
Es kehrt meine Welt um
Und nimmt mein ganzes Wesen in Besitz.
Ich sehe nichts, Ich weiss nichts, Nichts bleibt.
Nur Seligkeit. Die Wogen der Seligkeit,
Die mächtigen Wogen der Seligkeit.
Und Seligkeit allein bleibt.
             Maharishi Mahesh Yogi [17]

Maharishi Mahesh Yogi hat viele Meditationslehrer ausgebildet und hat mit dieser Organisation im Laufe der Jahre mehr als fünf Millionen Menschen mit seinem Meditationskurs der Transzendentalen Meditation in die Meditation eingeführt. Anfangs der siebziger Jahren war Meditation noch fast ein Fremdwort. Dank der enormen Arbeit die Maharishi Mahesh Yogi geleistet hat, ist heute die Meditation in unserer Gesellschaft schon weit verbreitet. Maharishi Mahesh Yogi hat auch Hunderte von Universitäten inspiriert, wissenschaftliche Forschung über die Meditation zu machen. Heute gibt es Hunderte und Hunderte von wissenschaftlichen Arbeiten über die Wirkung der Meditation in allen Bereichen des menschlichen Lebens.

In seiner Arbeitsweise war Maharishi Mahesh Yogi in gewisser Weise gelegentlich auch provokativ. Ich erinnere mich auch, wie er jede neue Initiative mit einer festlichen Eröffnungsfeier anfing. Ich bin einmal in Seelisberg angekommen, als Maharishi

Mahesh Yogi gerade die Eröffnung von dreitausendsechshundert Meditationszentren feierte.

An einer Wand war eine grosse Weltkarte aufgehängt, auf der 3600 kleine Fähnchen mit Nadeln aufgesteckt waren. Ich war erstaunt, dass die Transzendentale Meditation schon so viele Meditationszentren hatte. Darauf wurde ich informiert, dass bis dahin erst eine Handvoll Meditationszentren bestanden. Maharishi wollte zum Start dieser Initiative die Eröffnung dieser Meditationszentren feiern. Das war seine Arbeitsweise: zuallererst danken und feiern, und danach voller Einsatz. Diese Art und Weise empfand ich als erstaunlich und provokativ. Tatsache ist, dass ein Jahr darauf in etwa 1500 Städten ein Zentrum der Transzendentalen Meditation aufgemacht wurde.

An einer dieser internationalen Konferenzen habe ich als Zuschauer teilgenommen. Das Thema war Rehabilitation. Es behandelte Gefängnis-Rehabilitation, Alkohol und Drogenrehabilitation. Diese Argumente interessierten mich sehr. Wieder im Tessin angekommen hatte ich das Bedürfnis, einen Zeitungsartikel zu schreiben, um die Transzendentale Meditation vorzustellen. In diesen Jahren war ich sehr politisiert und in meiner Einstellung ganz links. Bei den Zeitungen und bei den Verlagen hatte ich festgestellt, dass Argumente der Spiritualität und der Meditation in der linken Kultur fast keinen Platz hatten. Besonders in Italien waren diese Argumente rechts belegt. Ich habe also einen Artikel geschrieben mit der Absicht, denselben in einer links stehenden italienischen Zeitung zu publizieren. Meine Meditationslehrerin Frau Herta Klaus wünschte, dass ich diesen Artikel Maharishi Mahesh Yogi zeigte. So wurde ich Maharishi persönlich vorgestellt. Eine Frau Olson, die für Maharishi arbeitete, hat ihm meinen Artikel auf Englisch übersetzt vorgelesen. Maharishi wollte von mir wissen, wo ich lebe, und hat nach einigen einführenden Worten mir empfohlen, in meinem Artikel auch über den Einfluss der Meditation im kollektiven Bewusstsein zu schreiben. Dieser Einfluss wird ersichtlich, sobald auch nur ein kleiner Prozentsatz der Bevölkerung meditiert. Während unseres Dialoges war es kein Problem, mit Maharishi zu sprechen und ihm in die Augen zu schauen. Als Frau Olson den Artikel Maharishi vorlas, war mein Blick abwesend. Da bemerkte ich plötzlich, dass Maharishi mich anschaute. Als ich meinen Blick erhob, habe ich für eine Sekunde den intensiv forschenden Blick von Maharishi getroffen. Dieser Intensität war ich nicht gewachsen, und Maharishi hat darauf seinen Blick auch augenblicklich abgewandt. Im Dialog mit Maharishi hatte ich ihm gesagt, dass ich die Grafik in seiner Publizität als abscheulich und kitschig empfand. Ich sagte, das könnte ja die Publizität eines amerikanischen Puddings sein. Maharishi Mahesh Yogi musste darauf herzlich lachen, es hat ihn ganz geschüttelt vor Lachen. Er sagte darauf: „Du hast es wohl lieber in schwarzweiss", und übergab mir ein Buch:

Scientific research on the Transcendental Meditation Program – Collected papers: volume 1

Heute gibt es davon schon sieben Bände.

Zurück im Kanton Tessin hatte ich eine schwierige Zeit, emotional instabil und mit Problemen konfrontiert. Ich habe dann später erfahren, dass drei Tage nach meinem Besuch Maharishi sich erkundigt hatte, wie es mir geht.

Den Artikel habe ich erfolglos versucht, in Italien zu publizieren.

Auf diesem Weg wird keine Mühe je vergeudet, und auf ihm gibt es kein Misslingen. [18]

TRANSZENDENTALE MEDITATION IN DER REHABILITATION

Ein anderes Mal, nachdem ich bei Maharishi an einem Programm teilgenommen hatte, bin ich auf der Rückreise in den Tessin nach Bellinzona zum kantonalen Regierungsgebäude gefahren. Ich bin direkt ins Büro von Regierungsrat Benito Bernasconi des Sozialdepartements gegangen und habe bei seiner Sekretärin eine kurze Nachricht für ihn geschrieben: „Transzendentale Meditation könnte in Prävention und Rehabilitation nützlich sein, in den Bereichen der Gefängnis-Rehabilitation und in der Alkohol- und Drogenrehabilitation." Benito Bernasconi hat darauf reagiert, und die kantonale psychiatrische Klinik in Mendrisio beauftragt, die Anwendungsmöglichkeiten der Meditation in Prävention und Rehabilitation zu untersuchen.

Darauf wurde ich eingeladen, vor der Ärzte-Versammlung der kantonalen psychiatrischen Klinik, die Transzendentale Meditation vorzustellen. Ich habe keine gute Erinnerung an diese Erfahrung. Der einzige freundliche und lachende Mensch war der Direktor der psychiatrischen Klinik. Die etwa zwanzig Ärzte hingegen, die im Kreise um mich sassen, waren, körperlich ersichtlich, ablehnend. Verschränkte Arme, Körperstellungen und Beinstellungen welche Verteidigung, Misstrauen und Ablehnung zum Ausdruck brachten. Was meinen Vortrag betrifft, so war der ganz offensichtlich unbeholfen, nicht professionell, also regelrecht katastrophal. Der Auftrag, den die psychiatrische Klinik erhalten hatte, kam aber vom Regierungsrat des Sozialdepartements, und so mussten sie sich weiterhin mit dem Problem beschäftigen. Was sie danach für einen Rapport dem Regierungsrat geschrieben haben, ist mir leider nicht bekannt. Einer der Ärzte hatte sich danach bei mir gemeldet, da er sich entschieden hatte, die Transzendentale Meditation zu erlernen. Normalerweise dauert so ein Einführungskurs wenige Stunden auf verschiedene Tage verteilt. Bei Geistlichen und bei Psychiatern wurde von Seiten der Transzendentalen Meditation hingegen gefordert, dass diese zuvor einen etwa drei Monate dauernden Kurs absolvieren mussten mit dem Namen „Die Wissenschaft der kreativen Intelligenz", da es sich erwiesen hatte, dass Psychiater und Geistliche ein intellektuelles Verständnis der Meditation haben müssen, da es ansonsten sehr wahrscheinlich ist, dass sie diese einfache Übung der Meditation völlig unterschätzen. Für diesen Psychiater aus der kantonalen Klinik waren diese Anforderungen zu hoch, er hatte einfach nicht die Zeit dazu.

Etwas später habe ich eine neue Initiative ergriffen. Die Schweizer Invalidenversicherung hat auch ein Abteil der Rehabilitation. Zufälligerweise kannte ich den Chef dieser Abteilung im Kanton Tessin. Er war mir dann behilflich, einen Vortrag zu organisieren, der sich an die verschiedenen Abteilungen, Stellen und Büros des Sozialdepartements im Kanton Tessin wandte. Für diesen Vortrag habe ich einen Arzt gefunden, der die Wirkung der Meditation gut kannte, und eine Meditationslehrerin. Dieser Vortrag ist dann schon besser verlaufen als meine Präsentation. Des Weiteren habe ich danach auch noch zwei Vorträge mit einem italienischen Meditationslehrer der Transzendentalen Meditation im kantonalen Gefängnis organisiert. Ein Vortrag für die Angestellten und ein Vortrag für die Insassen des Gefängnisses. Der Vortrag für die Angestellten war nicht gut gelaufen, verschiedentliche Störungen durch Telefone und Personensuche. Mangelndes Interesse und Langeweile war die Stimmung. Der Vortrag und das Treffen mit den Gefangenen hingegen war ein voller Erfolg. Viel Interesse, viel Lachen, und am Ende wünschten etwa 50 % der Gefangenen, dass man mit diesem Programm sofort starten soll. Darauf habe ich versucht das Nötige dazu in Bewegung zu bringen. Das ist nicht gelungen, teils aus mangelndem Interesse der Direktion des Gefängnisses, und teils auch wegen mangelndem Interesse an den Menschen von Seiten der Organisation der Transzendentalen Meditation. Bei denen war die Publizität und der Erfolg ihrer Transzendentalen Meditation wichtiger als die Menschen. Und somit waren beide Organisationen noch unreif, um etwas Konkretes zu unternehmen.

Der darauffolgende Direktor des kantonalen Gefängnisses hatte aber selber angefangen, die Transzendentale Meditation zu erlernen und zu praktizieren. Dieser Direktor, Herr Ardia, hat Kurse der Transzendentalen Meditation im kantonalen Gefängnis des Kantons Tessin eingefügt. Es wurde sozusagen die grösste Meditationsgruppe im Kanton Tessin. Herr Direktor Ardia leitete persönlich und täglich diese Meditationsgruppe. Der Sicherheitsdienst des Gefängnisses war darüber sehr besorgt. Der Direktor war bei diesen Meditationssitzungen zusammen mit den Gefangenen, und der Sicherheitsdienst hatte Angst, dass die Gefangenen diese Situation ausnutzen könnten, um dem Gefängnis zu entkommen. Dieses tägliche Meditationsprogramm hatte bei den Gefangenen grossen Erfolg. Bei den Langzeitgefangenen waren die Erfolge auch offensichtlich wahrnehmbar. Die Television der Italienischen Schweiz hat über diese Meditationsgruppe einen Dokumentarfilm gemacht. Leider habe ich diesen Film selber nicht gesehen.

Auf der politisch linken Parteizeitung der „Politica Nuova" habe ich einen zweiseitigen Artikel über Meditation in der Drogenrehabilitation geschrieben. In der kantonalen psychiatrischen Klinik und im kantonalen Spital wurde dieser Artikel aufgehängt.

In diesen Jahren hatte ich auch in der weiten Welt herum geschrieben und Dokumentation gesammelt über die Anwendung der Meditation in der Drogenrehabilitation. Diese mehrere Kilogramm schwere Dokumentation habe ich, mit einem Begleitbrief, an die kantonale Drogenkommission gesandt. Nach einer gewissen Zeit ist mir dieses Paket zurückgeschickt worden und es war offensichtlich, dass niemand diese Dokumentation aufgemacht und angeschaut hatte.

*Herr, mache mich zum Werkzeug deines Friedens.
Dass ich Liebe bringe, wo Hass ist,
dass ich vereine, wo Zwietracht herrscht,
dass ich den Glauben bringe, wo Zweifel quält,
dass ich Hoffnung wecke, wo Verzweiflung droht,
dass ich Licht bringe, wo Finsternis herrscht,
dass ich Freude bringe wo Traurigkeit ist.
Herr, lass mich mehr danach trachten zu trösten als getröstet zu
werden, zu verstehen als verstanden zu werden, zu lieben als geliebt
zu werden. Denn wenn wir geben, empfangen wir, wenn wir
verzeihen, wird uns verziehen, wenn wir sterben, werden wir zum
ewigen Leben geboren. Amen*
       Franz von Assisi [19]

DER ERSTE OFFIZIELLE AUFTRAG

Im Jahre 1981 hatte ich in der Stadt Lugano ein Keramikatelier mit Ausstellungsraum. Eines Tages hat sich bei mir eine Sozialarbeiterin, die auch Mitglied dieser kantonalen Drogenkommission war, gemeldet. Sie kam ins Keramikatelier und sagte: „Genug der Theorie, jetzt kommt die Praxis." Sie hat mich angefragt, ob ich bereit bin, eine junge Frau, zweiundzwanzig Jahre alt, die schwere Heroinprobleme hatte, bei mir aufzunehmen. Ich habe sofort zugesagt, ohne meine Ehefrau Marisa zuerst anzufragen ob sie damit einverstanden ist. Marisa war entsetzt und wütend, aber schon nach wenigen Tagen war Marisa mit dieser jungen Frau eng befreundet. Dies war der erste offizielle Auftrag, den ich erhalten habe.

Ich grüsse das Selbst.
Ich entbiete mir selbst Grüsse, dem ungeteilten Bewusstsein,
dem Juwel aller sichtbaren und unsichtbaren Welten.
Yoga Vasishtha [20]

Wir haben schöne Erinnerungen aus dieser Zeit, als sie bei uns wohnte und mit uns im Keramikatelier arbeitete. Damals bestand unser tägliches Programm nur aus der Meditation, da ich das Mantrasingen noch nicht kannte. Ich erinnere mich heute nicht mehr genau, wie lange ihr Aufenthalt gedauert hat. Wahrscheinlich etwas weniger als ein Jahr. Nachdem sie uns verlassen hatte, bekam sie Arbeit bei einem Arzt.

Leider hat diese Geschichte einen traurigen Ausgang. An ihrem Auto hatte sie alte aufgummierte Reifen. Auf einer Schotterstrasse, mit erhöhter Geschwindigkeit, ist so ein Reifen zerrissen worden. Das Auto hat sich überschlagen. Sie ist herausgestürzt und war auf der Stelle tot. Zweiundzwanzig Jahre alt. Dieser unerwartete Tod hat uns alle tief berührt. Während mehreren Monaten geschah es fast täglich, dass ich dachte, sie auf der Strasse zu sehen. Eine junge Frau überquerte die Strasse und ich dachte: „Da ist sie ja", und eine Sekunde später: „Oh nein, sie lebt ja nicht mehr." Eine Freundin von mir, aus der Meditationsgruppe, hat noch einen Keramikservice, den sie gemacht hatte.

Gott ist uns viel näher als unsere eigene Seele,
denn er ist der Grund, in dem unsere Seele wurzelt.
                                Juliana von Norwich. [21]

Von jetzt an, wenn ich in diesem Text „meine Gäste" schreibe, so beziehe ich mich auf Menschen, die für eine gewisse Zeit bei mir wohnen, um ihre Suchtprobleme mit Heroin, Kokain oder Alkohol zu überwinden. Bis heute, 2016, sind es jetzt also 35 Jahre, dass ich mich in diesem Bereich einsetze. Eine schöne und wertvolle Erfahrung. Mit meiner Vorgehensweise hatte ich Erfolg und konnte so vielen Menschen helfen, sich von ihren Suchtproblemen zu lösen. Ich empfinde aber, dass ich derjenige bin, der innerlich, seelisch, am meisten davon profitiert hat. Nur schon jetzt darüber zu schreiben berührt mein Herz und lässt mich nach innen gleiten.

DIE BEGEGNUNG MIT SWAMI MUKTANANDA UND DEM SIDDHA YOGA

Maharishi Mahesh Yogi hatte Swami Muktananda zu Besuch nach Seelisberg eingeladen. Maharishi Mahesh Yogi hatte für Swami Muktananda, im Zentrum des Saales, einen grossen Sessel installiert, in erhöhter Position gegenüber den anderen Sesseln. Maharishi Mahesh Yogi hatte alles vorbereitet um Swami Muktananda mit grosser Ehre zu empfangen. Swami Muktananda ist zusammen mit Gurumayi Chidvilasananda und Gefolge angekommen. Swami Muktananda hat den grossen Sessel, der für ihn vorbereitet war, einfach ignoriert und hat sich neben Maharishi Mahesh Yogi in den Sessel gesetzt, eng zusammen. Danach haben Swami Muktananda, Gurumayi Chidvilasananda und Gefolge die Guru Gita gesungen. Das ist ein Gesang in Sanskrit, der etwa drei viertel Stunde dauert und die Beziehung zwischen Schüler und Meister darstellt. Maharishi Mahesh Yogi hat Swami Muktananda gebeten die spirituelle Führung der Bewegung der Transzendentalen Meditation zu übernehmen. Swami Muktananda hat diese Funktion abgelehnt. Die genauen Details dieser Begebenheit sind mir leider nicht bekannt. Maharishi Mahesh Yogi und Swami Muktananda haben sich danach verschiedene Male gegenseitig besucht. Maharishi Mahesh Yogi hat Swami Muktananda in seinem Ashram in Ganeshpuri in Indien besucht. Auch als Swami Muktananda krank war ist Maharishi Mahesh Yogi zu ihm gereist. Als Swami Muktananda dann verstorben war, hat Maharishi Mahesh Yogi seine Pandits nach Ganeshpuri geschickt, um auf dem Grab von Swami Muktananda Mantras und heilige Texte zu singen.

Die Arbeitsweise dieser zwei Meister war sehr unterschiedlich. Bei Maharishi Mahesh Yogi ging es neben der Meditation, hauptsächlich um die Übermittlung von klarem Wissen. So wie ich es empfinde, hatte Maharishi Mahesh Yogi die persönliche Gurufunktion nicht übernommen. Swami Muktananda hingegen war ein grosser Shakti Meister, er übermittelte seine Energie, seine Shakti. Diese Energie Übermittlung wird Shaktipat genannt. Swami Muktananda gab Shaktipat durch eine Berührung, einen Blick oder einfach durch seinen Willen. Seine Gegenwart, eine Fotografie von ihm, oder ein Mantra von ihm gesungen konnten Shaktipat übermitteln. Shaktipat konnte sehr unterschiedlich erfahren werden, sehr fein bis zu gewaltig stark. Mit seiner Energie erweckte er die Menschen die zu ihm kamen. Ein Mensch, der gewissermassen auf Stand-by lebte, wurde durch die Begegnung mit Swami Muktananda geweckt.

To welcome another with love and affection is the highest religion. To find God in your own heart is to experience the highest religious truth. And to carry that awareness with you seeing the same divinity in others, is to manifest it in your daily life.
Swami Muktananda [22]

Ein Mann aus unserer Gruppe der Transzendentalen Meditation von Lugano ist 1982 ins Ashram von Swami Muktananda nach Ganeshpuri gereist, und hat dort einige Monate verbracht. Seine Begegnung mit Swami Muktananda war für ihn eine überwältigende, gute, tiefe und schöne Erfahrung. Als er nach Lugano zurückkam, hat er uns mitgeteilt, dass er jetzt Schüler von Swami Muktananda ist, und, dass er ein Siddha Yoga Meditationszentrum von Swami Muktananda in Lugano eröffnen werde. Auf dem Schulungsweg von Swami Muktananda gab es verschiedene Elemente. Da war die Meditation, der Mantragesang, die starke Beziehung zu Swami Muktananda und ein klares Wissen.

Dank der Transzendentalen Meditation von Maharishi Mahesh Yogi waren wir bereit und offen für diese neue Erfahrung von dem Mantra Gesang. So kam es, dass nach und nach die ganze Gruppe der Transzendentalen Meditation zum Siddha Yoga von Swami Muktananda kam. Dieses Phänomen geschah nicht nur in Lugano, sondern in der ganzen Welt. Swami Muktananda wollte in den Vereinigten Staaten USA ein Ashram eröffnen, in South Fallsburg auf dem Lande, im Bundesstaat von New York. Maharishi Mahesh Yogi hat ihm dazu ein grosses Haus und Land verkauft.

Als ich, Jahre später, das erste Mal im South Fallsburg Ashram von Swami Muktananda war, habe ich das Seva bekommen den Keller dieses grossen Hauses zu räumen. Ich erinnere mich, wie ich respektvoll Bilder von Maharishi Mahesh Yogi, Plakate und Prospekte, beseitigt habe. Ganz zufällig war ich der richtige Mensch am richtigen Ort für diese Arbeit. Die Abkürzung für Transzendentale Meditation ist TM, wir gaben ihr scherzend eine neue Bedeutung, To Muktananda. Viele Meditationszentren der Transzendentalen Meditation wurden geschlossen, da die Menschen zu Tausenden zu Swami Muktananda gingen.

Das geliebte Herz allein ist die Zuflucht für das Aufsteigen und Sinken jenes "Ich". Das Herz, der Ursprung, ist der Anfang, die Mitte und das Ende von allem. Das Herz, der höchste Raum, ist niemals eine Form. Es ist das Licht der Wahrheit.
Ramana Maharshi. [23]

In Lugano haben wir erfahren, dass Swami Muktananda in Bern ein Meditationsintensiv halten werde. Wir hatten uns entschlossen daran teilzunehmen, doch es kam anders, da Swami Muktananda am 2 Oktober 1982 gestorben ist. Ich erinnere mich, wie ich 1983, ein Jahr später, zusammen mit meinem guten Freund Martino in einem Restaurant speiste. Wir unterhielten uns und bestätigten gegenseitig, dass wir mit der Transzendentalen Meditation voll zufrieden waren, und, dass wir kein Bedürfnis hatten etwas zu ändern. Martino sagte mir aber, dass er neugierig sei, und an so einem Meditations Retreat sich beteiligen möchte. Martino ist danach nach Bern gefahren und hat an dem Meditations Retreat teilgenommen.

Martino hat sich an diesem Wochenende an allem beteiligt, wie Mantra Gesang und Meditation. Da Swami Muktananda verstorben war, haben sie vorne im Saal einen Sessel, symbolisch für ihn hingestellt und vor dem Sessel ein Kissen und darauf die Pantoffeln von Swami Muktananda. In der Pause sind die Menschen nach vorne gegangen und haben sich vor diesen Pantoffeln und Sessel verneigt. Eine symbolische Verneigung und Ehrerbietung an Swami Muktananda. Martino hat gedacht, Swami Muktananda habe ich zwar nicht gekannt, aber ich bin Gast hier, und werde mich also auch vor diesen Pantoffeln verneigen. Es hatte sich eine Zweierkolonne gebildet. Neben Martino war eine junge Frau, und Martino war konzentriert, sich genau so zu verhalten wie diese Frau und sich im gleichen Moment wie sie es tat, vor diesen Pantoffeln zu verneigen. Martino hat sich verneigt, und beim Aufstehen hat er gedacht, jetzt gehe ich einen Espresso trinken. Doch es kam anders, er hat mir erzählt, dass sein Herz mit einem grossen Knall explodierte und er zu Boden fiel und während der ganzen Pause weinte. Sein Herz hatte sich geöffnet. In der darauffolgenden Meditationssitzung hatte er eine Vision, ein inneres dynamisches Bild. Swami Muktananda, ganz in Rot gekleidet, tanzte im Kreise um ihn herum und berührte ihn am Kopf. Gegenüber stand Maharishi Mahesh Yogi, in weiss gekleidet, mit seinen Pandits, und Maharishi lachte. Als Martino wieder in Lugano war, hat er mir mitgeteilt, dass nach der Intensität dieser Erfahrung, er sich jetzt als Schüler von Swami Muktananda betrachte.

Eine gute Freundin von mir machte jeden Morgen und jeden Abend das Programm der Transzendentalen Meditation, ging aber zum Mantrasingen in das Siddha Yoga Zentrum von Swami Muktananda. Etwa zwei Wochen danach hat sie bei sich zuhause eine ganz spezielle Erfahrung gemacht. Swami Muktananda ist ihr erschienen und hat ihr sein Shaktipat gegeben, indem er seinen Daumen auf ihre Stirne drückte. Sie ist rückwärts auf ihr Bett gefallen und hat etwa zwei Stunden lang das Fliessen von starker Energie erfahren. Bei intensiven Erfahrungen ist es oft so, dass man nicht sofort darüber sprechen kann. Bei ihr hat es zwei Jahre gedauert bis sie, diese ganz spezielle Erfahrung, mir erzählen konnte.

Eine andere Frau hat mir erzählt wie sie am Meditieren war. Swami Muktananda ist ihr erschienen und hat ihr einen Diamanten auf ihre Stirne gepresst und gesagt: „Dieser Diamant leuchtet, ob sein Licht jetzt noch zunimmt oder ob er es verliert, liegt in deiner Verantwortung."

Einer anderen guten Freundin von mir ist Swami Muktananda als lebendige Flamme in ihrem Herzen erschienen.

Eine ganz besondere Erfahrung hatte ein Freund von mir gemacht. Auf einer kurzen Indien- Reise war er Swami Muktananda begegnet. Dieser Mann hatte sich entschieden die Ausbildung zum Lehrer der Transzendentalen Meditation zu machen. Das waren dazumal drei Monate Theorie, gefolgt von drei Monaten Praxis und zum Abschluss nochmals drei Monate Theorie und einer Abschlussprüfung. Mein Freund hat diese Ausbildung in Seelisberg gemacht, ich habe ihn auch dort das erste Mal getroffen. Im Monat Juli gibt es ein Fest, das Guru Purnima, das in ganz Indien gefeiert wird. Es ist ein grosses Fest zu Ehren des Gurus, des spirituellen Meisters. An diesem Tag hat Maharishi Mahesh Yogi von seinem Guru gesprochen, seinem Gurudev. Mein Freund war tief berührt von der Liebe und Hingabe mit der Maharishi Mahesh Yogi seinen Guru ehrte. Mein Freund ist auf sein Zimmer gegangen und musste weinen, aus Berührtheit und mit dem Gedanken: „Maharishi hat seinen Guru, ich aber habe keinen Guru". Darauf ist im Swami Muktananda „lebend" in seinem Herzen erschienen und geblieben. Mein Freund hat diese Erfahrung den Meditationslehrern mitgeteilt, die damit aber nichts anfangen konnten. So hat er zwei Briefe geschrieben. Einen Brief an Swami Muktananda und den anderen Brief an Maharishi Mahesh Yogi, mit der Frage, was er machen soll. Er hat von beiden Meistern eine schriftliche Antwort bekommen. Maharishi Mahesh Yogi hat ihm geschrieben: „Gehe zu Swami Muktananda." Und Swami Muktananda hat im geschrieben: „Komm". Diese zwei Briefe hat er zusammen eingerahmt, und ist mit seiner Ehefrau nach Ganeshpuri zu Swami Muktananda gefahren.

      Meine persönliche Erfahrung ist für mich anders gegangen. In Rom war ein Meditations Retreat vom Siddha Yoga. Während dem Mantra Gesang war ich so tief berührt, dass ich weinen musste, dieses Weinen und diese Berührtheit, dauerten drei Tage. Drei Tage lang habe ich von morgens bis abends geweint, aus tiefer Berührtheit des Herzens. Ich hätte gerne noch weiter geweint, es war zu süss. Ich habe darauf den Swami angesprochen der dieses Retreat geleitet hatte. Ich habe ihn gefragt: „Was soll ich auch machen? Ich bin doch dankbar und zufrieden mit Maharishi Mahesh Yogi, und jetzt geschieht mir dies mit Swami Muktananda." Darauf hat er mich gefragt: „Bist du Vater? Als dir dein zweites Kind geboren war, hattest du Probleme mit deinem Herzen? Dein Herz ist gross." So bin ich zum Siddha Yoga gekommen. Mein Dank an Maharishi Mahesh Yogi für den Weg, für die Schritte, die ich dank seiner Schulung machen konnte.

Ich möchte hier jetzt noch von zwei Erfahrungen berichten, die ich in Bezug auf Swami Muktananda gemacht hatte. Das erste Mal, dass ich nach Ganeshpuri in Indien, in das Ashram von Swami Muktananda gegangen bin, das war 1986. Für die Vorbereitung dieser Reise war ich für einige Tage schwer beschäftigt und war dadurch für einige Tage in meiner Meditation nicht regelmässig. Als ich im Ashram von Ganeshpuri angekommen bin, habe ich als erstes gedacht: „Jetzt ist es Zeit für eine stille Meditation." Aus einer Lektüre wusste ich, dass Swami Muktananda sehr oft in einem Keller meditierte, da es dort kühl und still war. Ich habe mir gedacht, dass das der beste Ort ist für meine erste stille Meditation im Ashram. Diesen Keller habe ich auch schnell gefunden. Ich bin eingetreten, konnte aber im ersten Moment nichts sehen. Ich war noch geblendet vom Sonnenlicht und in diesem Keller brannte nur eine Kerze. Ich blieb stehen und habe gewartet, bis meine Augen sich an die Dunkelheit gewöhnt haben. Danach habe ich mich auf den Boden gesetzt um zu meditieren. Ich war aber sofort irritiert und enttäuscht über den Umstand, dass sehr leise im Hintergrund das Mantra „Om Namah Shivaya" lief. Meine Absicht war, eine stille Meditation zu machen, ohne die musikalische Begleitung eines Mantra. Ich war irritiert und habe innerlich leicht geschumpfen: „Wo diese Amerikaner auch hinkommen bringen Sie Ihre Technologie mit." Danach habe ich meine Aufmerksamkeit auf diesen Mantragesang gelenkt. Ich habe in meiner Musik Sammlung verschiedene Aufnahmen vom Mantra „Om Namah Shivaya", mit verschiedenen Melodien, schnell oder langsam gesungen, mit oder ohne Chor. Die Aufnahme die hier in diesem Keller lief, hatte ich aber noch nie gehört. Das Mantra „Om Namah Shivaya" wurde zweistimmig gesungen, ganz monoton, ohne Melodie, mit einer hohen Stimme und einer tiefen Stimme. Da ich diese Aufnahme noch nie gehört hatte, habe ich ihr aufmerksam zugehört. Nach einiger Zeit ist mir aber ein komisches und unverständliches Phänomen aufgefallen. Wenn ich meine Aufmerksamkeit auf die tiefe Stimme richtete, so verschwand fast gänzlich die hohe Stimme.

Wenn ich hingegen meine Aufmerksamkeit auf die hohe Stimme richtete, so verschwand fast gänzlich die tiefe Stimme. Ich überlegte mir: „Wie ist das möglich? Es existieren doch keine interaktiven Musikanlagen, die fähig sind wahrzunehmen, auf was ich gerade meine Aufmerksamkeit richte." So konnte ich erkennen, dass es in diesem Keller gar keine Musikanlage gab. Das Mantra, das Swami Muktananda am meisten gebrauchte war das „Om Namah Shivaya". Das Energiefeld, das von Swami Muktananda erzeugt wurde, durch seinen Gesang und seine Meditation, war noch so stark, dass ich es akustisch hören konnte. Ich habe mich danach erkundigt wie die Erfahrung anderer Menschen war. Etwa 50 % der Menschen, die ich befragt hatte, haben die gleiche Erfahrung gemacht. Auch meine Tochter Sibilla hörte in diesem Keller das Mantra „Om Namah Shivaya".

Wie entsteht so eine Erfahrung? Es braucht ein Grundgeräusch, in diesem Fall waren es sehr wahrscheinlich zwei Apparate, wie zum Beispiel einen Kühlschrank, ein Ventilator, oder sowas ähnliches, in einem entfernten Raum, aber immer noch leicht hörbar. Dazu braucht es auch noch den Geist in der richtigen Verfassung.

Als ich mit Siddha Yoga angefangen habe war ich sehr berührt von den Mantra Gesängen. Das Geräusch eines vorbeifahrenden Autos wurde zum Mantra. Das Geräusch eines vorbeifahrenden Zuges wurde zum Mantra. Das Geräusch von der WC Spülung wurde zum Mantra. Sämtliche Nebengeräusche konnten Mantra werden. Zu jener Zeit arbeitete ich viel in meinem Keramikatelier. Verschiedene Male ist es mir geschehen, dass ich abends nach der Arbeit das Licht löschte und auch die Musikanlage abstellen wollte, um dabei feststellen zu können, dass die Musikanlage gar nicht in Betrieb war und, dass das Mantra „Om Namo Bhagavate Muktanandaya" sich in meinem Geist abspielte. Auch nachts konnte es geschehen, dass ich beim plötzlichen Aufwachen wahrnehmen konnte, wie ich das Mantra auch im Schlaf weiter gesungen habe. Vierundzwanzig Jahre später habe ich diesen

Keller im Ashram wieder besucht, konnte aber leider das Mantra „Om Namah Shivaya" nicht mehr wahrnehmen. Ich konnte feststellen wie in den Bauten, den Mauern, sich die Energie verringert hatte, das habe ich als sehr schade empfunden. Ich konnte aber auch die ganz unerwartete und erstaunliche Feststellung machen, dass im Garten mit den Bäumen, diese Energie noch voll und ganz lebendig wahrzunehmen war. Das ist ein gutes Beispiel der Kraft, der Shakti, die von einem Meister ausgehen kann.

Ich habe da noch von einer Erfahrung zu berichten, die aber von ganz anderer Natur ist. In den letzten sechsundzwanzig Jahren führte ich diese kleine stationäre Einrichtung der Suchthilfe. Ich hatte üblicherweise zwei oder drei Gäste bei mir im Haus, die mir zugewiesen wurden, um Ihnen zu helfen, sich aus der Drogenabhängigkeit oder aus kriminellen Gewohnheiten zu lösen. Am Morgen hatten wir zusammen einen Mantragesang und eine kurze Meditation. Manchmal habe ich auch irgendein Thema besprochen. Auf der Webseite www.free-mind.guru habe ich vierundzwanzig dieser Programme aufgenommen. Sie sind alle frei zugänglich. Am Nachmittag beschäftigten wir uns im Keramikatelier. Es war bei mir eine Gewohnheit, dass bei jedem neuen Gast, während der ersten Meditation, ich mich in Gedanken an die verschiedenen Meister wendete, mit der Bitte, diesem Menschen, und auch mir zu helfen. Ich betete für Segen und Unterstützung, für meinen neuen Gast und für mich. In meiner Erfahrung war das ganz praktisch und energetisch hilfreich.

Vor einigen Jahren bekam ich eine Anfrage von einer kantonalen Stelle. Sie wollten mir einen jungen Mann bringen, informierten mich aber, dass dieser junge Mann im Umgang ziemlich schwierig sein konnte. Man durfte ihm nicht widersprechen, sonst lief man Gefahr, dass er Türen, Stühle, Tische und Fenster zerstörte und im schlimmsten Falle, einem auch noch persönlich angriff. Diese kantonale Stelle hatte entschieden, dass einer ihrer Sozialarbeiter hier im Nachbardorf drei Tage lang bleiben sollte, um mir helfen zu können, sollte es schwierig werden. In diesem Falle habe ich anders reagiert. Ich habe mich sofort innerlich an die spirituellen Meister gewendet mit der Bitte, diesem jungen Mann und mir zu helfen. Ich habe nicht auf das erste

Meditationsprogramm gewartet, um diese Frage zu stellen, ich habe um Hilfe gebeten, schon bevor dieser Mensch bei mir angekommen ist. Als der junge Mann und der Sozialarbeiter dann bei mir angekommen sind, hat dieser junge Mann, in den ersten Minuten schon, klar entschieden: «Nie und nimmer, auf gar keinen Fall, will ich in diesem Haus verbleiben. Ich will so schnell wie möglich hier verschwinden.» Wir haben ihn danach beruhigt mit dem Versprechen, dass er schon am nächsten Tag wieder abreisen könne. Die Sache war entschieden, das Problem gelöst. Am Abend war ich in meinem Zimmer und habe am Computer Zeitungen gelesen. Üblicherweise lese ich den „Spiegel", den „Tagesanzeiger", „La Repubblica", und „Corriere della Sera". Als ich so am Lesen war, hatte ich plötzlich ein ganz ungewöhnliches Gefühl. Mein Körpergefühl war nicht mein Körpergefühl, ich fühlte nicht meinen Körper, sondern den Körper von jemand anderen. Ich habe meine Augen geschlossen um meine Wahrnehmung besser definieren zu können. Das Körpergefühl, das ich empfand, war das von Swami Muktananda. Ich habe ja Swami Muktananda lebend nie gekannt, aber die Erfahrung war klar und unmissverständlich, ich fühlte den Körper von Swami Muktananda als meinen. Ich habe mich gefreut. Mein Hilferuf war erhört worden, und Swami Muktananda hatte mir ganz direkt geholfen.

Mein Dank an Swami Muktananda.

Abschliessend noch eine kurze Erfahrung. Ich befinde mich wieder einmal in diesem Zustand wo die starke Energie durch meinen Körper fliesst. Auf meiner Stirne erscheint ein Dreieck, mit dem Spitz nach oben. In diesem Dreieck sitzt Swami Muktananda im Lotussitz.

Unser Herr öffnete mein spirituelles Auge und zeigte mir meine Seele in der Mitte meines Herzens, und ich sah, dass die Seele sich ausdehnte wie eine grenzenlose Welt und wie ein gesegnetes Königreich.
Juliana von Norwich. [24]

Ich bin in allen Wesen gleichermassen gegenwärtig und zeige allen Geschöpfen dasselbe Angesicht; keiner ist begünstigt, keiner mir verhasst und keiner lieb. Aber jene, die mich mit überfliessendem Herzen lieben, erzielen das Versunken sein in mich, und da sie dann in mir wohnen, wird Ihnen offenbar, dass ich zugleich in ihnen wohne.
Bhagavad Gita [25]

Wie gross ist die Fassungskraft des menschlichen Herzens?
Grenzenlos, es gibt keine Beschränkung.
Das menschliche Herz ist grenzenlos,
denn es ist Teil des grossen Herzens.
Mahatma Radha Mohan LalJi [26]

DIE BEGEGNUNG MIT SWAMI NITYANANDA

Bevor Swami Muktananda am 2 Oktober 1982 starb, hat er Swami Nityananda (Junior) und Gurumayi Chidvilasananda als seine Nachfolger eingesetzt. Nityananda und Gurumayi waren Bruder und Schwester. Es war 1983 oder 1984, da hat Nityananda in Bern ein Meditationsintensiv gehalten. Zu jener Zeit ging es mir gar nicht gut, ich fühlte mich schlecht und minderwertig. Ich hatte Erbarmen mit meinen Freunden, dass sie so einen minderwertigen Menschen wie mich ertragen mussten. Wir sind an dieses Meditationsintensiv nach Bern gegangen. Im Hotel, in dem wir untergebracht waren, gab es auch noch so viele Spiegel, in denen ich mich auch noch sehen musste. Abscheulich. Als das Programm anfing und Nityananda in den grossen Saal kam, dachte ich: „Der kann mir auch nicht helfen, ich habe ja eine bessere Beziehung mit dem Pöstler in meinem Dorf als mit diesem Menschen, den ich ja gar nicht kenne." Während dem Programm ist Nityananda durch die Reihen gegangen und hat die Menschen an der Stirne berührt, um ihnen sein Shaktipat zu geben. Die Menschen in meiner direkten Umgebung hatten alle starke Erfahrungen, ich hingegen habe gar nichts gespürt. Mein Gedanke dazu war: „Mir kann sogar ein Heiliger nicht helfen." Am Abend bin ich niedergeschlagen und traurig ins Bett gegangen. Im Moment des Übergangs zum Schlaf, als mein Geist aufhörte zu schwatzen, da ist mir eine starke Energie durch das Rückengrat geflossen, von unten nach oben. Ich hatte Shaktipat erhalten vom jungen Nityananda. Um das erfahren zu können war es notwendig, dass mein unruhiger Geist zur Ruhe kam. Am folgenden Tag war meine Stimmung ausgewechselt, ich empfand Freude und Berührtheit. Ich habe mich wieder wohl in meiner Haut gefühlt.

DIE BEGEGNUNG
MIT GURUMAYI CHIDVILASANANDA

«Erlaube deinem Geist, nach innen zu gehen, immer wieder, um seine eigene innere Stille zu erfahren. Wenn du das tust, leuchtet das göttliche Licht auf, das du als das Licht deines eigenen Herzens wahrnimmst.» Diese Worte sind von Gurumayi Chidvilasananda.

Im Juli 1985 bin ich das erste Mal in das Ashram in South Fallsburg gegangen, auf dem Lande, im Bundesstaat von New York. Die Programme wurden gehalten von Gurumayi Chidvilasananda zusammen mit ihrem Bruder Nityananda. Gurumayi Chidvilasananda war von beeindruckender Schönheit, Feinheit und Kraft. Sie hat mein Herz berührt. Den meisten Menschen ist es wohl so ergangen, da man gut beobachten konnte, wie die meisten Menschen versuchten, sich während dem Darshan vor Gurumayi zu befinden. Bei dieser Beobachtung hat mir Nityananda leidgetan. Und so, bin ich in die Darshan- Linie zu Nityananda gegangen, obwohl ich eigentlich lieber vor Gurumayi gewesen wäre.

Die Meditationen, die Mantra Gesänge, und die Gegenwart von Gurumayi und Nityananda, waren eine so intensiv gute und schöne Erfahrung, dass ich dachte: „Es ist Zeit, dass ich heimgehe, da man einen nassen Schwamm nicht noch nasser machen kann." So bin ich erfüllt von Berührtheit schon nach wenigen Tagen wieder zurückgeflogen.

Garten in Napoli
Es tagt und blaut und horcht die junge Stunde. Zitronenblüten erwachen in der Dämmerung. Ihr Duft lockt Sehnsucht nach dem Namenlosen, und das Herz ist dieser Sehnsucht unter Tränen glücklich. *Cornelia Forster* [27]

Kurz danach haben sich Nityananda und Gurumayi getrennt. Nityananda war erst 21 Jahre alt und empfand seine Funktion als Guru als zu belastend, er hatte andere Pläne. So ist Nityananda, ganz zeremoniell, aus seiner Funktion ausgetreten. Diese Trennung hatte bei mir etwas ausgelöst. Auf der Puja, meinem Hausaltar, hatte ich Kerzen, Räucherstäbchen und Fotografien von verschiedenen Meistern. Ich dachte mir, dass es vielleicht falsch ist, diese persönlichen Fotografien auf meiner Puja zu halten. Vielleicht wäre es besser ganz unpersönliche Darstellungen zu halten. Und so habe ich angefangen persönliche Fotografien von meiner Puja zu entfernen. Ich habe angefangen einige Fotografien in einem Schrank zu versorgen, mit dem mentalen Kommentar: „Tut mir leid, aber jetzt kommt ihr in den Schrank." Meine Puja machte so einen zerstörten Eindruck und ich war unzufrieden. Einige Tage später hatte ich nachts einen Traum. In diesem Traum habe ich die Kerzen auf meiner Puja angezündet. Meine Puja verwandelt sich und nimmt die Form einer vorchristlichen unpersönlichen Puja an. Von dieser Puja entströmt Licht und ein ganz feiner und schöner Gesang. In der Kontemplation von all dieser Schönheit bin ich ekstatisch. Meine Puja ändert erneut ihre Form und wird zu einer sehr alten Holzskulptur von Christus, von unbeschreiblicher Schönheit. Während ich all diese Schönheit bewundere, bemerke ich, dass jemand sich hinter meiner rechten Schulter befindet. Ich wende mich, und schaue, und erkenne, dass es Christus ganz persönlich war. Mit einer Welle von Glück umarme ich ihn, und lege meinen Kopf in seinen Schoss. Ich werde überschwemmt von Liebe und von Frieden. Jetzt, wo ich das schreibe und mich an diese Erfahrung erinnere, bin ich wieder tief berührt. Meine Schlussfolgerung aus dieser Erfahrung war, dass die Darstellung einer Puja sich mit Zeit und Kultur ändern kann, dass das Wesentliche aber immer die gleiche Hingabe und Kraft zum Ausdruck bringen. Und so sind alle Fotografien aus dem Schrank wieder auf die Puja gekommen.

Es kommt allein darauf an, dass der Geist fest auf die wahre Wirklichkeit ausgerichtet ist. Es spielt keine grosse Rolle, auf welche Weise man das erreicht
                         Malini Vijaya Tantra [28]

Ich habe noch einen weiteren Traum von dieser Puja bekommen. In diesem Traum bin ich die Flamme des Arati, die vor der Puja geschwenkt wird. In diesem Traum sehe ich die Puja von der Position der Flamme aus. Ich höre auch ein sehr schönes Mantra. Ich versuche diese Melodie nicht zu vergessen, aber am Morgen beim Aufwachen, war sie mir entschwunden.

Ein anderer Traum an den ich mich gut erinnere: ich habe geträumt, mir selber zu begegnen. Ich habe mir in die Augen geschaut, dem „ich" der mir gegenüberstand. Die grosse, mir bekannte Energie, hat angefangen durch meinen Körper zu fliessen.

Meine innere Beziehung zu Gurumayi war sehr stark. In diesen Jahren arbeitete ich als Vertreter für eine Leinenweberei in Worb, bei Bern. Diese Leinenweberei war 1630 gegründet worden und hatte sich in unserer Zeit auf die ganze Wäsche, die ein Hotel gebrauchte, spezialisiert. Mein Auftrag war es, die Kunden im Kanton Tessin und im Kanton Wallis zu besuchen. Durch meine Arbeit ergab es sich, dass ich manchmal bis zu drei Monate im Wallis lebte, und jede Nacht in einem anderen Hotel übernachtete. Ich hatte eine Gewohnheit, wenn ich an einem schönen Ort war, schrieb ich eine Postkarte an Marisa und an meine Freunde. So hat es sich ergeben, dass ich angefangen habe auch Gurumayi Chidvilasananda, Postkarten mit den schönen Berglandschaften aus dem Oberwallis oder dem Tessin zu senden. Ich habe ihr ganz hemmungslos, alle paar Tage, Postkarten von allen schönen Orten, die ich besuchte, geschickt. Ein paar liebe Worte, ein Mantra oder ein Gedicht, und einen lieben Gruss. Meine Postkarten waren zwar unterschrieben, aber sie kannte mich ja nicht, und so waren sie auch anonym. Bei meinen Kunden gab es einige Menschen die ausgesprochen liebevoll und herzlich waren, leider gab es aber auch einige unfreundliche und unangenehme Persönlichkeiten, wo man tief durchatmen musste um ihnen zu begegnen.

Es wurde mir zur Gewohnheit, dass ich vor diesen schwierigen Besuchen, an Gurumayi zuvor noch eine schöne Karte, mit ein paar lieben Worten schickte. So kam es, dass Gurumayi das Matterhorn in Zermatt in allen Wetterlagen schon gesehen hat. Morgenlicht, Abendlicht, Mondlicht, Sonne, Sturm und Schnee. Im Oberwallis hat es eine ganz herrliche Berglandschaft. Gurumayi hat also zwei Jahre lang, jede Woche Postkarten mit schönen Landschaften aus dem Tessin und dem Oberwallis bekommen. Was ist jetzt geschehen. Eine, Gurumayi nahestehende Swami Frau hat Lugano besucht, und von einer Freundin von mir, meine Postkartengeschichte erzählt bekommen. So geschah es, als ich an ein Meditations Intensiv von Gurumayi in London gegangen bin. Am Darshan bei Gurumayi war auch diese Frau anwesend, die von meiner Postkartengeschichte wusste. Sie hat sich an Gurumayi gewendet und ihr gesagt: „Das ist der Mann, der dir diese vielen Postkarten sendet." Gurumayi hat herzlich gelacht. Das nächste Mal, dass ich Gurumayi begegnete, war im Ashram Ganeshpuri an einem Darshan. Als mich Gurumayi erkannte, hat sie ihre Sekretärin gerufen: „Schau wer da ist, schau seinen Namen. Das ist der Mann, den du kennenlernen wolltest." Gurumayi hat gelacht und den anwesenden die Geschichte meiner Postkarten erzählt. Von da an hatte ich eine persönliche Beziehung mit Gurumayi. Jedes Mal, wenn wir uns trafen, wollte sie wissen wie es mir und meinen Kindern geht. Jetzt, wo ich davon schreibe, musste ich gerade eine Pause machen, aus Berührtheit zu Gurumayi.

Hier kommt mir jetzt eine Erinnerung. Während einer Meditation habe ich eine Kontemplation gemacht, ein Darana, und ich habe mich gefragt: „Wer bin ich?" Die Antwort kam ganz augenblicklich und unerwartet: „Ich bin die Liebe von Gurumayi." Nicht im Sinne von Beziehung, sondern in Beziehung zum Raum der Liebe, des reinen Bewusstseins an und für sich. Dies ist eine Erfahrung der Einheit mit Gurumayi auf der Ebene des Bewusstseins. Auf der Ebene des Bewusstseins sind wir alle Eins.

Im Jahre 1986 bin ich das erste Mal nach Indien ins Ashram in Ganeshpuri gegangen. Gurumayi war anwesend. Die Energie im Ashram war beeindruckend, unbeschreiblich stark. Von der Strasse aus führte ein kleiner Gang zu dem inneren Platz, im Zentrum vom Ashram. Diesen Platz zu betreten war eine energetische Erfahrung.

Es vibrierte regelrecht, man konnte es körperlich wahrnehmen. Dieser Platz wurde für mich der Inbegriff der Schönheit und der Kraft des Inneren Raumes. Nur daran zu denken war schon wohltuend. Das Ashram- Leben war sehr intensiv. Ich erinnere mich jetzt nicht mehr an den genauen Stundenplan, nur noch so ungefähr. Um drei Uhr morgens bin ich aufgestanden. Um vier Uhr morgens beteiligte ich mich in einem Tempel, zu Ehren von Bhagavan Nityananda, an einem Gesang, ein Arati. Zu diesem frühen Morgen Gesang sind immer auch viele Bauern aus der Umgebung gekommen. Nach dem Gesang gingen diese Bauern mit ihren Laternen auf ihre Felder. Ich habe dieses stehend Singen, inmitten all dieser Bauern, sehr genossen. Ungefähr um fünf Uhr ging es danach zu einer Stunde Meditation. Da hatte man die Auswahl an welchem Ort man meditieren wollte. Da gab es verschiedene Orte, die von überwältigender Schönheit und Kraft waren. Da war dieser Keller, von dem ich ja schon erzählt habe, und wohin ich auch immer gerne wieder ging um dem Mantra zuzuhören. Da war das Grabmal von Swami Muktananda, auch ein Kraftplatz. Da gab es eine Stelle, wo die Feuerzeremonien gehalten wurden. Auch einen grossen Raum, in welchem, auf einer Musikanlage, ständig das Mantra „Om Namah Shivaya" erklang. Vierundzwanzig Stunden am Tag, ohne Pause. All diese Orte, und andere mehr, waren ideal um zu meditieren. Auch der grosse Garten war von unendlicher Schönheit. Dieses Ashram bleibt einfach etwas vom Schönsten und Wertvollsten was ich je erlebt habe.

So etwa um sechs Uhr ging man in Stille in einen grossen Saal, Annapurna genannt, zum Chai trinken. Auch in diesem Saal war die Energie unbeschreiblich, und den Chai in Stille zu trinken war ein wahrer Genuss. Nach dem Chai ging das Programm weiter mit dem Gesang der Guru Gita. Mit den einführenden Mantras dauerte das so etwa eine Stunde. Wenn man die Guru Gita das erste Mal singt, so hat man das Gefühl einen Zungenbrecher zu singen. Der Text ist in Sanskrit geschrieben, und am Anfang, da man noch ungeübt ist, verliert man immer die Stelle im Text. Nachdem die ersten Schwierigkeiten überwunden sind, wird es zum Genuss die Guru Gita zu singen. Danach habe ich viele Jahre jeden Tag vor der Meditation, etwa drei viertel Stunden, die Guru Gita gesungen. Die Energie, die sich beim Singen der Guru Gita bildet, ist wohltuend.

Es ist schwierig das in Worten zu beschreiben. Man muss es erfahren, um das verstehen zu können. Nach der Guru Gita kam das Morgenessen. Auch gut. Nach dem Morgenessen hatte jeder eine Arbeit zu verrichten. Sämtliche Arbeiten wurden so im Ashram getan. Verschiedene Arbeiten habe ich bekommen. Tellerwaschen, saubermachen, Matratzen transportieren, Essen verteilen, in der Dekoration helfen, für das Morgenessen Toast vorbereiten, bei der Kasse die Security sein, am Eingang neu Angekommene freundlich zu empfangen und einzuweisen, und nochmals Tellerwaschen und Tellerwaschen, oder in der Küche helfen. Teller gab es immer genügend zu waschen, da es im Ashram üblicherweise so etwa zweitausend Personen gab. An gewissen Festtagen stieg die Anzahl der Besucher auf sechstausend, da viele Inder aus Bombay und Umgebung kamen. Im Laufe des Morgens gab es dann das Darshan mit Gurumayi. Sie sass am Rande des Platzes auf einem Stuhl und wir gingen, einer nach dem anderen zu Gurumayi und verneigten uns. Man hatte auch die Möglichkeit Ihr Fragen zu stellen. Ich hatte eigentlich nie Fragen. Diese persönliche Begegnung mit Gurumayi war nicht immer einfach. In diesem Ashram war die Energie sehr hoch und wurde dadurch gewissermassen zu einem Verstärker unserer Gefühle und Emotionen. Ein schönes Gefühl wurde ekstatisch, während ein schlechtes Gefühl sich in einen Abgrund wandelte. Die starke Energie im Ashram, die langen Meditationen und das Mantrasingen verstärkten und beschleunigten natürlich die ganzen inneren Prozesse. So kam es, dass diese persönliche Begegnung mit Gurumayi am Darshan nicht immer einfach war. Gurumayi funktionierte oft tatsächlich gewissermassen als Spiegel. Ging es einem gut, so bekam man das schönste Lächeln. Ging es einem hingegen nicht gut, da hoffte man, dass sie einem nicht sieht. Und begegnete man ihrem Blick, so war das oft der reinste Spiegel. Diese Darshan waren für mich wertvoll und ich freute mich immer darauf. Nach dem Darshan gab es das Mittagessen, danach eine kurze Ruhepause, gefolgt von „Seva", Arbeit für das Ashram. Das Abendprogramm bestand wieder aus Mantra Gesang und Meditation. Abends um acht oder neun ging man dann schon ins Bett. Müde und zufrieden. Bereit, am nächsten Morgen problemlos um drei Uhr aufzustehen. Der Aufenthalt im Ashram von Ganeshpuri, in der täglichen Gegenwart und Begegnung mit

Gurumayi, war etwas vom Schönsten und Intensivsten, was ich je erlebt habe. Im nächsten Jahr, 1987, habe ich meine Kinder Silvia, Lucas, Sara und Sibilla ins Ashram mitgenommen. In diesem Jahr habe ich von Gurumayi ganz besonders viel Aufmerksamkeit bekommen. Jedes Mal, wenn wir uns getroffen haben, hat sie mich angesprochen und ein paar Fragen gestellt. Immer herzlich und liebevoll. An einem Tag sind wir uns etwa sechs Mal begegnet. Ich erinnere mich, wie bei der letzten Begegnung die Emotion und die Energie für mich zu stark waren, ich konnte ihr nicht mehr in die Augen schauen. Eine ganz grosse Berührtheit.

Jetzt will ich hier noch drei kurze Träume schildern.

Ich träume, dass ich eine Shaktipat Einführung bekommen werde. Ich weiss, dass bei meiner Shaktipat Einführung, mein Kopf mit einer Guillotine abgeschnitten wird. Ich bereite mich darauf vor, indem ich mir die Haut vom Hals reisse, um der Klinge den Widerstand zu verringern.

Wenn ein Mensch über den Gedanken meditiert,
dass er im göttlichen verwurzelt ist, und zu Gott betet,
dann vollzieht er einen Akt der wahren Vereinigung.
Baal Shem Tov [29]

Noch ein anderer kleiner Traum.

Ich sitze zu den Füssen von Swami Muktananda. Ich halte in meiner Hand eine Kugel aus Sandelholz- Paste. Ich denke: „Ich habe nur dies zum Geschenk."

Noch ein anderer kurzer Traum:

Ich befinde mich in der Darshan Linie zu Gurumayi. Ich bringe ihr ein Geschenk. Ich bin in Verlegenheit wegen der Unzulänglichkeit meines Geschenkes. Ich bin der letzte in der Reihe. Gurumayi erwartet mich und gibt mir ihren Segen mit einer Berührung. Ende des Traums.

An diesem Punkt erinnere ich mich an ein Geschenk, welches ich für Gurumayi vorbereitet hatte. Es war meine Absicht, Ihr eine grosse, rote Keramikschale zu schenken. Um sicher zu sein, für sie auch die beste Auswahl zu haben, habe ich sieben Schüsseln, mit einem Durchmesser von ungefähr dreissig cm, auf der Drehscheibe gedreht. Diese Schüsseln sind gut gekommen. Beim Brennen habe ich sie im Ofen ineinander gestellt. Es stellte sich danach heraus, dass einige dieser Schüsseln nicht genug getrocknet waren, da gab es noch eine Restfeuchtigkeit im Boden der Schüssel, und so sind mir beim Brand einige dieser Schüsseln zerbrochen. Danach habe ich diese rohgebrannten Schalen mit einer „China Rot" genannten Glasur eingefärbt und gebrannt.

Das „China Rot" ist eine der schwierigsten Glasuren die ich kenne. Die Glasur enthält Kupferoxid, das in einem normalen Brand eine grüne Farbe ergibt. Um das „China Rot" zu erhalten ist es notwendig, einen sogenannten Reduktionsbrand zu halten. Da reduziert man den Fluss der Luft, indem man beim Kamin des Ofens die Abgase leicht reduziert. Die Flamme im Ofen braucht aber Sauerstoff um zu brennen. In der Ofenatmosphäre ergibt sich ein leichter Mangel an Sauerstoff, und die Flamme holt sich den Sauerstoff da wo er ist. Das Kupferoxid verliert das Oxid und reduziert sich somit zu Kupfer. So ist es möglich, ein starkes Rot zu erhalten. Es gibt da aber noch einige Tücken. Reduziert man den Fluss der Luft zu stark, so erzeugt das im Ofen Rückstände von unverbranntem Gas. Das ergibt dann in der Glasur graphitartige Kohlenrückstände, die sehr hässlich sind. Reduziert man den Fluss der Luft zu wenig, so erhält man eine grüne Glasur. Bei diesem Brand steigt man auf 1300 °C. Die Atmosphäre im Ofen beurteilt man an der Farbe der Flamme, die oben am Kamin austritt. Diese Kontrolle muss so jede dreissig Minuten gemacht werden, da mit steigender Temperatur die Situation sich ständig verändert. So ein Brand dauert etwa neun Stunden und muss nachts gehalten werden, da es am Tag nicht möglich ist, die Farbe der austretenden Gase richtig zu beurteilen. Ich habe die mir verbliebenen Keramikschalen glasiert und gebrannt. Bei einer Schale zeigten sich graphitartige Kohlenrückstände, sehr hässlich. Bei einer anderen Schale ergaben sich einige Blasen in der Glasur.

Eine einzige Keramikschale ist perfekt geworden. Form und Farbe perfekt. Ein schönes „China Rot". Auf der Reise nach Indien habe ich es nicht gewagt diese Keramikschale einfach in den Koffer zu legen, sondern ich habe sie sorgsam mit Stoff eingewickelt. Im Flugzeug habe ich sie in der oberen Ablage verstaut. In Bombay angelangt haben wir ein Taxi genommen um nach Ganeshpuri zu gelangen. Die sorgsam eingewickelte Keramikschale kam in den Kofferraum von unserem Taxi. Beim Ashram angelangt hat der Taxifahrer unser ganzes Gepäck einfach auf den Boden geworfen. Die Keramikschale hat einen Sprung bekommen, sie klang tot, immer noch in ihrer ganzen Schönheit, aber imperfekt. Ich war betrübt und beschämt, und habe trotzdem, bei einem Darshan diese beschädigte Keramikschale zu den Füssen von Gurumayi gestellt. Ein Swami, hat mich darauf aufmerksam gemacht, dass dieses Geschenk, trotz allem, eine Perfektion hatte. Ein Geschenk, ganz ohne Stolz, und voller Liebe.

Beim Schreiben dieser Erinnerungen bin ich berührt und es kommen mir die Tränen. Ich benutze nicht eine Schreibmaschine, sondern ich habe ein Spracherkennungsprogramm, das „Dragon NaturallySpeaking" heisst. Ich spreche, und das Programm schreibt mir in „Word", alles was ich sage. Mit der Berührtheit und den kommenden Tränen wird es aber für dieses Spracherkennungsprogramm schwierig mich zu verstehen. Für mich ist es eine schöne Erfahrung, all diese Begebenheiten erneut zu erleben.

Ich habe an einem Meditations Intensiv teilgenommen. Wieder eine Erfahrung von unbeschreiblicher Schönheit, Berührtheit und Liebe. Ich habe es als meine dahin schönste Erfahrung meines Lebens betrachtet. Ich habe das auch Gurumayi gesagt. Am Ende dieses Programms gab es noch ein Darshan mit Gurumayi. Sie hat mir erzählt, dass sie bald in Heidelberg ein Meditations Intensiv halten werde und hat mich gefragt, ob es für mich möglich wäre, mich hilfreich zu beteiligen. Natürlich habe ich mit Freude zugesagt. Diese Geschichte werde ich aber etwas später erzählen.

Eine andere Erfahrung, die ich im Ashram gemacht habe, möchte ich hier noch erzählen. An einem Abend befand ich mich im Annapurna, am Boden sitzend beim Essen. Gurumayi ist an der Türe erschienen und hat mich zu sich gerufen. Sie wollte einiges von mir wissen. Zuerst fragte sie mich wie die Erfahrung meiner Kinder war. Danach wollte sie wissen, was genau meine Arbeit war. Danach hat sie mich gefragt: „Gefällt dir diese Arbeit?" Ich habe ja gesagt. Worauf sie mit: „Nein, nein" meine Antwort ablehnte. Danach hat sie mich auch gefragt, ob ich gut verdiene. Ich habe das auch bejaht. Worauf sie wieder mit: „Nein, nein" meine Antwort ablehnte. Im weiteren Gespräch kam ich zu einem Punkt, wo ich über die nahe Zukunft spekulierte. Gurumayi hat mir einen Klatsch auf meine Hände gegeben, so als würde sie sagen: verliere deine Zeit nicht mit dummen gedanklichen Spekulationen. Gurumayi ist danach gegangen. Mein Körper war durchflossen von Energie, das war eine ganz körperliche Erfahrung, und meine Muskeln waren so entspannt, wie ich es in meinem Leben noch nie erfahren habe. Es gibt zu dieser Erfahrung der Begegnung mit Gurumayi, noch einen Anhang.

Jahre später habe ich gehört wie jemand behauptete: bei jeder guten Erfahrung die du machst, kannst du feststellen, dass du zuvor einen Einsatz, ein Opfer gebracht hast. Ich habe mir überlegt, ob das wohl der Realität entspricht. Dabei kam mir diese Begegnung mit Gurumayi wieder in den Sinn. Meine Schlussfolgerung war, das kann doch nicht sein, da ich ja kein Opfer gebracht habe um Gurumayi im Annapurna zu treffen.

Da kam mir aber in den Sinn, dass ich, etwa eine Stunde vor diesem Treffen im Annapurna, an einer Feuerzeremonie, einem Yagna, teilgenommen habe. Bei so einer Feuerzeremonie besteht ein Loch in der Erde, in dem das Feuer sich befindet. Um das Feuer herum sitzen die Brahminen, die Priester, und bringen singend ihre Opfer dar. Das Feuer ist ein Symbol für das Allerhöchste.

Da werden Dinge in das Feuer geworfen, wie etwa duftende Öle, Reis, ausgelassene Butter, Süssigkeiten, duftendes Holz, und anderes mehr. Auf der mentalen Ebene kann man so diesem Feuer die eigenen Unzulänglichkeiten, die eigenen Fehler und Schmerzen offerieren, zur Reinigung. Man kann aber auch schöne Gedanken dazu geben. Bei diesem Feuer habe ich mir überlegt, dass es sehr einfach ist, global zu sagen: „Dein Wille geschehe Oh Herr". Dass es aber bedeutend schwieriger wird, wenn man in die Details geht. Zum Beispiel, was meine Arbeit betrifft: „Dein Wille geschehe, Oh Herr", was mein Liebesleben betrifft: „Dein Wille geschehe, Oh Herr", was meine Gesundheit betrifft: „Dein Wille geschehe, Oh Herr", was mein ganzes Leben betrifft: „Dein Wille geschehe, Oh Herr". Nach diesem Gedanken habe ich angefangen um das Feuer herum zu laufen, und „Dein Wille geschehe Oh Herr", in allen Details zu gebrauchen. Nach etwa einer halben Stunde bin ich danach in das Annapurna zum Essen gegangen. Und da ist Gurumayi an der Türe erschienen und hat mich gerufen. Ich denke, dass bei diesen zwei Geschehnissen ein Zusammenhang besteht, eine Synchronizität.

Noch eine andere Erfahrung, die ich im Ashram gemacht habe, möchte ich hier erzählen. Eine kleine Gruppe von Menschen, wir sassen zu den Füssen von Gurumayi. Sie sagte mir: „Komm näher, komm näher." Mehrmals hat sie mich aufgefordert näher zu rutschen, bis ich direkt vor ihren Knien am Boden sass. Gurumayi hatte eine gewisse Anzahl von roten Wollschals, die für die Meditation sehr angenehm sind. Diese roten Wollschals hat sie uns geschenkt. Beim Verneigen konnte ich meine Stirne auf ihre Füsse legen. Dieser Wollschal ist jetzt schon 29 Jahre alt, er ist auch schon leicht beschädigt, Motten haben einige kleine Löcher reingefressen. Dieser Schal bleibt für mich wertvoll, meine gute Freundin Désirée Kabbalah hat ihn für mich repariert, und sobald es kühler wird, gebrauche ich ihn während der Meditation. Auch einen kleinen Bergkristall habe ich im Ashram einmal von Gurumayi bekommen, und auch diesen trage ich seit 29 Jahren jeden Tag am Hals. Als wir nach diesem Ashram Aufenthalt wieder in der Schweiz waren, brauchten wir alle einige Tage der Erholung von der Intensität all dieser Schönheit. Ich habe mich zum Glück erkältet und konnte so noch einige Tage zu Hause bleiben. Sara und Sibilla haben sich in der Schule krankgemeldet.

Besonders für Sibilla war die Berührtheit des Herzens sehr gross. Sie hat mir erzählt, dass sie in der Schule einige Male ins Bad gehen musste, da ihr die Tränen der Berührtheit kamen.

Als Gurumayi ein Jahr später in Rom ein Meditations Intensiv hielt, hat Sibilla etwa acht Schüler ihrer Schulklasse nach Rom mitgenommen. Sibilla hat alle Schüler Gurumayi vorgestellt. Gurumayi wollte wissen in welchem Hotel sie untergebracht waren, betrachtete diese Lösung aber als ein wenig unsicher, und hat so die ganze Gruppe zu sich ins Hotel eingeladen. Gurumayi hat die Spesen übernommen.

In den darauffolgenden Jahren bin ich jedes Jahr nach Indien ins Ashram gegangen. Wenn ich mich noch recht erinnere, so war ich etwa zehn Mal im Ashram von Ganeshpuri und etwa dreimal im Ashram von South Fallsburg.

Traum. Mai 1998

Mit Gurumayi zusammen betreten wir ein grosses Haus mit vielen Stockwerken, vielen Säle und Korridore. Alles ist leer, das Haus ist alt und die Säle sind weit. In einem grossen Saal gibt es eine Wand mit verschiedenen Käfigen mit wilden Tieren. Gurumayi öffnet alle Käfige. All diese wilden Bestien flüchten schnell, nur drei grosse Affen sind beim Entweichen mir gegenüber gefährlich aggressiv.

Traum. Januar 1993.

Zu jener Zeit erfuhr ich eine traurige und schmerzliche Situation, bei welcher mir meine Meinungen zum Hindernis wurden. Es war mir möglich zu erkennen, wie meine Emotionen und Meinungen verhinderten, eine umfassendere und vollständigere Betrachtungsweise zu erlangen. Darauf erhielt ich einen Traum.

Ich sitze zu den Füssen von Gurumayi. Sie ist in einem dunkelblauen Gewand gekleidet. Sie spricht zu mir mit liebevollem Mitgefühl und Feinheit. Sie belehrt mich. Die Argumente sind das Urteilen, die Konzepte und die Meinungen. Ich bin berührt, fange an zu weinen, und lehne mich an ihr Bein. Liebevoll mitfühlend streichelt sie mir den Hals. Ich bin von grosser Traurigkeit befreit.

Um diesen Abschnitt abzurunden, habe ich noch einen Traum, den ich am 26. Februar 1996 bekommen habe.

In meinem Traum stehe ich vor Gurumayi. Ich strecke mich auf dem Boden zu einem vollen Pranam zu Gurumayi hin aus. Ich bekomme darauf eine Welle von Energie, von Licht, von Liebe und von Erkenntnis. Die Schönheit dieser Erfahrung ist so intensiv, dass ich aufwache. Beim Aufwachen sind mir all die Inhalte von dieser Energiewelle noch voll gegenwärtig.

Mein Dank an Gurumayi.

Ergibt Dich der Gnade.
Das Meer sorgt für jede Welle, bis sie ans Ufer gelangt.
Du brauchst mehr Hilfe, als Dir bewusst ist.   Rumi [30]

EIN BESUCHER IN MEINEM HERZ

Ungefähr 1988. In meinem Schlafzimmer habe ich einen Altar, eine Puja. Da halte ich eine brennende Kerze und eine Schale mit Sand für die Räucherstäbchen. An der Wand habe ich verschiedene Fotos von verschiedenen spirituellen Meistern. Ich erkenne, dass auf meiner Puja nur Fotos vorhanden sind von Meistern die ich kenne. Ich wünsche mir aber, dass meine Puja einen universelleren Ausdruck erhält. Ich wünsche mir die Fotografie von einem Meister den ich nicht kenne. Ich wende mich an eine Freundin, die Schülerin von Guru Maharaj ist. Ich bekomme von ihr ein Foto von Guru Maharaj. Ich gehe heim und hänge dieses Foto an die Wand oberhalb meiner Puja. In der Nacht, während ich schlafe, erfahre ich die Gegenwart von Guru Maharaj lebend in meinem Herzen. Am Morgen darauf, als ich aufgestanden bin, hatte ich das Empfinden, dass Guru Maharaj auf diesem Foto mich regelrecht anlachte. Guru Maharaj hatte mir sein Darshan gegeben.

Piousness and the path of love are two different roads.
Love is the fire that burns both belief and non-belief.
Those who practice Love have neither religion nor caste.
      Abu-Said Abil-Kheir [31]

BEGEGNUNG MIT BHAGAVAN NITYANANDA

Bhagavan Nityananda, 1897 – 1961, war der Guru von Swami Muktanada. Ich habe natürlich Nityananda persönlich nie gekannt. Sein Name „Nityananda" bedeutet: „Unendliche Glückseligkeit". Ich habe das Ashram besucht, dass Bhagavan Nityananda in Kerala gebaut hatte, und das Haus, wo er in Ganeshpuri gewohnt hatte, seinen Tempel und seine Grabstätte.

Bhagavan Nityananda sprach selten und hat auch keine Bücher geschrieben. In Indien wird Bhagavan Nityananda als einer der grossen Heiligen geehrt. Ich erinnere mich nur an eine einzige Belehrung von ihm, aber die ist mir sehr wichtig. Bhagavan Nityananda sagte: "Das Herz ist der Mittelpunkt aller heiligen Orte. Gehe dorthin und breite dich aus». Diese Belehrung, «Gehe in den Raum deines Herzens», betrachte ich als die Essenz aller Belehrungen. Mehr als diese Belehrung brauchen wir nicht. Für die ganze spirituelle Entwicklung ist das genügend. Bhagavan Nityananda ist für mich so etwas wie der Grossvater aller Gurus. Mir gefallen seine Fotos, bei denen seine innere Betrunkenheit und Glückseligkeit so gut zum Ausdruck kommen. Ich habe ein einziges Mal von ihm geträumt.

Er stand, mit einem weissen, langen Hemd bekleidet, vor mir, und hat mir Belehrungen gegeben, an die ich mich leider nicht mehr erinnere. Am Ende dieser Belehrungen habe ich mich auf dem Boden voll vor ihm ausgestreckt, und meine Stirne auf seine Füsse gelegt. In Indien nennt man das «Pranam». Bhagavan Nityananda hat sich darauf an die umstehenden Personen gewandt und gesagt: «Seht ihr, die Art und Weise wie er sich verneigt hat bedeutet, dass von nun an all seine kleinen Wünsche in Erfüllung gehen.»

Die Erfahrung in diesem Traum hat bis heute ein Nachspiel. Jedes Mal, wenn ich am Morgen dusche, im Moment, wo ich meine Füsse wasche, denke ich an Bhagavan Nityananda und grüsse ihn, und das schon seit etwa fünfundzwanzig oder dreissig Jahren. So ist Bhagavan Nityananda Teil meines Lebens geworden. Ein guter Segen.

Mein Dank und meine Berührtheit an Bhagavan Nityananda.

Der Geliebte gab mir etwas Staub aus seinem Hof.
Warum verströmest du diesen Wohlgeruch, o Staub?
Ich bin nur Staub, auf den die Leute treten,
Aber ich durfte teilhaben am Duft im Hof eines Heiligen.
Nicht ich bin es - denn ganz gewöhnlicher Staub bin ich nur.

Persisches Lied. [32]

DIE BEGEGNUNG MIT IRINA TWEEDIE

Ich habe ein Buch gelesen: „Der Weg durchs Feuer: Tagebuch einer spirituellen Schulung durch einen Sufi-Meister", von Irina Tweedie geschrieben. Dieses Tagebuch hat mich zutiefst berührt. Ich erinnere mich noch, wie ich jeden Tag weniger Seiten las, damit es nicht zu schnell beendet ist. Ich wollte es so lange wie möglich auskosten. In diesem Buch beschreibt Irina Tweedie ihre täglichen Erfahrungen mit ihrem indischen Sufi Meister. Auf einer meiner Indienreisen, das war 1991, habe ich mich entschlossen, das Haus zu finden, wo Irina Tweedie diese Schulung durchgemacht hatte. Ich befand mich gerade in Chennai, damals noch Madras genannt. Da ich keine Adresse hatte, auf die ich mich beziehen konnte, bin ich in die theosophische Bibliothek von Madras gegangen und habe das Buch von Irina Tweedie gesucht und gefunden. In diesem Buch findet man aber den Namen ihres Gurus nicht, er wird nur liebevoll Guruji genannt, das bedeutet „geehrter Meister", auch gab es keine Adresse. Es wurde nur angegeben, dass diese Geschehnisse im Ort von Kanpur stattgefunden haben. In meinem Hotel habe ich nach einem Flugplatz gefragt, der in der Nähe von Kanpur liegt. In dem Buch von Irina Tweedie gab es oft auch Beschreibungen von der Natur, und so dachte ich mir, sehr wahrscheinlich ist das ein kleines Dorf, und mit ein wenig Glück werde ich dieses Haus finden, auch ohne Namen und ohne Adresse. Am 27. März 1991 bin ich in Lucknow mit dem Flugzeug angekommen, um in Kanpur das Haus und das Grab von Guruji zu suchen, dem Naqshbandi Sufi-Meister von Irina Tweedie. In Lucknow wollte ich zuvor noch kurz auf die Andhra Bank gehen, um Geld zu holen. Die Distanz vom Airport zur City ist etwa 1 km, der Taxifahrer hat es fertiggebracht, mich im „Kakao" herumzufahren und mir erst nach einer Stunde Taxifahrt zu sagen: „In Lucknow haben wir keine Andhra Bank." Danach hat er mich auf die Busstation gebracht, von der die Busse nach Kanpur fahren. Ich habe mit diesem Taxifahrer etwa zwei Stunden verloren. Erst einige Stunden später konnte ich erkennen, wie wichtig es war, diese zwei Stunden verloren zu haben. Im Bus nach Kanpur sass ich neben einem Mann, mit dem ich ins Gespräch kam. Sein Name ist Kamal. Ich erklärte ihm meine Suche nach dem Haus und dem Grab von Guruji in Kanpur. Kamal fragte mich darauf: „Wie willst du ein

Haus finden, ohne Namen und ohne Adresse, von einem Mann ohne Namen, der vor 25 Jahren gestorben ist, in einer Stadt mit etwa zweieinhalb Millionen Einwohnern?" Er hat mich eingeladen, bei ihm einen Chai zu trinken. Auf der Strasse haben wir seinen „Barber" getroffen und er hat ihm von meiner Suche erzählt. Der Barber antwortete: „Ich weiss von nichts, aber ich habe einen Kunden, der dort drüben wohnt und der sich mit Gurus auskennt." Wir haben angeklopft. Es war das Haus von Guruji. Ich wurde herzlich empfangen und zum Essen eingeladen. Ich habe seine Ehefrau und seine Söhne kennengelernt. Sie haben mir ihre Fotografien von ihrem Vater und von Irina Tweedie gezeigt. Ich durfte im Zimmer von ihrem Vater und Meister meditieren. In diesem Zimmer hatte er unterrichtet und war da auch gestorben. Ich konnte sein Grab besuchen und auch dort meditieren.

Ein paar Jahre später hat Irina Tweedie in der Schweiz, in Zürich, einen Vortrag gegeben. Zusammen mit Tanja Premanetra, einer guten Freundin von mir, die das Buch auch gelesen hatte, sind wir nach Zürich gefahren, um Irina Tweedie zu treffen. An diesem Vortrag waren viele Menschen anwesend, und die Sitzplätze, die wir bekommen haben, waren hinten in den letzten Reihen. In der Pause gab es eine ganze Anzahl von Menschen, die mit ihrem Buch nach vorne zu Irina Tweedie gingen, mit der Bitte, das Buch zu unterschreiben. Ich hatte dieses Buch auch bei mir, und Tanja wünschte sich, Irina Tweedie aus der Nähe zu begegnen. So hat Tanja mein Buch genommen und hat Irina Tweedie gebeten, das Buch zu unterschreiben. Bei Tanja aber hat Irina Tweedie gefragt: „Gehört das Buch dir? Wem gehört es?" Und so kommt es, dass ich in meinem Buch eine kurze Widmung von Irina Tweedie bekommen habe: „Dir Vincenzo all meine Liebe! Irina Tweedie".

Mein Dank an Irina Tweedie und ein volles Pranam zu den Füssen von Guruji Adhauliya Mahatma Radha Mohan Lal Ji.

DIE BEGEGNUNG MIT SHRI SATYA SAI BABA

Auf einer meiner Indienreisen, 1991, hatte ich die Möglichkeit, eine Woche im Ashram von Shri Satya Sai Baba zu verbringen. In den Tagen, als ich dort war, gab es ein Fest, das Maha Shivaratri am zwölften Februar, ein wichtiges Fest in Indien. Die anwesenden Personen an diesem Fest im Ashram von Shri Satya Sai Baba wurden auf ungefähr 27.000 geschätzt. Die ganze Logistik, all diesen Menschen das Essen zu geben und den meisten auch noch eine Schlafmöglichkeit, war perfekt organisiert. Ich konnte keine Probleme feststellen. Für das Essen und Schlafen und zwei Treffen mit Shri Satya Sai Baba wurde ich gebeten, einen Betrag von ungefähr zwei Franken täglich zu bezahlen. Das ist sogar für Indien sehr wenig.

Am frühen Morgen gab es Gesang und Meditation in der Gegenwart von Shri Satya Sai Baba. Am späten Morgen gab es einen Darshan, eine Begegnung mit ihm. Um einen unordentlichen Ansturm dieser Menschenmenge zu verhindern, wurde das ganz geschickt und einfach organisiert. Die Menschen mussten sich in viele, verschiedene lange Reihen eingliedern. Danach wurde ausgelost, in welcher Reihenfolge diese Menschenreihen auf den Platz zum Darshan von Shri Satya Sai Baba gehen konnten. Ich habe da für mich eine kleine interessante Beobachtung gemacht. Wenn ich in meiner Ausrichtung wünschte, ganz nahe und vorne beim Darshan zu sitzen, so gab mir der Zufall einen Platz in den hinteren Reihen. Wenn ich hingegen in meiner Ausrichtung wünschte, in meinem Herzen ganz nahe mit ihm in Verbindung zu sein und innerlich darauf verzichtete, einen besonders guten Platz zu erhalten, so gab mir der Zufall einen Platz in der vordersten Reihe. So wurde es mir möglich, Ihm einen Brief direkt zu übergeben. Während dem Maha Shivaratri wurden die ganze Nacht durchgehend Mantras gesungen.

Chanting the name of the Lord is the simplest path to God-realization Whatever form of worship, penance or meditation one may adopt, the foundation is the Lord's name Chanting the Lord's Name is essential for crossing the turbulent ocean of life
  Shri Satya Sai Baba [33]

Bei mir zuhause in der Schweiz hatte ich 1993 auch einen sehr speziellen Traum von Shri Satya Sai Baba erhalten. Fabiola, mit der ich viele Jahre täglich zusammen meditiert habe, hat mir eine ganz eigenartige, spezielle Visualisierung beigebracht. Sie hat mir gesagt: Hast du den Wunsch, von einem Meister spirituelle Unterweisung zu erhalten, so besteht eine Möglichkeit, um einen Traum für diese spirituelle Unterweisung, zu bitten. Schreibe den Namen des Meisters, den du anrufen möchtest, gross auf ein Blatt Papier. Bevor du die Augen zumachst, um zu schlafen, konzentriere dich noch einmal auf diese Schrift. Schliesse die Augen und versuche den Namen noch zu sehen. Jetzt stelle deine Bitte, um Unterweisung zu erhalten. Ich habe das sofort versucht, habe den Namen Shri Satya Sai Baba in grosser Schrift auf ein Blatt Papier geschrieben, vor dem Einschlafen noch einmal den Namen betrachtet und danach, schon mit geschlossenen Augen, die innere Bitte nach Unterweisung gestellt. Ich habe darauf geträumt.

Ich befand mich in einem grossen Saal mit ganz vielen Menschen. Shri Satya Sai Baba sass auf der linken Seite auf einem grossen Sessel. Es war ein Programm vorgesehen. Es war mir möglich, ziemlich in seiner Nähe einen Platz zu finden. Shri Satya Sai Baba ist aufgestanden, ist zu mir gekommen, hat sich hinter mich gestellt und hat mich von hinten stark umarmt. Er hat mich so festgehalten und ist mit mir in die Höhe geschwebt. Wir sind so ungefähr in 100 m Höhe über die Landschaft geflogen, bis über eine grosse, architektonische Konstruktion. Eine sehr spezielle Konstruktion. Ein grosses Quadrat, so etwa 50 m breit. Diese Konstruktion ging nicht nach oben, sondern wie ein quadratischer Trichter in die Erde hinein, Stockwerk für Stockwerk in die Tiefe. Jedes Stockwerk war kleiner, umso tiefer man gelangte. Wir sind in die Mitte dieser Konstruktion geschwebt und dann in ihrem Zentrum ziemlich schnell dem Boden entgegen gesunken. Beim Hinunterschweben konnte ich die Balkonaden wahrnehmen, die bei jedem Stockwerk jetzt kleiner und näher waren. Ich weiss nicht, wie viele Stockwerke wir da runter gesunken waren, es waren einige. Dieses Herunterschweben war ziemlich schnell und ich hatte ein wenig Angst, dass das zu einem heftigen Aufprall am Boden werden könnte. Der Boden in der Mitte bestand aus einem kleinen quadratischen Platz, aus schwarz-weissen Keramikplatten. Wir sind sicher gelandet und Shri Satya Sai Baba hat mich umgedreht, und hielt mich jetzt von vorne umarmt. Und jetzt hat Shri Satya Sai Baba etwas für mich Unerwartetes und Ungewöhnliches gemacht. Er hat angefangen, mit seiner Zunge meine Augen abzuschlecken. So wie es etwa eine Katzenmutter mit ihren Jungen macht. Ganz erstaunt habe ich ihn gefragt: „Was willst du mir denn zeigen?" Darauf hat mir Shri Satya Sai Baba geantwortet: „Das Licht der Erkenntnis." Mein Dank an Shri Satya Sai Baba.

Ich habe diesen Traum meiner guten Freundin Desiree erzählt, und sie hat danach angefangen, von diesem Traum inspiriert, ihre Mandalas dreidimensional zu gestalten. Soweit mir bekannt ist, gibt es niemanden, der in der westlichen Kunst Mandalas dreidimensional darstellt. Somit hat Desiree etwas ganz Neues kreiert. www.mandala.ws

Dieser Traum hatte einige Jahre danach auch noch etwas ausgelöst. Im Völkerkundemuseum der Stadt Zürich gab es eine Ausstellung. Im Erdgeschoss gab es eine Ausstellung über die Göttin Kali, wie sie in der indischen Volkskunst dargestellt wird. Im oberen Stock gab es eine Ausstellung über das „Kala Chakra Mandala", das in der Gegenwart vom Dalai-Lama in Rikon, bei Winterthur, gestaltet wurde. Dieses „Kala Chakra Mandala" wurde aus Sand hergestellt. Beim Anblick dieses Mandala konnte ich es wiedererkennen. In meinem Traum mit Shri Satya Sai Baba habe ich das „Kala Chakra Mandala" dreidimensional erfahren können. Als ein Jahr später der Dalai-Lama in Graz eine Einführung in das „Kala Chakra Mandala" gegeben hat, bin ich mit meinen Gästen für eine Woche nach Graz gefahren und habe dieser Einweihung beigewohnt. Es waren etwa 10'000 Personen anwesend. Von den Erklärungen und Unterweisungen habe ich fast nichts, oder nichts, verstanden. Es war mir aber wichtig, an dieser Einweihung teilgenommen zu haben. Eine Begegnung mit dem Dalai-Lama ist auch immer eine berührende und gesegnete Begegnung.

In den Zeiten, als Shri Satya Sai Baba noch nicht so bekannt war, da kamen ganz wenige Besucher in den Ashram, und Shri Satya Sai Baba hat ihnen die Möglichkeit gegeben ein persönliches Interview mit ihm zu haben. Als die Zahl der Besucher immer grösser wurde, da war das nicht mehr möglich, und so hat er jeden Tag etwa dreissig Personen zufällig ausgewählt, die dann ein persönliches Interview erhalten haben. Als die Menschenmengen immer noch grösser wurden, hat er weiterhin etwa dreissig Personen die Möglichkeit eines persönlichen Interviews gegeben. Dazu hat er aber noch ganz vielen Menschen den Traum eines ganz persönlichen Interviews gegeben. Immer den gleichen Traum.

Im Jahre 1994 hatte ich wieder die Möglichkeit für eine Woche im Ashram von Shri Satya Sai Baba zu sein. Bevor ich auf diese Reise ging, hat mich Maria, eine Naturheilpraktikerin aus Deutschland, gebeten, ihr einen kleinen Gefallen zu machen. Sie wünschte von mir, dass ich in meiner Durchreise in der Stadt Bangalore, für sie eine Adresse kontrollierte. In Bangalore besteht eine so genannte astrologische Palmblatt-Bibliothek. Diese Bibliothek wird von Swamis geführt. Sie wollte von mir erfahren, ob dies eine seriöse Adresse sei, oder ob es besser wäre, diese Adresse zu löschen. Auf meiner Reise war ich begleitet von zwei jungen Frauen, die schwere Suchtprobleme hatten. Auf dieser Reise waren sie sehr unruhig und ich wollte nicht riskieren, sie in Bangalore alleine zu lassen, und so habe ich verzichtet, diese Palmblatt-Bibliothek zu besuchen. Nach Bangalore sind wir nach Puttaparthi in den Ashram gefahren. In der ersten Nacht habe ich diesen Darshan-Traum bekommen. Ich befand mich in der Gegenwart von Shri Satya Sai Baba, es war eine ganz entspannte, lockere und herzliche Begegnung. Shri Satya Sai Baba sagte mir: „Stell mir deine Fragen." Und so habe ich ihm die Fragen gestellt, die mich damals beschäftigten. Ich habe ihm Fragen gestellt über meine Arbeit in der Drogenhilfe, über die verschiedenen Menschen, die mir anvertraut wurden, um aus der Sucht zu entkommen. Ich habe ihm Fragen gestellt betreffend meiner Meditation. Ob es möglich ist, mehr als einen Guru zu haben. Ob ich in diesem Leben die Erleuchtung noch erfahren kann. Shri Satya Sai Baba hat mir auf meine Fragen geantwortet. Beim Aufwachen konnte ich mich an gewisse Fragen und Antworten erinnern, aber andere Fragen und Antworten haben sich wie Nebel aufgelöst, ich konnte sie nicht behalten. Im Ashram hatten sie uns zwei Zimmer zur Verfügung gestellt. Am nächsten Tag haben wir den Besuch eines jungen Mannes aus Frankreich erhalten. Er war interessiert an den zwei jungen Frauen, die mit mir zusammen im Ashram waren. Er hat uns erzählt, dass er nachts den Darshan-Traum mit Shri Satya Sai Baba bekommen habe. Genau den gleichen Traum, den ich gerade hatte. Er konnte auch seine Fragen stellen und hat die Antworten von Shri Satya Sai Baba erhalten. Beim Aufwachen sind ihm auch einige Fragen und Antworten entschwunden. Eine Frage, an die er sich erinnern konnte, lautete: „Die astrologische Palmblatt-Bibliothek in Bangalore, ist das eine seriöse Adresse, oder ist es besser diese Adresse zu löschen?" Er hat also die genau gleiche Frage gestellt, die mir gestellt wurde. Als ich meine Fragen an Shri Satya Sai Baba stellen durfte, da habe ich diese Frage vergessen, weil ich nur an meine gedacht habe. Und so ist es gekommen, dass unter tausenden von Menschen uns dieser junge Mann besuchte und uns die Antwort von Shri Satya Sai Baba brachte. Im Traum hatte ihm Shri Satya Sai Baba geantwortet, dass diese Palmblatt-Bibliothek in Bangalore eine gute Bibliothek sei und dass er die Adresse ruhig behalten solle. So hat es sich ergeben, dass ich Maria die Antwort geben konnte: „In Bangalore hatte ich nicht die Möglichkeit, diese Adresse zu kontrollieren. Bei den Fragen, die ich an Shri Satya Sai Baba im Traum stellen konnte, habe ich nur an meine Fragen gedacht und deine Frage dabei vergessen. Ein junger Mann hat aber genau diese Frage im Traum an Shri Satya Sai Baba gestellt und die Antwort erhalten, dass diese Palmblatt-Bibliothek in Bangalore eine gute Bibliothek sei und dass er diese Adresse ruhig behalten solle." Eine ganz neue erstaunliche Art der Kommunikation, auch mit einem gewissen Humor.

Eine Frau aus der Meditationsgruppe hatte einen schweren Unfall. Sie war in Italien in ihrem Auto auf der Autobahn unterwegs. Ganz unerwartet hat es eine Nebelbank gegeben. Beim Eintreten in diese dichte Nebelwand hat sie ihr Auto abgebremst, wurde aber von einem anderen Auto von hinten ungebremst gewaltig angefahren. Sie hat sich dadurch das Genick gebrochen. Im Spital haben sie ihr mit einigen Stahlnägeln den Kopf fixiert und ihren Körper gestreckt. In dieser gestreckten und fixierten Körperlage konnte sie sich nicht bewegen. In dieser Stellung hat man sie sechs Monate lang gehalten. Für alle Körperfunktionen brauchte sie Hilfe. Nach sechs Monaten wurde es möglich, sie zu transportieren, und man hat sie nach Basel ins Paraplegiker Spital gebracht. Dort hat sie zwei Jahre gebraucht, um in eingeschränkter Form wieder leben zu können. Geblieben sind ihr ständige Schmerzen und verschiedene andere körperliche Probleme. Dank einem starken Willen und dank der Meditation hat sie das Bestmögliche erreicht. Ich befand mich in Cambridge, zu Besuch bei einer Familie, wo der Mann gerade eine wissenschaftliche Arbeit machte, in welcher die verschiedenen medizinischen Traditionen vergleichend untersucht wurden. Zum Beispiel, bei einer gewissen körperlichen Störung wird in der westlichen Medizin auf eine Art gehandelt, im indischen Ayurveda auf eine andere Art, in der tibetischen Medizin wieder eine andere Art, usw. Ich habe ihn gefragt was man in den verschiedenen medizinischen Methoden gegen chronische Schmerzen machen kann. Er hat mir geantwortet: «Bei chronischen Schmerzen gibt es leider nichts.» Nach einer Pause hat er hinzugefügt: «Frage einmal Shri Satya Sai Baba.» Bei meiner nächsten Meditation habe ich Shri Satya Sai Baba gebeten, dieser Frau zu helfen. Auch bei der nächsten Meditation habe ich noch daran gedacht. Wieder in Lugano angelangt habe ich diese Frau zufällig getroffen. Ich habe ihr nichts von meiner Erfahrung in Cambridge gesagt. Sie kam gerade von der Primexpo, einer kommerziellen Mustermesse, und hatte sich die verschiedenen Ausstellungen angeschaut. Sie hat mir erzählt, dass sie eine ganz eigenartige Erfahrung gemacht hatte. In einem Stand für Putzmittel war an der Wand hinter der Kasse eine Fotografie aufgehängt. Sie hat mir erzählt: «Weisst du, eine Fotografie von diesem Inder mit den vielen Haaren. Als ich diese Fotografie sah, da ist mir ein starker Energiestrom von unten durch den Rücken hinauf geflossen. Dieser Energiestrom hat auch meine beschädigten Halswirbel durchströmt, bis zum oberen Scheitel.» Diese Frau wurde dadurch nicht geheilt und auch nicht von ihren Schmerzen befreit. Was aber klar ersichtlich ist, dass Shri Satya Sai Baba auf meine Anfrage geantwortet hatte.

DIE BEGEGNUNG MIT BABA BAL NATH

Baba Bal Nath habe ich im Kanton Tessin in Bellinzona kennengelernt. Er hatte Italien und die Schweiz bereist und war zu Gast bei einer Familie in Bellinzona. In der Zeit, als ich ihn kennengelernt hatte, da hatte Baba Bal Nath weder gesprochen noch gegessen. Wir sassen einfach in Stille zusammen. Die Familie, bei der Baba Bal Nath zu Gast war, hatte einen Wolfshund. Dieser Hund war in Baba Bal Nath richtig verliebt.

Er wartete geduldig vor seiner Tür. Wenn Baba Bal Nath ins Wohnzimmer kam, so legte dieser Wolfshund sich zu seinen Füssen. Ich konnte einmal beobachten, wie Baba Bal Nath mit diesem Hund ein ganz besonderes Spiel machte. Wenn der Hund sich einige Meter von Baba Bal Nath entfernte, so produzierte Baba Bal Nath ein schrilles Geheul, das den Hund irritierte, kurz aufheulen liess und danach stürzte er sich auf Baba Bal Nath. Dieser hat ihn liebevoll empfangen und der Hund hat seine Irritation im gleichen Augenblick in Liebe gewandelt und das Gesicht von Baba Bal Nath stürmisch abgeschleckt. Baba Bal Nath hat diese spielerische Manipulation verschiedene Male mit dem Hund gemacht. In meiner Interpretation hat er ihn trainiert, das Gefühl der Irritation in Liebe zu wandeln. Es gibt spirituelle Meister, Gurus, die mit ihren Schülern ähnlich vorgehen. Sie warten, bis der Schüler so richtig verliebt ist, und danach wird am Ego gearbeitet. Der Meister wird den Schüler in Konfliktsituationen bringen, innere Konflikte. Der Schüler wird diese Konflikte verlieren durch die Umwandlung, die dank der Liebe geschehen kann. Gewisse Anhaftungen, die wir in unserem Ego haben, sind ganz leicht, und auch für uns erkenntlich. Wenn wir zum Beispiel unser Essen nicht gerne mit anderen teilen, so können wir das auch selber erkennen und damit umgehen. Es gibt aber auch Anhaftungen, die schwieriger zu erkennen sind, da sie eventuell auch mit einem realen Wert verbunden sind. Zum Beispiel unser Gerechtigkeitssinn. Da gibt es eine Verbindung zwischen dem Wert der Gerechtigkeit und der Anhaftung an unser Ego. Diese Situation ist schon komplexer, und so kann es gut sein, dass der Meister seinem Schüler Ungerechtigkeiten regelrecht organisiert. Der Schüler wird empört sein, aber dank seiner Liebe wird er in diesem

Konflikt auch verlieren und so die Möglichkeit haben, seine Anhaftungen zu erkennen.

Man erzählt, dass Baba Bal Nath schon als Kind seine Eltern verloren hatte. Er wurde darauf von einer Familie aufgenommen, die den Beruf des Brunnenbauens ausübte. Es wird erzählt, dass er im Alter von neunzehn Jahren einen Arbeitsunfall erlitten hatte. Er befand sich tief unten im Brunnen, an einem Punkt, wo sie schon das Wasser gefunden hatten. Der Brunnen ist eingestürzt und der junge Baba Bal Nath wurde lebendig begraben, doch haben einige Balken verhindert, dass er von der Erde erdrückt wurde. Seine Erfahrung war, lebendig begraben zu sein. Er hat in dieser Situation viele psychische Prozesse durchgemacht. Nach drei Tagen ist es gelungen, ihn auszugraben. So schlimm diese Erfahrung auch gewesen war, so hat sie trotzdem eine Öffnung des Geistes zum Bewusstsein bewirkt. Eine etwas spezielle Initiation. Er ist danach in den Himalaja gezogen, hat einen Meditationsmeister gefunden und hat erreicht, tief in Meditation zu gelangen. Einen Samadhi Zustand, bei welchem die Körperfunktionen von Metabolismus, Atem und Herzschlag sich dermassen reduzieren, dass man schon von einem kataleptischen Zustand sprechen kann. Alles, was ich da erzähle, ist mit Vorsicht zu geniessen, da diese Geschichten mir ja nicht von ihm erzählt wurden, sondern von Menschen in seiner Umgebung, die ich persönlich gar nicht kannte. Als er fähig war, diesen Zustand über lange Zeit aufrecht zu erhalten, hat er sich entschlossen, dass er die Erfahrung, die er da unten in diesem Brunnen gemacht hatte, nochmals erfahren wollte. Er hat ein grosses Loch in die Erde gegraben, hat sich da zur Meditation hineingesetzt, hat einen Deckel auf dieses Erdloch legen lassen, mit dem Auftrag ihn nach einem halben Jahr wieder heraus zu holen. Als ein halbes Jahr verstrichen war, hat man ihn aus diesem Loch geholt, immer noch lebend, obwohl schon von Parasiten angefressen. Nach dieser Erfahrung ist Baba Bal Nath vom Himalaya-Gebiet heruntergekommen und nach Süden bis in die Nähe der Stadt Jaipur gegangen. Hier hat er sich auf dem Lande unter einen grossen Baum gesetzt und hat dort angefangen, ganz einfach zu leben und ein kleines Feuer zu unterhalten. Schnell wurde er zum Referenzpunkt der Bauern, die in seiner Nähe wohnten. Nach einer gewissen Zeit hat er angekündigt, dass er sich entschlossen hatte, ein weiteres Mal diese Erfahrung des

Begrabenseins zu vollbringen. Die Bauern sagten ihm: „Du hast doch schon bewiesen, ein Yogi zu sein. Was willst du denn noch erreichen, indem du dich ein weiteres Mal begraben lässt?" Baba Bal Nath war entschlossen, hat aber dieses Mal das Loch mit Zement ausgemauert. Als Deckel hat er einfach einen Gusseisen-Deckel gebraucht. Dieses Mal hat er den Auftrag gegeben, ihn erst nach einem Jahr da rauszuholen. Als ein Jahr verstrichen war, hat man ihn da rausgeholt. Von diesem Moment an hat er, jetzt schon seit vielen Jahren, nicht mehr gesprochen und auch nicht mehr gegessen. So lautet die Geschichte, die man mir erzählt hatte. Ich bin mir aber ziemlich sicher, dass seine Erzählung auch hätte anders sein können. Wir werden es nie wissen.

Ich habe ihn in Indien unter diesem Baum besucht. Unterdessen sind da unter diesem grossen Baum kleine bescheidene Konstruktionen gemacht worden. Es war eine freudvolle Begegnung. Wir haben uns angeschaut, laut gelacht und uns umarmt. Wieder einige Schritte Raum gewonnen und erneut haben wir uns angeschaut, laut gelacht und uns wieder umarmt. Einige Male. Eine herzliche, freudige Begegnung. Er hat mir eine kleine, gemauerte Zelle zur Verfügung gestellt. Ich bin da einige Tage geblieben. Unter diesem Baum zu leben, war eine ganz spezielle Erfahrung, da in diesem Baum auch eine riesige Schar von Vögeln hauste. Am Morgen und am Abend durfte man die Zelle nicht verlassen, da diese Vögel es regelrecht regnen liessen mit ihren Ausscheidungen. Ganz verschiedene Arten von Vögeln lebten in diesem Baum. Am Morgen sind alle Vögel ausgeflogen und kamen dann scharenweise abends, mit einem riesigen Lärm, wieder zurück.

Baba Bal Nath war ganz lieb mit mir und hat mich richtig verwöhnt. Zum Beispiel hat er mich eingeladen, mich bei seinem heiligen Feuer auf seinen Sitz zu setzen. Dieser ganze Bereich war normalerweise für niemanden zugänglich. Er hat mich auch zu seinem Loch gebracht und mich eingeladen, in diesem Loch zu meditieren. Ich bin da runter gestiegen und habe versucht, sitzend zu meditieren. Dieses Loch war ungefähr 110 Zentimeter breit, 130 Zentimeter hoch und 130 Zentimeter tief. Auf der vorderen Seite gab es eine Puja mit dem Bild der erschreckenden Kali. Der runde Metallgussdeckel hatte einen Durchmesser von etwa 70 Zentimeter.

Es ist mir da nicht gelungen zu meditieren, da mir die Angst aufgestiegen ist, dass er mit diesem Metalldeckel dieses Meditationsloch schliessen könnte, um mir die Erfahrung zu übermitteln, die er gemacht hatte, als er in diesem Brunnen lebendig begraben wurde. Ich sass in diesem Loch und versuchte zu meditieren, aber mit meiner Angst ist es mir nicht gelungen, und so, nach etwa zwanzig Minuten, bin ich dankbar wieder an die Oberfläche gekommen.

Wieder leuchtet das Licht für mich auf. Wieder sehe ich das klare Licht. Erneut öffnet es den Himmel; erneut vertreibt es die Nacht. Wieder offenbart es alles.;
Symeon der neue Theologe. [34]

Baba Bal Nath hat in diesen Jahren nicht gesprochen, konnte sich aber sehr gut mit Handzeichen verständlich machen. Mit diesen Handzeichen hat er mir kleine Vorträge gehalten, und mir scheint, dass ich sie verstanden habe. Mit Handzeichen kommunizierte er mir, dass wir zwar verschiedene Körper haben, dass wir auf dieser Ebene zwei waren, aber in Gott eins. Dass unsere Körper vergänglich sind und sterben werden, unsere wahre Identität aber in Gott liegt.

An einem Tag haben die Bauern aus der Umgebung eine Frau zu ihm gebracht, die sich in einer schweren psychischen Störung befand. Sie rollte sich kreischend am Boden. Er hat mit ihr in seiner Zeichensprache kommuniziert. Am Radio lief gerade so ein schreckliches, in hoher Tonlage kreischendes, indisches Lied. Dieses schreckliche Lied war wie der Spiegel der psychischen Situation dieser Frau. Ich habe die Initiative ergriffen, bin in das Zimmer von Baba Bal Nath gegangen und habe ein Tape mit dem Mantra „Om Namah Shivaya" in seiner Anlage laufen lassen. Danach ist dieses Mantra für einige Tage permanent im Ashram erklungen. Baba Bal Nath ist es auch gelungen diese Frau zu beruhigen.

Baba Bal Nath hat mir auch sein Mantra auf ein Papier geschrieben und mir vorgeführt, wie dabei der Atem fliessen sollte.

Er war damals so ungefähr sechzig Jahre alt, aber sein Brustkorb hätte von einem dreissigjährigen Athleten sein können. Sein Alter konnte man an seinem Gesicht und an seinen Händen erkennen. Als er mir dieses Mantra gegeben hatte, hat er mich lange umarmt, um mir seine Energie zu übermitteln. Von einem Mann so lange umarmt zu werden, wurde für mich leicht unangenehm, auch wenn ich natürlich verstanden habe, in welcher Absicht dies geschah.

Der Aufenthalt bei Baba Bal Nath war für mich eine schöne, berührende Erfahrung. Sein liebevoller Blick, sein Lachen und seine Herzlichkeit habe ich geschätzt. Einige Jahre später habe ich erfahren, dass Baba Bal Nath wieder angefangen hatte zu sprechen, aber weiterhin nicht gegessen hat.

Mein Dank an Baba Bal Nath.

DIE BEGEGNUNG MIT SRI CHINMOY

Sri Chinmoy Kumar Ghose, (*1931 - †2007) war ein indischer spiritueller Meister, der ab 1970, auf Einladung des UNO-Generalsekretärs U-Thant, zweimal wöchentlich, siebenunddreissig Jahre lang, Meditationen an den Vereinten Nationen in New York hielt. Sri Chinmoy wirkte auch als Schriftsteller, Dichter, Komponist, Musiker, Künstler und Sportler.

Am 10.10.1987 hat Sri Chinmoy in Milano ein Konzert gegeben. Mit einigen Freunden aus der Meditationsgruppe sind wir für dieses Konzert nach Milano gefahren. Der Saal war gefüllt, ich schätze so ungefähr zweitausend Personen. Sri Chinmoy hat sein Konzert angefangen, ich habe seine Musik als irritierend und unangenehm empfunden. Die Menschen haben auch angefangen, den Saal vorzeitig zu verlassen. Nach einer ersten Pause waren vielleicht noch tausend Personen anwesend. Die Musik von Sri Chinmoy wurde darauf schon etwas besser, aber trotzdem wurde das Publikum immer weniger. Nach einer erneuten Pause waren vielleicht noch etwa fünfhundert Personen im Saal anwesend. Und jetzt erst wurde seine Musik berührend schön. Am Ende dieser musikalischen Vorführung haben die Menschen den Saal verlassen, doch noch etwa dreissig Personen sind geblieben, in der Hoffnung, Sri Chinmoy auch noch zu begegnen. Wir sind auch geblieben, und das war eine gute Entscheidung. Es hat noch einen Darshan mit Sri Chinmoy gegeben. Eine Person nach der anderen konnte Sri Chinmoy entgegentreten und sich verneigend verabschieden. Es ergab sich ein direkter Blickkontakt, Auge in Auge. Die Begegnung mit seinen Augen war eine Begegnung der Herzen, eine tief berührende Erfahrung. Es war ein Nach-Hause-Kommen. Tief berührt und glücklich sind wir gegangen. Für diesen einen Blick hat sich die Reise nach Milano gelohnt.
Mein Dank an Sri Chinmoy für diese Begegnung.

"Jenseits von Sprache und Denken, In den Fluss ewig strahlenden Lichtes Taucht mein Herz. Heute sind zahllose Türen, Die Jahrtausende geschlossen waren, Weit aufgetan."
Sri Chinmoy [35]

DIE BEGEGNUNG MIT MOTHER MEERA

Zu einem öffentlichen Darshan von Mother Meera bin ich nach Deutschland gefahren. Bei diesem Darshan hat Mother Meera jedem Einzelnen ihre persönliche Aufmerksamkeit gegeben. Mother Meera sass auf einem Stuhl, ich bin vor ihr auf die Knie gegangen und habe meinen Kopf in ihren Schoss gelegt. Mother Meera hat mit beiden Händen meinen Kopf gehoben und mir in die Augen geschaut. Dieser Kontakt mit ihren Augen war eine freudige und ganz unerwartete Erfahrung. Eine innere Begegnung auf einer Ebene, wo man sich schon kennt. Die Schönheit dieser inneren Begegnung in diesen Augen werde ich nie vergessen. Die bleibt in meinem Herzen ein inneres Bild. Davon zu schreiben bringt mich gerade wieder in diesen Inneren Raum. Mein Dank an Mother Meera.

DIE BEGEGNUNG MIT
AMMA, MĀTĀ AMṚTĀNANDAMAYĪ

Auf einer Indienreise, 1991, begegnete ich Amma das erste Mal in Ihrem Ashram in Kerala. Der Ashram war zu jener Zeit noch sehr bescheiden. Den Darshan hat Amma in einer Schilfhütte gegeben. Beim Eintreten in diese Schilfhütte bin ich unachtsam an ein grosses Bild gestossen, das darauf fest schaukelte, aber zum Glück von der Wand nicht heruntergefallen ist. Erfreut habe ich erkannt, dass es das Bild meines geliebten Bhagavan Nityananda war. Dieses Schaukeln des Bildes war für mich, als hätte er mich begrüsst. Bei diesem Darshan ging jeder Mensch, einer nach dem anderen, auf den Knien zu Amma. Und jeder wurde von ihr umarmt. Als sie mich umarmte, flüsterte sie mir ins Ohr: „Ma, Ma, Ma". Ich empfand dieses „Ma, Ma, Ma" wie „Mutter, Mutter, Mutter" und ich reagierte darauf mit dem Gedanken: „Oh bitte nicht, Mutter habe ich schon eine, und die ist mir manchmal schon zu viel."

Einige Jahre später hatte ich wieder die Möglichkeit, einen Darshan von Amma zu besuchen. Das war im Zentrum der Einheit auf der Schweibenalp, im Berner Oberland auf elfhundert Metern, mit Blick auf den Brienzersee. Auch bei diesem Darshan war meine Erfahrung sehr begrenzt. Bei der Umarmung habe ich festgestellt, dass sie am Kinn einige Barthaare hatte.

Wieder einige Jahre später war Amma in Mailand und hat dort Darshan gegeben, in einem riesigen Raum. Etwa sechstausend Personen waren anwesend, und Amma hat jeden einzelnen umarmt. Beim Eintreten in diesen Saal hat man eine Nummer bekommen, und so konnte man sich ausrechnen, wann ungefähr man sich in die Reihe zum Darshan stellen sollte. Ich habe etwa acht Stunden darauf gewartet. Die Umarmung war, ganz unerwartet, ein Eintauchen in den Inneren Raum. Leicht betrunken bin ich wieder aufgestanden. Ein Jahr später war Amma wieder in Mailand, im gleichen Raum, und hat Darshan gegeben. Zu diesem Darshan habe ich zwei meiner Gäste mitgenommen. Auch diese Nacht haben wir viele Stunden auf unseren Darshan gewartet. In der Darshan-Reihe, die sich in Richtung Amma gebildet hatte, stand ich vorne in der Reihe, und meine zwei Gäste, hinter mir in der Reihe. In dieser Reihe befanden sich etwa hundert Menschen. Neben Amma befand sich ein Mann mit der Aufgabe, den Menschen beim Aufstehen zu helfen und Platz zu machen für den nächsten Menschen, den Amma umarmte. Das war ziemlich straff organisiert, da Amma bei diesem Darshan ja ungefähr sechstausend Menschen umarmen wollte. Ich habe meine Umarmung bekommen und bin gleich aufgestanden, um Platz zu machen und mich zu entfernen. Amma hat mich blockiert, um nicht wegzugehen. Ich blieb stehen. Der Mann, der neben Amma stand wollte mich wegschicken, um weiteren Platz zu schaffen. Amma hat mich erneut blockiert und meine zwei Gäste gleichzeitig in die Arme genommen. Einer auf der linken Seite und der andere auf der rechten Seite. Da habe ich verstanden, warum Amma wünschte, dass ich nicht gehe, sondern bleibe. Sie hatte erkannt, dass wir zusammengehörten, und dass meine Gegenwart in diesem Moment auch richtig war. Ich habe erkannt, was Amma wollte, und habe meine Gäste, gleichzeitig mit Amma, von hinten umarmt.

Es ist erstaunlich wie Amma bei sechstausend Menschen einen jeden empfängt, als wäre er einzig. Auch mit welcher Aufmerksamkeit sie alles wahrnimmt. Diese Erfahrung wieder hier zu schildern berührt mich. Ein Jahr später konnte ich mit meinen Gästen wieder an so einen Darshan nach Mailand gehen. In diesem Jahr habe ich aber Amma als depressiv empfunden und in ihrem Vortrag oft zu kritisch und negativ. Es ist wichtig zu verstehen, dass auch grosse Menschen, weise und erleuchtete Meister, immer aber auch ganz Mensch bleiben, mit allen menschlichen Begrenzungen. Dieser Darshan war der letzte, an dem ich beigewohnt habe.

Mein Dank an Amma, Mātā Amṛtānandamayī.

Wer anderen hilft, der hilft sich selbst, weiterzukommen und rein zu werden. Auch uns wird es helfen, die Last der Bindung nach und nach zu verringern und so unseren inneren Frieden zu vermehren.
Amma [36]

DIE BEGEGNUNG MIT LAMA SHERAB GYALTSEN AMIPA

Im Tessin hatten wir für viele Jahre, in regelmässigen Abständen, eine Begegnung mit Unterweisungen von Lama Sherab Gyaltsen Amipa. Er war ein tibetischer Mönch in der Linie vom Dalai-Lama. Am Freitagabend gab es ein öffentliches Programm mit Lama Sherab, an welchem er auch schilderte, welche Einführungen und Belehrungen er am Samstag und Sonntag geben würde. Am Samstag gab er uns Unterweisungen in verbaler Form, in Vorbereitung einer Einführung zu einer bestimmten Meditation. Bei diesen Unterweisungen wollte er, dass wir diese niederschreiben. Er hat erklärt und wir haben geschrieben. Das konnte ziemlich anstrengend werden, da so eine Unterweisung üblicherweise den ganzen Tag dauerte. Am Sonntag erhielten wir dann die Einweihung in eine Meditation zu einem bestimmten Buddha. Am Ende des Tages bekamen wir die ganzen Belehrungen in gedruckter Form. Sein Sprechen und unser Zuhören und Schreiben waren Teil seiner Belehrungsart. Lama Sherab war ein sehr feiner, ruhiger und zurückhaltender Lehrer. Einige Jahre habe ich an diesen Wochenendkursen teilgenommen. Für meine Arbeit, mit meinen Gästen, die Drogenprobleme hatten, waren diese Meditationen aber nicht brauchbar, da viel zu kompliziert. Auch zu den Wochenendkursen konnte ich meine Gäste nicht mitnehmen, für die meisten wäre eine so lang andauernde Konzentration, im Zuhören und Schreiben, eine Überforderung gewesen. Zum öffentlichen Anlass, am Freitagabend, war das aber möglich. Ich erinnere mich an so einen Freitagabend bei Lama Sherab.

An einem Freitagabend habe ich am Bahnhof Lugano einen jungen Mann abgeholt, der für eine längere Zeit zu mir kommen wollte. Als ich ihn am Bahnhof abholte, stand er noch unter dem Einfluss vom Heroin. Vom Bahnhof aus sind wir direkt zum öffentlichen Treffen bei Lama Sherab gegangen. Im Saal befanden sich etwa 60 Personen. Die Stühle waren in Reihen angeordnet, ungefähr wie in einem Theater oder Kino. Wir befanden uns schon alle im Saal und warteten stehend auf Lama Sherab. Im vorderen Teil des Saales war ein Sessel für Lama Sherab bestimmt. Die Eingangstüre zu diesem Saal befand sich hinten auf der linken Seite. Ich befand mich in einer hinteren Sitzreihe ganz auf der linken Seite, und mein Gast befand sich eine Reihe vor mir, auch auf der linken Seite, gerade vor mir. Wir standen vor unseren Stühlen und warteten auf Lama Sherab. Er ist eingetreten, und als er in schnellem Schritt an uns vorbeiging, hat er aus der Bewegung heraus, ohne anzuhalten, bei diesem jungen Mann, seine Hand von unten nach oben über dessen Rücken gleiten lassen, ohne ihn zu berühren. Diese Bewegung ist schnell gegangen. Ich denke, ich bin der einzige gewesen, der sie wahrgenommen hatte, da dieser junge Mann gerade vor mir stand. Und da es zu keiner Berührung kam, hatte er auch nichts bemerkt. Erstaunlich finde ich, dass Lama Sherab in der Fraktion einer Sekunde das gestörte Energiefeld dieses jungen Menschen wahrgenommen hat und augenblicklich auch darauf reagiert hatte. Während dem folgenden Programm habe ich bemerkt, wie Lama Sherab seine Aufmerksamkeit verschiedene Male auf diesen jungen Mann lenkte. Danach gab es auch noch eine kurze Meditation. Auf der Fahrt nach Hause hat dieser junge Mann mir geschildert, was er alles in dieser Meditation erlebt hatte. Das war sehr intensiv, aber leider erinnere ich mich nicht mehr an diese einzelnen Details. In der Nacht hatte dieser junge Mann schwere

Entzugsstörungen. Mit seinen unruhigen Beinen hat der ständig an die Mauer geschlagen, und so hatte auch ich eine unruhige Nacht.

Es war vorgesehen, dass wir am Samstag in Lugano zu einem Treffen mit Mutter Teresa von Kalkutta gehen konnten. Leider ist dieses Treffen ganz kurzfristig abgesagt worden, da Mutter Teresa sich einen Arm gebrochen hatte. Ich wusste aber auch, dass der Naqshbandi Sufi Meister Sheikh Muhammad Nazim Al-Haqqani am Samstag in das Zentrum der Einheit auf der Schweibenalp gehen würde. So bin ich zusammen mit diesem jungen Mann auf die Schweibenalp gegangen. Die Erfahrungen, die wir zusammen bei Sheikh Nazim gemacht haben, werde ich im nächsten Abschnitt schildern.

Entzünde Dein selbst durch die Praxis der Meditation
Berauschte Dich am Wein der göttlichen Liebe.
Dann wirst Du die Vollkommenheit erreichen.

Shvetashvatara Upanischad [37]

BEGEGNUNG MIT SHEIKH MUHAMMAD NAZIM AL-HAQQANI

Sheikh Nazim, (*1922 - †2014) war ein Sufi Meister der islamischen Naqshbandi Tradition. In meinem Empfinden hatte er nicht diese geistige und kulturelle Universalität wie der indische Sufi Meister Hazrat Inayat Khan. Sheikh Nazim war ganz in der islamischen Tradition verankert, hatte aber dennoch eine offene Geisteshaltung und viel Erfahrung. Ein grosser Meister. Ein Schüler von ihm wohnte in der Nähe von Lugano und hatte ihn eingeladen, bei ihm zuhause einige Tage zu verbringen und auch einige öffentliche Programme zu halten. Bei so einem Treffen habe ich Sheikh Nazim kennengelernt. Beim Mittagessen hat er mich eingeladen, auf seiner rechten Seite neben ihm Platz zu nehmen. Wir haben zusammen gegessen. Einer seiner Schüler setzte sich zu uns. Ich empfand diesen Schüler als einen islamischen Fanatiker, als irritierend und störend. Alles, was dieser Mann sagte, war irgendwie fanatisch, arrogant, überheblich und dumm. Ich sass still am Tisch, aber innerlich war ich empört. Es war für mich eine sehr unangenehme Situation. Ich habe kein Wort gesagt, war aber innerlich aufgewühlt. Sheikh Nazim hingegen hat ruhig und still weiter gegessen und gar keine Reaktionen gezeigt. Im Nachhinein war ich mir nicht sicher, ob Sheikh Nazim jetzt mit all diesem blödsinnigen Fanatismus einverstanden war, oder aber ob er völlig losgelöst und unberührt in seinem Zustand der inneren Freiheit und Raumhaftigkeit verblieben ist.

Ich erinnere mich noch, was er mir über die Mantras, die Wazifa, gesagt hatte. Als Mantra während der Meditation oder zur Wiederholung am Tage gab er seinen Schülern bis anhin Mantras (in der islamischen Tradition Wazifa genannt), die ihre Wurzel in einem der 99 Namen Gottes hatten. Er war aber der Meinung, dass die Situation der Welt jetzt erforderte, so schnell wie möglich, Fortschritte zu erreichen. Darum hat er angefangen, direkt den Namen „Allah" für den Gebrauch während der Meditation oder zur Wiederholung am Tage seinen Schülern zu geben. Der Name „Allah" enthält sämtliche Qualitäten der 99 Namen Gottes.

Das nächste Treffen, an das ich mich erinnere, war im Zentrum der Einheit auf der Schweibenalp. Mit diesem jungen Mann, der noch gänzlich unter Drogenentzug stand, haben wir auf Sheikh Nazim gewartet. Am Abend ist Sheikh Nazim auf der Schweibenalp angekommen und hat ein grosses Programm gehalten. Die anwesenden Personen waren alle Schüler, ganz in der islamischen Tradition verankert. Wir haben diesem Programm beigewohnt. Mein Begleiter war tief beeindruckt und hat mir den Wunsch zum Ausdruck gebracht, an Sheikh Nazim eine Frage stellen zu dürfen. Wir haben auf der Schweibenalp in einem grossen Zimmer, in der Gegenwart von verschiedenen Menschen, die Nacht verbracht. In dieser Nacht war mein Gast sehr unruhig, er hat in seinem Entzug richtig gelitten und seine Beine waren dadurch ständig in Bewegung. Niemand hat etwas gesagt, aber ich denke, dass alle die Situation mitbekommen haben. Am nächsten Tag haben wir die Zusage für ein persönliches Treffen mit Sheikh Nazim erhalten. Wir sind in seine Wohnung gegangen und haben uns zu seinen Füssen auf den Boden gesetzt. Wir mussten noch eine gewisse Zeit warten, da Sheikh Nazim noch im Gespräch war mit einigen im Raum anwesenden Personen. Danach hat sich Sheikh

Nazim an meinen Gast, den jungen Mann gewandt, und ihn gefragt, was er sich wünsche. Er hat darauf Sheikh Nazim die Frage gestellt, ob ihm noch verziehen werden kann und hat ihm auch seine Situation der Abhängigkeit vom Heroin geschildert. Sheikh Nazim hat ihm darauf gesagt: „Weisst du, wenn ein Flugzeug auf der Startbahn noch ein paar Hüpfer macht, bevor es zum Flug abhebt, werden diese Hüpfer im Flugbuch nicht eingetragen." Sheikh Nazim wollte danach noch einige Details wissen, über seine Familie, über seine Freunde, über seine Jugend usw. Sheikh Nazim hat seine Situation als schwierig betrachtet und hat ihm aber noch einige praktische Ratschläge gegeben. Unser Interview war beendet. Sheikh Nazim ist aufgestanden, um zu gehen. Mein junger Gast hatte eine starke Emotion, ist aufgesprungen, um Sheikh Nazim zu umarmen. Ich erinnere mich jetzt nicht genau, ob diese Umarmung stattgefunden hat. Aber ich erinnere mich, wie Sheikh Nazim seine Hand auf die Brust dieses jungen Mannes gelegt und ein Gebet gesprochen hat, und danach dem jungen Mann gesagt hat: „Wann immer du in Schwierigkeiten bist, visualisiere mein Gesicht, rufe mich innerlich, und ich verspreche dir, dass ich komme." Sheikh Nazim hat ihm nach diesen Worten, auf einem kleinen Stück Papier, noch ein Mantra oder Yantra gezeichnet, mit der Anweisung: „Falte es, packe es ganz klein ein, und trage es, zu deinem Schutz, an einem Band um deinen Hals". Das Interview war beendet, wir standen wieder draussen. Der junge Mann sagte mir: „Komisch, ich habe keine Entzugserscheinungen mehr, mir scheint, dass der Entzug abgeschlossen ist." Einige Wochen nach unserem Treffen mit Sheikh Nazim auf der Schweibenalp hat uns die Sekretärin von Sheikh Nazim angerufen und uns mitgeteilt, dass Sheikh Nazim dem jungen Mann eine Einladung gab, bei ihm in Zypern eine gewisse Zeit zu verbringen. Ich war begeistert, welcher Segen von einem spirituellen Meister in sein Haus eingeladen zu werden. Ich betrachtete, dass die Auswirkung so eines Aufenthaltes einen guten Einfluss in der Entwicklung dieses jungen Mannes haben könnte. Es ist aber anders gekommen. Der junge Mann hatte Angst vor dieser Reise über die Türkei, um auf den türkischen Teil von Zypern zu gelangen, auf welchem Sheikh Nazim wohnte. Auch das Amulett, das er von Sheikh Nazim erhalten hatte, hat er nur getragen an den Tagen, als es ihm gut ging. Ich erinnere mich jetzt nicht mehr genau an den weiteren Verlauf seines Aufenthalts bei mir. Eines Nachts ist er entwichen und hat mir noch einen Gruss auf einem Zettel hinterlassen. Jahre später hat er mir einmal angerufen und mir von seinen weiteren Problemen berichtet. Es ist nur möglich, jemandem zu helfen, der auch gewillt ist, die Hilfe anzunehmen.

Mein Dank an Sheikh Nazim für seine herzliche Hilfsbereitschaft.

Know that: you come to this world from an unknown world of nothingness, and again, will be travelling to another unknown territory of nothingness
                        Sheikh Nazim [38]

DIE BEGEGNUNG MIT SWAMI VISHWANANDA

Swami Vishwananda hat im Tessin in der Nähe von Locarno ein Abendprogramm gehalten mit Darshan. Ich bin dahingegangen und war besonders berührt von den Mantra-Gesängen. Zu dieser Zeit, ich schätze es war ungefähr 2006, stellte ich die vierundzwanzig Programme für die Suchthilfe zusammen. Zu diesem Zeitpunkt fehlten mir noch einige musikalische Beilagen. Ich habe angefragt, ob Swami Vishwananda mir einige seiner Mantragesänge zur Verfügung stellt. Mir wurde geantwortet, dass Swami Vishwananda zuerst diese vierundzwanzig Programme hören wolle und mir danach eventuell die Erlaubnis dazu geben werde. Ich habe diese vierundzwanzig Programme auf vierundzwanzig CDs gebrannt und an Swami Vishwananda geschickt. Kurze Zeit danach habe ich die Erlaubnis erhalten zu kopieren, was ich gebrauchte.

Ich habe einige Darshan von Swami Vishwananda besucht. Das waren gute Erfahrungen und die Liebe in seinen Augen hat mich berührt. Ein Jahr später ist Swami Vishwananda wieder in die Schweiz gekommen. Er hat Darshan in Bern gegeben und ich bin hingegangen. Danach hat Swami Vishwananda Darshan in der Nähe von Sarnen gegeben und ich bin hingegangen. Bei diesem Programm hat es auch ein Yagna, eine indische Feuerzeremonie, gegeben. Es war eine grosse Anzahl von Menschen gegenwärtig, aber der Zufall und das gute Glück hat mir den besten Platz gegeben. Ich sass direkt am Feuer und gegenüber Swami Vishwananda, und zwischen uns das heilige Feuer. Humorvoll und freudvoll lachend hat er laut ausgerufen: « Ich liebe deine CD.»

Am nächsten Tag hat er wieder Darshan in der Nähe von Locarno gegeben und da habe ich auch mitgemacht. Dieses Mal sogar sehr aktiv. Ich durfte als erste Stimme drei Mantras singen. Ich habe das Mantra „Om Namah Shivaya", „Allah Allah Allah" und „Shree Ram Jay Ram" gesungen. Das war eine schöne und gute Erfahrung.

Zu jener Zeit hatte ich bei mir zuhause einen jungen Gast mit etlichen Problemen. Der Jugendrichter erwartete von ihm, dass er eine Arbeit sucht und findet. Dieser Jugendrichter hatte sich sieben Jahre lang für diesen jungen Menschen eingesetzt. Wir befanden uns am Punkt, wo dieser Jugendrichter seine Geduld verloren hatte und ein Ultimatum stellte. Dieses Ultimatum wäre etwa in fünf Tagen abgelaufen. Er hat mir den Auftrag gegeben, am nächsten Montagmorgen um 10:00 Uhr anzurufen und ihn zu informieren. Hat der Bursche angefangen zu arbeiten? Wenn ja, darf er weiter bei mir bleiben. Bei nein, wird er ab sofort entlassen und ausgewiesen. Er wird frei sein, aber keine Unterstützung mehr vom Jugendrichter erhalten. Ich habe diese Situation Swami Vishwananda dargestellt, er bat mich, ihm ein Foto von diesem Burschen zu zeigen. Das habe ich gemacht. Am Ende eines Programms hat Swami Vishwananda mich gerufen und mir mitgeteilt: «Sorge dich nicht, es wurde geholfen, das Problem ist gelöst.» Am Freitag bin ich mit diesem Burschen auf Arbeitssuche gegangen, nach dem Zufallsprinzip. Am Morgen haben wir nichts gefunden, aber am Nachmittag waren wir erfolgreich. Wir haben eine bescheidene, aber gut bezahlte Arbeit gefunden. Montagmorgen konnte er anfangen. Die Arbeit bestand darin, dass er einen Lastwagen begleiten musste, um zu helfen mit einem Kran, grosse Abfalltonnen in den Lastwagen zu kippen. Ich habe mich gefreut. Montagmorgen habe ich den Burschen zur Arbeit gefahren und konnte dem Jugendrichter telefonieren und ihm mitteilen, dass die Situation erfolgreich gelöst war. Am Dienstagmorgen habe ich diesen Burschen erneut an seine Arbeitsstelle gefahren. Er wünschte, dass ich ihn am Eingang aussteigen lasse, damit er vor der Arbeit noch eine Zigarette rauchen könne. Ich habe das gemacht und bin wieder heimwärts gefahren. Aber nach etwa 1 km wurde ich misstrauisch und bin umgekehrt, um zu sehen, ob er auch tatsächlich zur Arbeit gegangen war. Kurz danach habe ich gesehen, wie er an einem kleinen Bahnhof den Fahrplan studierte. Danach ist er bei einer Bar eingetreten. Ich habe das Auto vor dieser Bar parkiert und bin auch hineingegangen. Aber da war er nicht. Ich habe mir gedacht, jetzt versteckt er sich auf dem WC und wird durch das WC-Fenster rauskommen. Ich habe draussen gewartet und musste laut lachen, als er tatsächlich aus diesem WC-Fenster raus kletterte. Er ist vor mir geflohen. Der Arbeitsgeber hat mir telefoniert und mich gefragt, ob dieser Bursche Probleme habe. Ich habe danach diesem Mann die Probleme von diesem Burschen geschildert. Er hat mir gesagt: «Versuchen wir es nochmals, er soll Mittwochmorgen zur Arbeit erscheinen.» Als ich diese Nachricht diesem Burschen mitteilte, hat er mir geantwortet, dass er es nicht mag, am morgen früh aufzustehen und dass er nicht an diese Arbeit gehen werde.

Darauf wurde dieser Bursche ab sofort vom Jugendrichter in die Freiheit entlassen. Er hat danach für etwa ein Jahr als Obdachloser gelebt und sich mit kleinen Diebstählen durchgeschlagen. Nach etwa einem Jahr hat die Polizei zugegriffen und so hat er zweieinhalb Jahre Gefängnis erhalten. Zu einem späteren Zeitpunkt, als es ihm gerade gut ging, hat er uns besucht. Es war eine herzliche Begegnung. Zur Zeit wissen wir aber nicht, wo er sich befindet, was er macht und wie es ihm geht.

Wieder zurück zu meiner Begegnung mit Swami Vishwananda.

Da ich teilweise mich bei Swami Vishwananda auch aktiv beteiligt habe, habe ich sofort klargestellt, dass ich nicht sein Schüler werde, sondern, dass Pyar meine Lehrerin ist.

Rein menschlich habe ich mich bei Swami Vishwananda immer wohl gefühlt. Swami Vishwananda war mir gegenüber herzlich, liebevoll und hilfsbereit, er hat eine strahlende Schönheit.

Mein Dank an Swami Vishwananda für all die Hilfe die er mir gegeben hat

Benutze Dein eigenes Licht und kehre zur Klarheit zurück.
Das nennt man: die Ewigkeit einüben.
Tao Te King [39]

DIE BEGEGNUNG MIT DEM DALAI-LAMA

In all den Jahren, wann immer es auch möglich war, bin ich mit meinen Gästen zu den Treffen mit dem Dalai-Lama gegangen. In der Schweiz, in Österreich, in Italien und in Frankreich. Der Dalai-Lama hat einmal in Frankreich einen Kurs gegeben, der eine Woche dauerte, über die vier noblen Wahrheiten im Buddhismus. Ich habe einige Zimmer gemietet und bin mit all meinen Gästen an diesen Wochenkurs gefahren. Die Unterweisungen vom Dalai-Lama fanden in einem grossen Zelt statt. Das Publikum bestand aus etwa sechstausend Menschen. Auf der Bühne gab es einen grossen Thron für den Dalai-Lama. Auf der Bühne waren auch etwa fünfzig Mönche anwesend. Der Dalai-Lama ist mit grosser Bescheidenheit erschienen und hat uns mitgeteilt: «In meinem Leben habe ich zwar schon viele Bücher gelesen, aber ich habe keine besonders grosse spirituelle Erfahrung. Aus diesem Grund möchte ich mich jetzt nicht auf diesen Thron setzen. Ich möchte diese Tage nicht als Unterweisung gestalten, sondern einfach in Form eines Vortrags halten.» Die Tage, die darauf folgten, waren sehr intensiv und auch intellektuell fordernd, besonders für jemanden wie mich, da ich ja fast keine Kenntnisse vom Buddhismus habe. Am Ende des Kurses hat sich der Dalai-Lama an uns gewandt und uns mitgeteilt: «Heute werde ich eine Unterweisung geben, ich werde auf diesen Thron steigen müssen, und ihr müsst jetzt sehen, ob ihr mich als Lehrer akzeptieren könnt, da wie schon gesagt, ich zwar schon viele Bücher gelesen habe, aber keine grosse spirituelle Erfahrung habe.» Der ganze Saal musste bei seinen Worten lachen. Aber der Dalai-Lama hatte seine Worte ernst gemeint. Darauf hat der Dalai-Lama uns eine Einführung gegeben in das unendliche Mitgefühl. Ich bin mir jetzt nicht sicher, ob wir die Einweihung zum Bodhisattva-Gelübde bekommen haben oder ob es eine vorbereitende Einführung zu diesem Bodhisattva-Gelübde war. Ich erinnere mich aber genau an die zentralen Worte. Es waren drei Strophen. Der mittlere Teil ist mir geblieben.

«Solange der Raum besteht,
solange es lebende Wesen gibt,
möge auch ich hier verbleiben,
um das Leiden der Welt zu lindern.» [44]

Der Dalai-Lama wünschte, dass wir ein Knie auf den Boden hielten und dass wir diese seine Worte mit ihm zusammen sprachen. Der Dalai-Lama war sehr berührt und hatte offensichtlich grosse Schwierigkeiten, diese Worte auszusprechen. Er hat, Wort für Wort gekämpft, um nicht zu weinen. Der ganze Saal hat ihm nachgesprochen. Am nächsten Tag stand ich auf einer Wiese und habe mich an diese Einweihung vom Dalai-Lama erinnert. Ich musste weinen, die ganze Berührtheit vom Dalai-Lama war in diesen Worten. Nachdem wir wieder in der Schweiz waren, hatte ich während einem Telefongespräch mit Marisa versucht, ihr meine Erfahrungen zu erzählen. Es war nicht möglich, da ich wieder aus Berührtheit angefangen habe zu weinen. Einige Tage später habe ich es wieder versucht, meiner Tochter Sibilla zu erzählen, aber nochmals war es mir immer noch nicht möglich, da ich wieder aus Berührtheit angefangen habe zu weinen. Einige Wochen später befand ich mich an einem Wochenendkurs bei Lama Sherab, da befand sich auch meine gute Freundin Fabiola. In einer Pause wollte ich ihr meine Erfahrung beim Dalai-Lama erzählen, aber nochmals war es mir immer noch nicht möglich, da ich wieder aus Berührtheit angefangen habe zu weinen. Es hat zwei Jahre gedauert, bis es mir möglich war von dieser Erfahrung mit dem Dalai-Lama zu erzählen. Das war vielleicht vor fünfzehn Jahren, aber noch jetzt, während ich schreibe, bin ich tief berührt und an der Grenze. Dies ist der Unterschied ob man eine Einweihung von einem Meister bekommt oder ob man diese Worte einfach in einem Buch liest. Der Dalai-Lama ist ein grosser Meister und hat uns bei dieser Einweihung die Kraft seines Herzens mitgegeben.

Mein Dank an den Dalai-Lama für diese unvergessliche Einweihung. Sie hat in meinem Leben und in meiner Arbeit eine grosse Wichtigkeit.

The Dalai Lama has said:
"There is no need for temples; no need for complicated philosophy.
Our own brain, our own heart is our temple, my philosophy is
kindness." ⁴¹

DIE BEGEGNUNG MIT SHRI POONJAJI

Shri Poonjaji ist 1910 geboren und erlangte die Erleuchtung etwas nach 1944, unter der Führung vom grossen Ramana Maharshi * 1879 - † 1950, der in Tiruvannamalai, in Südindien lebte. Ramana Maharshi war ein grosser und wichtiger indischer Guru, er lebte schweigend, antwortete aber auf Fragen spirituell Interessierter. Er empfahl die Ergründung des Selbst auf Grundlage der Frage: „Wer bin ich?" Dutzende westliche Satsang-Lehrer berufen sich heute auf ihn und sehen in ihm ein Vorbild. Shri Poonjaji, Schüler von Ramana Maharshi, lebte in Lucknow, in Indien, und wurde von seinen Schülern Papaji genannt. Unter der Führung von Papaji sind zwei weitere grosse Satsang-Meister hervorgekommen, Gangaji und Mooji. Ich habe einige Videos von Papaji gesehen und wünschte ihm zu begegnen.

Ich bin nach Lucknow in Indien geflogen, mit dem einzigen Ziel, ihn zu treffen. Am Flughafen angekommen habe ich mich von einem Taxidriver direkt in ein Hotel fahren lassen. Habe mich im Hotel registriert, das Gepäck in mein Zimmer bringen lassen, mich geduscht und habe danach vor dem Hotel einen Rikscha Driver gebeten, mich zu der Adresse zu fahren, wo Papaji seine Satsangs hielt. Dort angekommen musste ich leider feststellen, dass keine Satsangs vorgesehen waren. Jetzt bin ich aber nach Lucknow gekommen mit dem einzigen Ziel, Papaji zu treffen. So war ich nicht so schnell bereit, mein Vorhaben aufzugeben. Wir sind auf den Markt gefahren, und dort habe ich eine Kiste mit Gemüse und Früchte gekauft. Mit dieser Kiste bin ich zum Haus von Papaji gefahren. Vor dem Eingang standen schon einige Menschen in der Hoffnung, eingelassen zu werden. Uns wurde gemeldet, dass diesen Abend niemand empfangen werden würde. Zusammen mit einigen anderen Menschen haben wir weiter gewartet. Wir wurden eingelassen. So bin ich Papaji begegnet und habe ihm meine Kiste überreicht, und er hat jede Frucht und jedes Gemüse in seine Hand genommen, es betrachtet und kommentiert. Darauf wurden wir zum Essen eingeladen.

There is a great secret that beings throughout time have announced, the secret of an extraordinary treasure, the treasure of the nectar of eternal life. It is the nectar of pure beingness, recognizing itself as consciousness and overflowing in the love of that recognition.
Gangaji [42]

Das war ja gerade die Erfüllung eines Traumes, in seiner Gegenwart zusammen zu essen. Da kam mir der Gedanke, dass ich den Namen meines Hotels nicht registriert hatte. Ich wusste den Namen meines Hotels nicht. Ich musste hoffen, dass der Rikscha-Driver auf mich wartete, sonst wäre ich in Schwierigkeiten gekommen. Und so ergab sich die absurde Situation, dass ich nach Lucknow fliege, um Papaji zu treffen, und danach in seiner Gegenwart an nichts Anderes mehr denken konnte, als an den Rikscha-Driver. Ich sass zu den Füssen von Papaji, aber mein Geist war ganz beim Rikscha-Driver. Meine Sorgen erwiesen sich übrigens als ganz unbegründet, da dieser Rikscha-Driver noch weitere Stunden auf mich gewartet hätte. Mein Besuch bei Papaji, das war am Abend des 21. August 1997.

Papaji ist einige Tage später, am 6. September 1997 in Lucknow gestorben. Einige Jahre später habe ich eine Videoaufnahme von einem Satsang von Papaji gesehen. Lachend hat er eine ähnliche Situation wie die meine geschildert.

Be kind to yourself. Open to your Heart and simply Be. Self is what you are. You are That Fathomlessness in which experience and concepts appear. Self is the Moment that has no coming or going. It is the Heart, Atman, Emptiness. It shines to Itself, by Itself, in Itself. Self is what gives breath to Life. You need not search for It, It is Here. You are That through which you would search. You are what you are looking for! And That is All it is. Only Self is.
Sri H.W.L. Poonja [43]

Dieses Jahr 2016 habe ich ein schönes Geschenk bekommen: zwei Tage Satsang in der Nähe von Assisi, mit Mooji, dem Schüler von Papaji. Mooji zu begegnen ist tief berührend, ein direkter Weg in den Raum des Herzens, eine unvergessliche Erfahrung.

Mein Dank an Mooji

BEGEGNUNG MIT SHAKTI CATERINA MAGGI

Shakti Caterina Maggi ist Journalistin und Schriftstellerin. Seit 2003 gibt sie Satsang, Kurse und Seminare, um die Botschaft der Nicht-Dualität zu fördern. Ihr ganzes Streben ist, in den Menschen das Erwachen des Bewusstseins zu fördern. Aus ihrer direkten Wahrnehmung erscheint das Leben als eine Inkarnation des Absoluten und als eine wertvolle Gelegenheit, die Erfahrung des Selbst bewusst zu gewinnen. In Mailand und in Lugano habe ich schon an einigen ihrer Satsangs beigewohnt. Zwei Abende hat sie bei uns Satsang gegeben. Viele Menschen sind gekommen zu diesen Satsangs. Einen Abend waren wir zweiundvierzig Personen im Saal. Das erscheint mir so ziemlich das Maximum zu sein, welches in unserem Wohnzimmer möglich ist. Bei diesen Satsangs kann Shakti ihre Worte wie scharfe Schwerter gebrauchen oder aber auch durchdrungen von Liebe und Mitgefühl. Wenn man bei ihr ist, so hat man die Möglichkeit zu erfahren und zu erkennen, wie sie direkt aus der Quelle schöpft. In unseren Begegnungen erfahre ich zunehmend eine tiefe Freundschaft und Berührtheit, und das ist gegenseitig. Wann immer sie will, kann sie bei uns Satsang halten.

DIE BEGEGNUNG MIT SWAMI ATMANANDA

Swami Atmananda entstammt der Schulungslinie von Rishi Satyananda und Shri Anandamayi Ma. Schon zweimal hat Swami Atmananda bei uns Satsang gegeben. Eine sehr herzliche Begegnung. Danach bin ich zweimal an Satsangs gegangen, die er in Italien gehalten hatte. Ganz unerwartet hat Swami Atmananda mich liebevoll seinem Publikum vorgestellt und mich einfach in den Satsang einbezogen.

So ergab sich für mich eine gänzlich neue Situation, bei welcher ich Fragen aus dem Publikum zu beantworten hatte. Meine Tochter Sara war anwesend und dadurch empfand ich eine gewisse Verlegenheit.

VERSCHIEDENE WICHTIGE BEGEGNUNGEN

Bis jetzt habe ich von Begegnungen geschrieben, bei denen ich eine bestimmte Erfahrung gemacht habe, die ich erzählen kann. Es gibt aber natürlich zahllose Begegnungen, die für mich wichtig waren, eventuell sogar sehr wichtig, aber ohne irgendeine spezielle Erfahrung, die ich schildern könnte. Zum Beispiel Sally Kempton, der ich schon im Muktananda Ashram von Ganeshpuri in den achtziger Jahren begegnet bin, noch unter dem Namen Swami Durgananda, den sie von Swami Muktananda erhalten hatte. Vor ein paar Jahren, 2013, hat Sally Kempton in Reggio Emilia in Italien ein Meditationsretreat gehalten. Ich habe daran teilgenommen. Sally Kempton macht ihre Arbeit gut und dieses Retreat hat mir gefallen. Sally Kempton ist für mich aber eine extrem wichtige Begegnung wegen ihrem Buch, das sie geschrieben hat: «Meditation: Das Tor zum Herzen öffnen.» Von diesem Buch bin ich tief beeindruckt. Sally Kempton schreibt ausführlich, mit grossem Wissen, eigener Erfahrung und Bescheidenheit, über viele Aspekte der Meditation. Dieses Buch ist geeignet für den Anfänger und auch für alle diejenigen, die schon seit vielen Jahren meditieren. Es enthält so viele sensible und inspirierende Gedanken und Übungen, um die Meditationserfahrung zu vertiefen. Dieses Buch ist das Beste, was ich je über Meditation gelesen habe, es enthält tiefe Weisheit, ist inspirierend und praktisch für den täglichen Gebrauch. Ich habe dieses Buch jetzt schon verschiedene Male gelesen und bin jedes Mal wieder berührt und inspiriert. Mit Enthusiasmus kann ich es weiterempfehlen.

Eine andere gute Erfahrung waren zwei kurze Aufenthalte im Ashram von Swami Ramdas, dem Anandashram in Kanhangad, Kerala, in Indien.

Und nicht zuletzt in der Wichtigkeit, die vielen und bereichernden Begegnungen mit verschiedenen meiner Gäste.

Oder auch die öffentlichen Programme, die einige Satsang-Meister, Swamis, Yogis oder Künstler bei uns im Haus gehalten haben. Zum Beispiel: meine Meisterin und Lehrerin Pyar, Paramjyoti, Swami Nirvanananda, Swami Chinna Jeeyar, Swami Gurusharanananda und Acharya Mangalananda.

DIE SCHMERZLICHE TRENNUNG VOM SIDDHA YOGA

Ab 1991, während vierundzwanzig Jahren, führte ich diese kleine stationäre Einrichtung der Suchthilfe in Sala Capriasca, im Tessin. Die Gäste, die zu mir kamen, hatten hauptsächlich Probleme mit Heroin, Kokain oder Alkohol. Oft waren diese Probleme auch noch kombiniert mit kriminellen Tendenzen oder auch psychische Störungen. Diese Gäste lebten mit mir zusammen für eine gewisse Zeit. Von wenigen Monaten bis zu einem Jahr. Wann immer es möglich war, habe ich meine Gäste mitgenommen in den Ashram von Gurumayi Chidvilasananda in Ganeshpuri, Indien, oder in South Fallsburg, den Vereinigten Staaten von Amerika. Oder auch an Meditations-Intensives von Gurumayi Chidvilasananda in Europa. Meine Gäste habe ich auch immer Gurumayi Chidvilasananda vorgestellt. Gurumayi hat mir nie Probleme damit gemacht. Im Jahre 1986, als ich das erste Mal ins Ashram von Ganeshpuri gegangen bin, da waren wir noch wenige hundert Personen. Beim Darshan mit Gurumayi Chidvilasananda war das noch eine persönliche Begegnung. Diese Zeit im Ashram war aber auch eine Zeit unbeschreiblicher Schönheit, nicht nur für mich, sondern für viele. So kam es, dass Jahr für Jahr die Menschen zahlreicher wurden, es wurden Tausende und es gab auch nicht mehr den traditionellen Darshan. An einem Programm, an einem Meditations-Intensiv, in Sitges bei Barcelona in Spanien, da waren wir sechstausend Menschen im Saal. Die ganze Organisation vom Siddha Yoga ist da mitgewachsen. Da gab es plötzlich die Security, die in allen Bereichen ihre Kontrolle hatten.

Das letzte Mal, dass ich Gurumayi Chidvilasananda begegnet bin, war 1997 an ihrem Geburtstag, in Amerika im Ashram von South Fallsburg. Ich war in Begleitung von Désirée Kabbala Wiprächtiger und einer Frau, welche Gast bei mir war, zusammen mit ihrer neunjährigen Tochter. Wir sind angekommen, als die Geburtstagsfeier schon voll im Gange war. Etwa zweitausend Personen befanden sich in einem Saal, und Gurumayi stand vorne und führte einen dynamischen und enthusiastischen Mantra-Gesang. Ich war ein wenig besorgt, da der Boden unter dem Rhythmus dieser zweitausend Menschen stark vibrierte. Als wir in diesen Saal eintraten, ist dieses neunjährige Mädchen sofort nach vorne gerannt, direkt vor Gurumayi Chidvilasananda, und stand vor ihr, weinend aus tiefer Berührtheit. Während diesem Aufenthalt hatte ich die Möglichkeit, an einem Meditations-Intensiv teilzunehmen, das von Gurumayi Chidvilasananda gehalten wurde. Während einer Pause sind drei Frauen der Security erschienen und haben mich rausgeholt. Sie wollten mit mir sprechen. Sie erklärten mir, dass sie erfahren haben, dass ich Menschen mit Drogenproblemen in den Ashram mitnehme. Sie könnten das nicht akzeptieren, da dieser Ashram ja nicht eine Therapiestelle sei und auch nicht eingerichtet wäre, bei Problemen das Richtige zu tun. Sie erklärten mir, dass ich weiterhin in den Ashram kommen dürfe, aber nur alleine. Auch in meiner Arbeit dürfe ich den Namen von Siddha Yoga nicht mehr erwähnen, da sonst der Name von Siddha Yoga in Verruf hätte geraten können. Sie bewunderten meine Bereitschaft, mich der Negativität auszusetzen (das waren ihre Worte), fanden es aber entsetzlich, dass ich mir erlaubte, anderen Menschen die Kurse zu bezahlen. In ihren Augen raubte ich diesen Menschen den Verdienst, diese Kurse zu besuchen. Es wurde von mir verlangt, eine schriftliche Erklärung abzugeben, dass ich keine Menschen mehr in den Ashram oder zu den Kursen bringe und den Namen von Siddha Yoga in meiner Arbeit auch nicht mehr gebrauche. Diese neue Situation war für mich total schockierend. Mein ganzes Leben, Tag für Tag, das ganze Jahr, war ich immer zusammen mit meinen Gästen. Diese neue Situation bedeutete für mich, dass ich nicht mehr die Ashrams besuchen konnte und auch sämtliche Programme für uns geschlossen waren.

Für mich war das ein Schock. Ich erinnere mich, wie ich danach beim Mittagessen neben einem Swami sass. Ich war schockiert, dem Weinen nahe, und habe diesem Swami meine Situation dargestellt. Er hat mir dazu gesagt, dass er das auch nicht ganz verstehen kann, aber der Überzeugung war, dass etwas später diese Situation für mich die beste sein werde. Für mich kam eine schwierige Zeit. Es war das letzte Mal, dass ich Gurumayi gesehen habe, und auch in meiner Arbeit sind wir nicht mehr an Programme vom Siddha Yoga gegangen. Die Fotografien von Gurumayi Chidvilasananda und ihre Mantragesänge habe ich aber behalten, ich habe einfach Siddha Yoga nicht mehr erwähnt. Ein schmerzhafter Abschied.

Die Trauer dazu hat etwa zwei Jahre gebraucht, um sich zu legen. Dieser Swami hatte Recht behalten, da ich heute total zufrieden bin. Mein Haus ist ganz unabhängig geblieben von jeglicher Organisation. Für meine Arbeit hat sich diese Unabhängigkeit auch als wichtig erwiesen. Meine innere Beziehung zu Gurumayi Chidvilasananda braucht keine Organisation, die ist im Raume meines Herzens. In schwierigen Situationen geschieht es immer noch, dass Gurumayi mir mit Träumen liebevoll hilft. Einige Jahre später hat Gurumayi Chidvilasananda selber angefangen, diese ganze riesige Organisation systematisch zu reduzieren. Sie gibt keine Kurse mehr, keine Meditations-Intensives. Im Ashram von Ganeshpuri gab es zeitweise mehrere tausend Personen. Heute bleiben da noch etwa achtzig Personen, ein Minimum, gerade notwendig, um die Gebäude und den Garten nicht dem Zerfall zu überlassen. Die gleiche Situation im Ashram von South Fallsburg. Das Gebäude, das früher Maharishi Mahesh Yogi gehörte, ist jetzt auch schon verkauft worden. Im Ashram von Ganeshpuri werden manchmal noch kleine Kurse gehalten, für weniger als hundert Personen. Gurumayi sieht man nicht mehr oft, sie hat sich zurückgezogen.

Im Jahr 2011 gab es eine kurze Zeit, in der ich keine Gäste im Haus hatte. So war es für mich möglich, für eine kurze Zeit zu einem stillen Meditationsretreat in den Ashram von Ganeshpuri zu gehen. Es waren wenige Menschen anwesend. Der Kurs war sehr gut und ich habe auch etwas sehr Wesentliches erfahren und verstanden.

Die meisten Kursteilnehmer hatten Gurumayi Chidvilasananda noch nie gesehen. Es war auch gar nicht einfach, zu diesem Kurs zugelassen zu werden. Zwei Referenten mussten einen Brief schreiben, und ich musste einen grösseren Aufsatz über meine Motivation, meinen Einsatz und meine Erwartungen schreiben. Es war ungewohnt für mich, im Ashram zu sein ohne die Gegenwart von Gurumayi Chidvilasananda.

In diesem Abschnitt habe ich auch geschildert, wie Gurumayi Chidvilasananda ihre Aktivität im öffentlichen Raum abgeschlossen hatte. Ich möchte aber an dieser Stelle abschliessend noch eine Erfahrung schildern, die ein junger Gast vor ein paar Jahren bei mir im Haus gemacht hatte. Dieser junge Gast war etwa ein halbes Jahr bei mir. Jeden Morgen hatten wir das übliche Programm mit Mantra-Gesang, eine kurze Thematik und abschliessend eine kurze Meditation. Wir haben oft verschiedene Mantras von Gurumayi Chidvilasananda gesungen. Ich habe im Wohnzimmer, wo wir üblicherweise das Programm halten, ein Gestell, auf welchem ich viele verschiedene Objekte ausgestellt habe. Da sind einige Skulpturen verschiedener Künstler und auch verschiedene Bronzeskulpturen von Buddha, Shiva und Tara. Und an der ganzen Wand entlang eine ganze Reihe von Fotografien verschiedener Meister. Da befindet sich auch ein Foto von Gurumayi Chidvilasananda. Dieser junge Mann war berührt von ihrem Mantra Gesang und der Fotografie von Gurumayi Chidvilasananda. Er hat sich bei mir erkundigt: «Wer ist das? Wo lebt sie? Ist es möglich, ihr zu begegnen?» Ich habe darauf kurz geantwortet, dass sie aufgehört hat, öffentliche Programme zu geben, dass ich nicht weiss, wo sie jetzt lebt, und dass es nicht mehr möglich ist, sie zu treffen. Wir haben weitergemacht mit unserer täglichen Praxis mit Mantra Gesang und Meditation. Am Nachmittag arbeiteten wir im Keramikatelier. Eines Morgens, nach der Meditation, ist mein junger Gast aufgestanden, und hat sich vor meiner Puja voll ausgestreckt auf den Boden gelegt. Eine totale und radikale Verneigung, ein richtiges Pranam, obwohl er diese Stellung der Hingabe noch nie gesehen hatte. Ich habe das schon oft bei meinen Gästen miterleben können. Diesen Ausdruck der Hingabe empfinde ich immer als einen wichtigen Schritt im Wachstum eines Menschen. Mein junger Gast befand sich also in dieser Stellung der vollen Hingabe, als er plötzlich seinen Kopf erhob und sich an mich wendete. Mit der Frage: «Was bedeuten Pfauenfedern?» Ich habe ihn darauf gefragt, wie es kommt, dass er mir diese Frage stellt. Er hat mir darauf erzählt, dass er in dieser Stellung der totalen Verneigung sich an Gurumayi Chidvilasananda gewandt habe. Er hat sie innerlich angesprochen und hat zum Ausdruck gebracht, dass er es schade finde, ihr nicht mehr begegnen zu können, wo er doch jetzt diese neue Sehnsucht hatte. Darauf hätte er Pfauenfedern gesehen. Und so fragte er sich, was das denn jetzt bedeuten solle. Ich konnte ihm darauf erzählen, wie es in einem Darshan, einer persönlichen Begegnung mit Gurumayi Chidvilasananda, geschehen konnte. Gurumayi Chidvilasananda sass auf ihrem Sessel, und wir setzen uns zu ihren Füssen, oder aber es bildete sich eine Reihe, wo einer nach dem andern sich vor Gurumayi Chidvilasananda verneigte. Es war auch möglich, ihr kurze Fragen zu stellen. Es ergab sich in diesen Begegnungen, dass Gurumayi Chidvilasananda jemandem eine besondere Aufmerksamkeit gab, eine liebevolle Liebkosung, einen Segen. Sie tat das von ihrem Sitz aus, indem sie mit Pfauenfedern diesem Menschen das Gesicht streichelte. Mein junger Gast hatte sich innerlich an Gurumayi Chidvilasananda gewandt und hat von ihr Darshan, ihren Segen erhalten. Diese seine Erfahrung hat mich besonders gefreut, da ich erkennen konnte, dass Gurumayi Chidvilasananda zwar im öffentlichen Bereich nicht mehr immer zur Verfügung steht, aber dass es immer noch die Möglichkeit gibt, sich an sie zu wenden. Gurumayi Chidvilasananda ist immer noch gegenwärtig und aktiv.

Ich bin berührt und freue mich.

Wer weiss es, wenn der Geist von Zorn oder Liebe erfüllt ist? Wer ist derjenige, der wacht, wenn wir schlafen? Wer weiss, dass wir schliefen, und berichtet uns über unsere Träume? Über diesen Einen müssen wir meditieren, welcher der Zeuge von allem ist.

Swami Muktananda [44]

Sorgen Sie sich niemals, denn die Gnade Gottes wirkt in jeder Form, die sie umgibt.

"Bhai Sahib"
Mahatma Radha Mohan Lal Ji [46]

DIE BEGEGNUNG MIT PYAR

Nachdem ich ganz praktisch vom Siddha Yoga ausgeschlossen wurde, gab es bei mir eine Zeit der Trauerverarbeitung. Für ein paar Jahre empfand ich mich als heimatlos. Dann bekam ich den Besuch einer Keramikerin die bei mir eine CD von Pyar gelassen hatte. Ich habe dieser CD keine Beachtung gegeben. Meine gute Freundin Désirée hat sich diese CD aber angehört und ist darauf an ein Satsang von Pyar an einem Wochenende nach Bern gefahren. Nach dem ersten Satsang hat sie mir telefoniert: „Ihr müsst kommen, es lohnt sich." Und so bin ich, zusammen mit einem jungen Gast, nach Bern gefahren, und konnte so dem Satsang von Pyar beiwohnen. Es war eine Freude, da waren wieder diese Berührtheit, diese Schönheit. Dem jungen Mann, der mich begleitete, und mir kamen die Tränen der Berührtheit. Am Ende des Programms sind wir zu Pyar gegangen und haben um eine Umarmung gebeten. Nach diesem ersten Satsang habe ich angefangen, mit meinen Gästen an die Meditations-Retreats von Pyar zu gehen. Die Gruppe ist immer angenehm klein, so ungefähr hundert Personen. Dank dieser kleinen Sanga ist ein direkter und persönlicher Kontakt mit Pyar möglich. Sie hat meine Gäste und mich immer herzlich empfangen und hat meine Arbeit auch voll unterstützt.

Pyar lädt mit ihrem direkten, intelligenten und humorvollen Lehrstil zum Erfassen des Einfachen, Wesentlichen und immer Wunderbaren unseres menschlichen Potenzials ein. Sie vermittelt die Essenz verschiedener mystischer, spiritueller Wege und Traditionen und macht sie für unsere aktuelle Lebenssituation verständlich und anwendbar. Pyar vermittelt Klarheit des Geistes, verbunden mit Wärme, Realitätssinn und Freude. Pyar ist eine moderne Frau von großer Intelligenz und Kultur, sie ist konkret und praktisch, mit den

Füßen fest auf dem Boden. Pyar erkennt das menschliche Potential in jeder Situation und hat dieses volle Vertrauen in die grundlegende Gutheit des Menschen, weil sie selber stabil in diesem reinen, inneren Bewusstsein verankert ist, in diesem unendlichen inneren Raum. Beruflich ist Pyar Ärztin und verfügt über ein klares, scharfes Unterscheidungsvermögen und hat eine umfassende Kultur. Gleichzeitig zu dieser Fähigkeit des rationellen Unterscheidens, zu ihrem praktischen und konkreten Denken, hat Pyar eine tiefe mystische innere Erfahrung.

Was ist Erleuchtung?
Sie ist unsere eigentliche Natur.
Es ist, was du bist und schon immer warst.
Pyar [47]

Pyar kann sich aber auch über die einfachsten Dinge erfreuen. Auch wenn sie sich in einer schwierigen intellektuellen Analyse befindet, die volle Aufmerksamkeit erfordert, hat sie immer noch die Fähigkeit, das Zwitschern eines Vogels zu hören. Im Kontakt mit den Mitmenschen ist Pyar natürlich, ehrlich, freundlich, verständnisvoll und klar. Ihr ganzes Handeln hat zum Ziel, uns das Verständnis und die Erfahrung der grundlegenden Natur unseres Geistes zu vermitteln. Ihr Ziel ist es, uns zu ermöglichen, unser volles Potential zu verwirklichen. Mit dieser ihrer Arbeit bildet Pyar ein weites Netz der Verbundenheit mit Menschen, die in den verschiedenen Bereichen unserer Gesellschaft mit größerem Bewusstsein und mit größerer Verantwortlichkeit handeln und die mit ihrem Handeln versuchen, für das gemeinsame Wohl zu arbeiten, für die Wahrheit, die Gerechtigkeit und die Ehrlichkeit.

Ich bin Pyar im richtigen Moment beggegnet und bin jetzt schon vierzehn Jahre ihr Schüler. Sie hat mir den Namen Kavod gegeben.

Mein Dank an Pyar.

Om Guru Om – Om Namah Shivaya

„Im unendlichen Mandala des Raumes haben alle Phänomene leicht Platz. Sie haben leicht Platz und da ist immer noch Weite. Im unendlichen Mandala der Geistessenz haben alle Gedanken und Gefühle leicht Platz. Sie haben leicht Platz und da ist immer noch Weite." Padmasambhava [48]

INNEN UND AUSSEN

Besondere Erfahrungen in der Meditation oder im Schlaf hatte ich nur in den ersten Jahren, als ich mit der Meditation angefangen habe. Heute ist das äusserst selten. Was hingegen dafür mehr passiert, ist eine tiefe Berührtheit des Herzens.

Hier kann ich jetzt von so einer Erfahrung berichten. Wir hatten gerade keine Gäste im Haus, und es war ruhig. Ich war jeden Tag in meinem Zimmer am Computer am Schreiben, und Desiree hatte sich auf der Terrasse vor dem Haus eingerichtet. Sie zeichnete ein Kartenset für Pyar, bestehend aus einundsechzig Karten. Die Pyar Atisha Karten, zum Buch von Pyar „Bodhicitta – Das erwachte Herz". Eine humorvolle, grafische Darstellung über Atishas Text „Sieben Punkte des Geistestrainings". Wir hatten eine ruhige, kreative und gute Zeit zusammen. Oft hatte ich diese tiefe Berührtheit des Herzens. Irgendeine Kleinigkeit konnte diesen Zustand auslösen. Die Folge davon war, dass die Trennung zwischen innen und aussen sich auflöste. Da bestand keine Trennung mehr, gewissermassen nur noch symbolisch oder literarisch, aber nicht mehr real. Dieses Verschwinden der Trennung zwischen innen und aussen war nicht stabil und hat sich in kurzer Zeit auch wieder aufgelöst. Diese Erfahrung hat mir aber die Möglichkeit gegeben zu verstehen, wie auch die Trennung zwischen Subjekt und Objekt und Erfahrung sich auflösen können. Die Identifikation mit dem Objekt einer Erfahrung ist eine irrtümliche Identifikation, die viel Leiden und Probleme verursachen kann. Die Identifikation mit dem reinen Bewusstsein, dem Raum des Herzens, der inneren Freude, führt dazu, dass es möglich wird, das grundlegende reine Bewusstsein in der ganzen Schöpfung wahrzunehmen. An diesem Punkt lösen sich alle Trennungen auf. Das ist Einheitsbewusstsein.

Die Erfahrung, die ich gemacht hatte, ist gewissermassen eine Vorahnung und ein Anflug von erstem Verstehen.

EINIGE BILDER AUS MEINEM LEBEN

1965 – Marisa, ich und Silvia.

Marisa in Chamonix. – 1965.

1970 – Mit Marisa in der Kunstgalerie.
«il claustro» Ausstellung «I Ging».

1975 – Besuch bei meiner Mutter Cornelia Forster
Sara, Sibilla, Marisa, Lucas, ich und mein Bruder
Cornelius. Die Silvia fehlt auf diesem Bild.

Am Grab von Hazrat Inayat Khan, 1991 Indien.

Martino und ich mit einigen Freunden.
In Rom, an einem Meditationskurs.

SYNCHRONIZITÄTEN

«Wir können in der äusseren Welt nur das sehen, was wir in unserem Bewusstsein belebt haben. Die Welt ist immer nur das, was wir sind. Sie spiegelt nur das wieder, was wir in uns haben. Deshalb lebt jeder in seinem eigenen Universum. Demnach erfährt man im äusseren Universum nur das, was man in sich trägt. Man kann in der äusseren Welt nicht Dinge sehen, die man in seinem eigenen Universum noch nicht entdeckt hat.»   *Maharishi Mahesh Yogi* [49]

Als Synchronizität bezeichnete der Psychologe Carl Gustav Jung zeitlich korrelierende Ereignisse, die nicht über eine Kausalbeziehung verknüpft sind, jedoch als miteinander verbunden, aufeinander bezogen wahrgenommen und gedeutet werden.

Zwischen innen und aussen gibt es einen Zusammenhang und eine Einheit auf der Ebene des Bewusstseins. Eine Übereinstimmung und Einheit, die von uns meistens gar nicht wahrgenommen und erkannt wird. In gewissen Umständen kann diese Verbindung von innen und aussen aber auch für uns sichtbar werden. Regelmässige Meditation führt dazu, dass wir mit unserer grundlegenden Natur, unserem reinen Bewusstsein, immer mehr und besser in Verbindung bleiben. In der Routine eines täglichen Ablaufes werden diese Synchronizitäten nicht so schnell erkannt. In den Ferien hingegen, wo der tägliche Ablauf noch ganz offen ist, werden diese Synchronizitäten öfter erkennbar. Diese Synchronizitäten empfinde ich als wertvoll. Das sind gute Erfahrungen. Wir können davon etwas lernen. Ich will einige dieser Synchronizitäten, die ich erfahren habe, hier schildern.

Gurumayi hatte mich gefragt, ob ich ihr für das Meditations-Intensiv in Heidelberg behilflich sein könnte. Da ich töpfere, hatte ich die Möglichkeit, für diesen Event Blumentöpfe herzustellen. Zu jener Zeit arbeitete ich als Vertreter bei einer Leinenweberei, und es wurde von mir erwartet, dass ich jeden Tag fünf Hotelbesuche erbringe, um Bestellungen zu erhalten. Da ich mehr als hundertacht Keramikvasen töpfern und glasieren wollte, habe ich diese Besuche eingestellt und mich begnügt, fünf Telefonate am Tag zu machen. Ich habe zwei Wochen gebraucht, um diese Keramikvasen herzustellen. Während zwei Wochen bin ich also nicht auf Reisen gegangen. In all den Jahren, an denen ich für diese Leinenweberei als Vertreter gearbeitet habe, habe ich durchschnittlich etwa sechzigtausend Franken monatlich verkauft. In diesem Monat, wo ich nur zwei Wochen auf Reise war, habe ich für einen Betrag von zweihundertzwanzigtausend Franken verkauft. Als ich an die monatliche Versammlung in der Weberei erschien, sind meine Kollegen aufgestanden und haben geklatscht. Ich habe natürlich niemandem von dem Hintergrund dieser meiner Arbeit etwas erzählt.

Noch eine Betrachtung dazu.

Man wird es nie fertigbringen, grosszügiger als ein Meister, ein Guru, zu sein.

Immer noch als Vertreter tätig, befand ich mich im Oberwallis, im Bergdorf Saas-Fee. Ich befand mich im Gespräch mit Rosemarie, der Serviertochter im Berghotel. Sie fragte mich: «Wohin gehst du noch diese Woche?» Ich antwortete ihr, dass es meine Absicht war, am Mittwoch, Donnerstag und Freitag nach Zermatt zu fahren und dass ich hoffte, gut zu verkaufen. Sie antwortete mir: «Du wirst nichts verkaufen, da Hoffen nichts bedeutet. Wenn du etwas willst, so musst du ganz genau wissen, was du willst. Willst du ein Velo? So musst du genau wissen, was für eine Kategorie, was für eine Farbe, was für ein Gelenk, was für eine Kupplung, was für einen Gepäckträger und ungefähr was für eine Preislage. Nur hoffen hingegen bedeutet nichts.» Für mich waren diese Worte eine Provokation, eine Herausforderung. Ich habe diese angenommen und ihr geantwortet: «In diesen drei Tagen will ich für fünfzigtausend Franken Textilien verkaufen.» Das war natürlich sehr hoch angesetzt, da ich ja normalerweise für ungefähr sechzigtausend Franken im Monat verkaufte. Was jetzt folgt, war erstaunlich. Tatsächlich habe ich in drei Tagen für 49 900 Franken Textilien verkauft. Ich bin erfreut vom Oberwallis zurück ins Tessin gefahren.

Auf dem Wege nach Hause habe ich noch in verschiedenen Ortschaften angehalten und versucht, doch noch die letzten hundert Franken an Textilien zu verkaufen. Das ist mir nicht gelungen. Am darauffolgenden Montag habe ich zufrieden meine Bestellungen in die Fabrik geschickt. Ein paar Tage später habe ich von der Firma ein Telefon bekommen, in welchem sie mir mitteilten, dass es zu einer Überlieferung von hundert Franken gekommen ist, da eine Verpackungsart nicht wie üblicherweise in Zehner Stück verpackt war, sondern in Zwölfer Stück. Sie fragten mich, ob es nötig sei, dem Kunden einen Erklärungsbrief zu schreiben, oder ob man das auch so lassen könne. Meiner Meinung nach war das unbedeutend und man konnte es so belassen. Für den Kunden war das auch so in Ordnung. So ist es gekommen, dass ich tatsächlich, auf den Franken genau, in drei Tagen, für fünfzigtausend Franken Textilien verkauft habe. Diese Rosmarie, die im Berghotel arbeitete, war eine bereichernde Begegnung. Sie hatte, dank der Meditationsschulung durch Guru Maharaj, eine grosse spirituelle Öffnung erhalten. Sie hatte mir auch erzählt, dass im Moment, wo ich das Restaurant betreten hatte, sie auch sofort wusste, dass ich auch meditiere. Sie hat die Besitzerin von diesem Berghotel noch in den Tod begleitet, und danach eine neue Stelle angenommen, in der Rezeption von einem Spital. In meinem Empfinden der richtige Ort. An gewissen Stellen sind Menschen grosser spiritueller Öffnung und Verwirklichung sehr wichtig.

Ich befand mich im Oberwallis und es war Mittagszeit. Zum Essen bin ich in ein Hotel gegangen, das mir so eine grosse Bestellung gemacht hatte in dem Monat, als ich für Gurumayi töpferte. Ich dachte nicht, dass sie schon wieder etwas gebrauchten, sondern wollte dort essen, einfach, weil es gute Kunden waren. Es war Sommerzeit, alle Gäste am Wandern in den Bergen. Im grossen Essenssaal war ich ganz alleine. Ich habe das Essen ausgewählt und die Bestellung aufgegeben. Während ich wartete, habe ich einen Yoga-Korrespondenzkurs von D.R. Butler gelesen. In dieser Lektion stand geschrieben:

«Dein heutiges Leben ist das Resultat deiner vergangenen Gedanken, Gefühle und Handlungen. Willst du deine Zukunft kennen, so betrachte ganz einfach deine Gedanken, Gefühle und Handlungen, die du zurzeit hast. Es genügt nicht, dass du das weisst, sondern das muss auch eingeübt werden. Machen wir sofort eine Übung: Nimm dir einen Gedanken, der dir angenehm ist, halte ihn aufrecht, solange es dir möglich ist, und danach sei achtsam um zu erkennen, welches Echo dir die Welt darauf gibt.»

Ich habe mir überlegt, in guter Gesellschaft zu essen ist schöner und angenehmer als ganz alleine zu essen. Ich habe mental Gurumayi Chidvilasananda zum Essen eingeladen und habe ihr den Sitzplatz an meiner linken Seite angeboten. Ich habe diese Visualisierung während dem ganzen Essen aufrechterhalten.

Nach dem Essen ist die Chefin des Hauses zu mir gekommen, um mich zu begrüssen. Sie hat mir mitgeteilt, dass sie doch schon eine Nachbestellung an Textilien für mich habe. Sie wünschte Muster und Farben zu sehen. Ich bin ins Auto gegangen und habe das Gewünschte gebracht. Sie hat ihre Auswahl gemacht und wünschte jetzt, den Preis zu erfahren. In meiner dicken Preisliste habe ich nach diesem Artikel gesucht. Als ich so suchte, ist mir ein kleines Buchzeichen auf den Boden gefallen. Es war eine kleine Fotografie von Gurumayi Chidvilasananda. Die Chefin des Hauses hat mich gefragt: «Was macht denn die Fotografie meiner Kundin, Frau Watson, in ihrer Preisliste?» Ich habe ihr dazu geantwortet: «Das ist nicht eine Frau Watson, sondern meine Yogalehrerin Gurumayi Chidvilasananda. Ich gehe jedes Jahr nach Indien in ihren Ashram.» Die Chefin des Hauses hat mir darauf geantwortet: «Ja, aber sie hat auch einen Ashram in Amerika und macht hier zur Erholung einen Zwischenstopp». So habe ich erfahren, dass Gurumayi Chidvilasananda wenige Tage später für einen kurzen Ferienaufenthalt in dieses Hotel kommen würde. Das gab mir die Möglichkeit, an der Rezeption einen Strauss roter Rosen für Gurumayi Chidvilasananda abzugeben. Den Namen Watson hat sie einfach gebraucht, um anonym zu bleiben. Zu jener Zeit befand sie sich täglich im Zentrum einiger tausend Menschen. Sie erzählte einmal, dass sie täglich etwa achthundert Briefe bekomme. So ist es verständlich, dass sie ganz anonym einige Tage Ferien in den Bergen haben wollte.

Neben dieser schönen Synchronizität gibt es noch dazu zwei Details. Erstens: Die vielen Postkarten von Landschaften aus den Bergen vom Oberwallis, die ich ihr geschickt habe, haben ihr Werk getan und Gurumayi Chidvilasananda inspiriert, in dieses schöne Oberwallis zu kommen. Zweitens: In der indischen Tradition ist es so, dass wenn ein Meister auf Reisen ist, ein Schüler sich darum kümmert das Zimmer auch gut einzurichten. Und so ist es ja gerade gekommen, ich habe die ganze Wäsche von diesem Hotel, in bester Qualität, geliefert. Genau in den Tagen, als ich für Gurumayi Chidvilasananda die Keramikvasen gedreht habe. Diese Erfahrung ist geradezu eine Zusammensetzung verschiedener Synchronizitäten.

Ich befand mich wieder einmal in Saas-Fee im Oberwallis. Ich hatte in einem Restaurant eine Offerte gemacht für alle Tischtücher für dieses Lokal. In guter Qualität, angepasster Farbe, einem passenden Muster und einer schönen Nameneinwebung. Es ging um einen Betrag von achttausend Franken. Als die Verhandlungen abgeschlossen waren, kam die Hotelbesitzerin eines benachbarten Hotels in den Raum. Diese Frau hatte auch Wäsche, die ich geliefert hatte. Auf einem ihrer Tischtücher hatte es ein kleines Loch gegeben. Sie behauptete, dass dies ein Webfehler sei und dass ich ihr so ein Tischtuch ersetzen müsse. Ich habe mir dieses kleine Loch genau betrachtet und sofort erkannt, dass dieses Loch von einer Chemikalie verursacht wurde, die sie gebraucht hatte, um einen kleinen Flecken zu entfernen. Offensichtlich hatte sie die Chemikalie zu lange wirken lassen, und so ist der Schussfaden aus Leinen verbrannt worden, während der Kettfaden aus Baumwolle noch intakt war. Ich habe ihr diese Situation gezeigt und erklärt. Sie wurde böse und schimpfte: «Wollen Sie damit behaupten, dass ich Waschfehler mache?» Diese Frau hat mir danach, mit offensichtlichem Genuss und Bosheit, dieses Geschäft kaputt gemacht. Wütend habe ich dieses Lokal verlassen und bin zurück auf den Parkplatz gegangen. Auf meiner Windschutzscheibe war ein Zettel geheftet, es war eine Busse wegen der Überschreitung von Parkzeit. Diese Busse hat meine Wut nicht verringert. Ich habe die Hintertür meines Autos aufgemacht, da ich da auf der Ablage noch Kundenkarten und Offerten abgelegt hatte. Als ich diese hintere

Autotür aufmachte, kam ein Windstoss und hat mir alles aufgewirbelt. All diese Zettel sind wieder ins Auto zurückgefallen. Nur eine kleine, runde Selbstklebefolie ist davongeflogen. Diese Selbstklebefolie habe ich von einem Kurs von Gurumayi Chidvilasananda mitgenommen.

Darauf standen die Worte: «Erkenne Gott in deinem Nächsten» und das Mantra «So Ham», was bedeutet «ich bin Das, ich bin das reine Bewusstsein". Ich war mir natürlich der ganzen Symbolik dieser Geschehnisse sofort klar. Gurumayi Chidvilasananda hatte an diesem Kurs uns empfohlen, unsere Handlungen einem höheren Prinzip zu offerieren. Ich erkannte, dass, hätte ich meine Handlungen, meine Arbeit, einem höheren Prinzip offeriert, so wäre ich bestimmt nicht so wütend geworden. Die Busse, die ich erhalten habe, war das augenblickliche Echo auf meine Wut.

Der Windstoss, der mir diese runde Selbstklebefolie mit der Schrift, «Erkenne Gott in deinem Nächsten» und den Worten «So Ham» fortfliegen liess, war auch ein Symbol meiner Wut, die mich dazu gebracht hatte zu vergessen, die Handlungen zu offerieren und die wahre Identität des reinen Bewusstseins zu halten. Abgebildet diese Selbstklebefolie.

Immer noch wütend, aber schon mit dem Verständnis der ganzen Symbolik, wollte ich unbedingt diese runde Selbstklebefolie wiederfinden. Ich habe intensiv gesucht, aber nicht gefunden. Ich bin in einen inneren Dialog mit Gurumayi Chidvilasananda gekommen und habe innerlich gesagt: «Ich weiss, hätte ich meine Handlungen offeriert, so wäre ich bestimmt nicht so wütend geworden. Aber was kann ich jetzt offerieren? Ich habe nichts zu offerieren, ich habe nur meine Wut zu offerieren.» In dieser Sekunde, als ich gesagt habe, ich kann meine Wut offerieren, in dieser Sekunde habe ich diese Selbstklebefolie wiedergefunden. Auch in dieser Erfahrung sind eine ganze Anzahl von Synchronizitäten enthalten.

Diese Erfahrung hatte noch ein kurzes Nachspiel. Ich habe nach Hause angerufen, um zu sehen, ob auf dem Anrufbeantworter Telefonate aufgezeichnet waren. Da war die Stimme von einer Freundin von mir, die mir sagte: «Vincenzo, ich spüre, dass du gerade sehr aufgeregt bist. Solltest du Hilfe brauchen, so rufe mich an.» Ich habe ihr nicht angerufen.

Wenn Du Dir erlaubst, ruhig zu werden, wenn Du Dich auf Deinen Atem einlässt, dann findest Du Dich selbst im Herzen.
Gewöhnst Du Dich an diese Praxis, dann kannst Du einfach auf Deiner Meditationsmatte sitzen und in Dein eigenes Herz hineingehen, in das feinstoffliche Herz, den innersten Kern Deines Seins
Gurumayi Chidvilasananda. [50]

Ich war auf einer Indienreise und bin für eine Woche in den Ashram von Shri Satya Sai Baba in Puttaparthi gegangen. Wie üblich habe ich an meine Familie und an meine Freunde eine Postkarte geschrieben. Die Postkarten, die einem vor dem Ashram verkauft werden, sind Fotografien von Shri Satya Sai Baba. An eine Postkarte mag ich mich noch erinnern, da stand unter seinem Bild geschrieben: «Wenn du mich siehst, sehe ich dich." Ich habe also alle meine Postkarten geschrieben, und da habe ich mich an eine Frau erinnert, die Suchtprobleme mit Heroin hatte. Ich wusste auch, dass für diese Frau Shri Satya Sai Baba sehr wichtig war. So habe ich gedacht, dass sie es sicher freuen werde, eine Postkarte mit dem Bild von Shri Satya Sai Baba von mir zu bekommen. Ich habe in meinem Adressbuch ihre Adresse gesucht, aber leider nicht gefunden. So bin ich auf die Post gegangen und habe meinen Bündel Postkarten abgeliefert, achtsam kontrollierend, dass der Postbeamte auch alle Karten abstempelte, da sonst die Gefahr besteht, dass er die Briefmarken wieder ablöst, um sie weiter zu verkaufen, und meine Postkarten einfach eliminiert. Nach der Post bin ich auf die

Hauptstrasse von Puttaparthi gegangen, da gab es so alle sechs Meter einen anderen Shop. Ich habe mir so gemütlich angeschaut, was mir gefallen würde, und habe in einem Laden mit dem Namen «Free Man's Creation» verschiedene Sachen eingekauft. Einige kleine Skulpturen und einige dekorative Stoffe. Der Name des Verkäufers war Gulam Nabi Budoo, er kam aus Srinagar im Kaschmir. Er hat mich zum Chai eingeladen. In der Mitte des Ladens haben wir uns auf den Boden gesetzt und zusammen Chai getrunken. Er hat mir vorgeschlagen, die Dinge, die ich gekauft habe, per Post in die Schweiz zu schicken. Das wäre eine bessere Lösung, als die ganze Ware während den Ferien mitzutragen. Er würde das Verpacken und Versenden übernehmen. So haben wir über die Probleme mit der indischen Post gesprochen. Ich bemerkte, dass man ja beim Postbeamten immer kontrollieren musste, damit er die Briefmarken auch abstempelte, um sie nicht weiterzuverkaufen. Er erzählte mir, dass er gelegentlich leere Pakete bekommen habe, da der Inhalt schon auf der Post gestohlen wurde. Er sagte mir aber, dass er mit Speditionen ins Ausland noch nie Schwierigkeiten hatte. Ich habe ihm darauf erzählt, dass von all den Paketen, die ich in Indien auf Adressen in Indien verschickt habe, die meisten nie angekommen sind. Ich habe ihm auch erzählt, wie ich mit der Post eine Geldüberweisung in Indien gemacht habe und das Geld nie angekommen ist. Meine Reklamation bei der Post blieb erfolglos. Gulam Nabi Budoo sagte mir darauf, ich solle nie Geld mit der Post versenden, sondern immer nur Banküberweisungen gebrauchen. Auf seinem Pult hatte er einen Stapel Papier, von Rechnungen, Briefen, usw. Gulam Nabi Budoo suchte jetzt in seinem Stapel nach einer Banküberweisung, hat eine solche herausgezogen und mir gezeigt. Mit dem Kommentar: „Mit so einem Zettel kann der Postbeamte gar nichts anfangen, und so bleibt eine Banküberweisung die einzige, sichere Methode, Geld in Indien zu überweisen." Indem er so mit dieser Banküberweisung vor mir fuchtelte, konnte ich die Adresse, die darauf stand, lesen. Es war genau Name und Adresse der Frau, die ich zuvor bei mir im Adressbuch nicht gefunden hatte. So hat es sich ergeben, dass ich dieser Frau doch noch ein Bild von Shri Satya Sai Baba senden konnte. Gulam Nabi Budoo hat darauf ausgerufen: «Sie sind ein Mann der Kraft.» Ich wurde von ihm eingeladen, am Abend mit seiner Familie zu essen. Gulam Nabi Budoo ist ein schöner Mensch, wir sind noch für einige Jahre in Kontakt geblieben. Heute weiss ich nicht mehr, wie es ihm geht. Nachdem ich diesen Bericht heute schreibe, will ich versuchen, den Kontakt mit ihm wiederzufinden.

Mit Gulam Nabi Budoo. Indien 1991.

Diese Erfahrung hat auch noch ein Nachspiel.

Als ich wieder zurück in der Schweiz war, habe ich erfahren, dass diese Frau die Fotografie von Shri Satya Sai Baba erhalten hatte, kurz nachdem sie einen Heroinabsturz hatte. Shri Satya Sai Baba wollte, dass sie ihn anschaut. Das war sein Segen. Auch in dieser Erfahrung sind eine ganze Anzahl von Synchronizitäten enthalten.

Als ich in Sardinien lebte, hatte ich einen freundschaftlichen Kontakt mit einem jungen Priester, Don Angelo. Als ich dreissig Jahre später in Sardinien in den Ferien war, hatte ich den Wunsch, ihn zu treffen. Ich habe seine Adresse gesucht und gefunden. Er wohnte jetzt in einer kleinen Stadt, Tempio, die sich im Norden von Sardinien befindet. Ich bin nach Tempio gefahren, und da ich diese Stadt nicht kenne, habe ich einfach bei einem Platz das Auto parkiert, bin ausgestiegen, habe die Strasse überquert und dem ersten

Menschen, der mir entgegenkam, meinen Zettel mit der Adresse gezeigt und gefragt, ob er mir sagen kann, wo sich diese Strasse befindet. Als wir uns anschauten, erkannte ich Don Angelo.

Auf einer Indienreise befand ich mich in Ladakh, in der Bergstadt Leh, die sich auf ungefähr 3500 Meter Höhe befindet. Wenn man da den Koffer hochschleppt, wird man ganz schnell atemlos. Sich an diese Höhe zu gewöhnen braucht schon einige Tage. Ich befand mich vor meinem Gasthaus, und hatte das Problem, diesen Koffer auch noch hoch zu tragen. Ein Mann erkannte meine Problematik und ist ganz spontan eingesprungen, er hat meinen Koffer genommen und eine Treppe hinauf zu meinem Gasthaus gebracht. Dieser Mann war beruflich Bergführer und hatte sich auch schon an berühmten Besteigungen beteiligt. Bei meinem Besuch in Leh hatte ich ein praktisches Problem. In New Delhi hatte ich nicht mehr die Möglichkeit, auf meiner Bank Geld abzuholen, und so befand ich mich in Leh mit ganz wenig Geld. Es war früh im Jahr, Touristen gab es noch keine und die Hotels waren geschlossen. In meinem Gasthaus war es nachts sehr kalt. In meinem Zimmer hatte es zwar einen Holzofen, aber ich hatte nicht genügend Geld, um das Holz zu kaufen. Um zu schlafen, habe ich mich mit allem möglichen zugedeckt, hatte aber trotzdem kalt. Am Tag habe ich verschiedene tibetische Klöster besucht. So habe ich einen Schweizer kennengelernt und habe ihm mit einem Schweizer Postscheck hundert US Dollar abgekauft. Jetzt hatte ich ein neues Problem, diese Dollar in Rupien zu tauschen. Das erwies sich als nicht ganz so einfach. An einem Tag war die Bank geschlossen wegen Ruhetag. Am nächsten Tag war die Bank geschlossen wegen administrativen Arbeiten. Ich stand also regelmässig vor einer geschlossenen Bank. Ich stand innerlich schimpfend vor dieser geschlossenen Bank. Dann habe ich gedacht: «Was rege ich mich da unnötig auf, das Leben selbst ist doch mein bester Reiseführer, und sollte ich auch nicht dieses Geld wechseln können, so liegt darin vielleicht eine für mich wichtige Erfahrung.» Kurz danach habe ich auf der Strasse den Mann getroffen, der mir bei meiner Ankunft geholfen hatte, den Koffer zu tragen. Ich habe ihm mein Problem geschildert. Er machte mir den Vorschlag: «Gehen wir zusammen einen Chai trinken. Gib mir das Geld, warte auf mich, und ich werde dir dieses Geld wechseln». So sind wir Chai trinken gegangen, ich habe ihm das Geld gegeben, und er ist gegangen. Ich fragte mich, ob er wohl auch wieder zurückkommen werde, ich kannte ihn doch gar nicht. Er ist zurückgekommen und hat mir die Rupien gebracht. Er kannte die Besitzer von einem geschlossenen Hotel und hatte so die Möglichkeit bekommen, das Geld zu wechseln. Sein Name war Sonam Tashi, wir haben zusammen Chai getrunken und haben uns ausgetauscht. Er fragte mich, wohin mich, nach meinem Besuch in Leh, meine Reise noch führen werde. Ich erzählte ihm darauf meinen Reiseplan, zuerst New Delhi, danach Agra, Fatehpur Sikri, Jaipur, Jodhpur, Jaisalmer, Udaipur, Aurangabad, Ganeshpuri und danach wieder zurück in die Schweiz. Beim Wort Ganeshpuri hat er erfreut ausgerufen: « Oh Ganeshpuri, wie liebe ich doch Ganeshpuri. Im Alter von fünfzehn Jahren habe ich einige Monate bei Bhagavan Nityananda gelebt. Damals waren wir nur zu dritt bei Bhagavan Nityananda. Da war Swami Muktananda, ein Mann aus Bombay und ich. Nachdem Bhagavan Nityananda gestorben war, bin ich in den Jahreszeiten, wo ich in den Bergen nicht arbeiten konnte, in den Ashram von Swami Muktananda gegangen und danach zu Gurumayi Chidvilasananda. Vor einigen Jahren hat Gurumayi Chidvilasananda Ladakh besucht. Ich hatte die Möglichkeit, sie zu treffen, und habe ihr als Geschenk die traditionellen Stiefel, die man im Ladakh gebraucht, und noch einige alte Fotografien von Bhagavan Nityananda gebracht.» Sonam Tashi hat darauf mich gebeten, für ihn einen Wunsch zu erfüllen. Da er Analphabet sei und nicht schreiben kann, könne er es ohne Hilfe nicht selber machen. Er hat mich gebeten, ihm einige Audio-Aufnahmen aus dem Ashram zu senden, das Mantra «Om Namah Shivaya», die «Guru Gita» und das «Shiva Mahimna Stotram». Ich habe ihm das versprochen, und als ich danach im Ashram war, habe ich für ihn ein kleines Paket mit diesen Aufnahmen zusammengestellt. Mit diesem Paket bin ich zum Schneider gegangen, damit er es in Stoff einnähen konnte, so wie es damals noch in Indien üblich war, um Pakete zu versenden. Ich habe dieses Bündel auf die Post gebracht, und mir dabei gedacht; nie werde ich erfahren, ob er das Paket auch erhalten hat, da er ja als Analphabet nicht schreiben kann. Nach meinem Aufenthalt im Ashram von Ganeshpuri bin ich wieder zurück in die Schweiz geflogen. Einige Wochen später war ich in Lugano vor dem Warenhaus der Migros. Ein Goldschmied aus Lugano, den ich kannte, hat mich angesprochen: «Liebe Grüsse und danke von Sonam Tashi, das Paket ist gut angekommen». Ganz erstaunt habe ich ihn danach gefragt wie es gekommen ist, dass er das wusste. Dieser Goldschmied hat mir erzählt, wie er in einem Gasthaus in Leh zusammen mit dem Bergführer Sonam Tashi ein Buch anschaute über Himalaya-Expeditionen. Ein Buch, in dem auch Sonam Tashi erwähnt wurde. In diesem Buch hat er eine Visitenkarte von mir gefunden und darauf Sonam Tashi gefragt, wie es kommt, dass er mich kannte. Und so kam es, dass Sonam Tashi ihn gebeten hatte, mir seinen Dank und seine Grüsse zu übermitteln. Auch in dieser Geschichte kann man verschiedene Synchronizitäten feststellen.

Auf einer Reise in Indien befand ich mich in Darjeeling. In einem Laden habe ich da eine sehr schöne, kleine nepalesische Buddha-Skulptur in Bronze gekauft. In diesem Laden wurde ich von einem jungen Mann bedient der mich danach fragte, ob es für ihn möglich wäre, in der Schweiz Arbeit zu finden. Ich habe ihm geantwortet, dass das leider ganz unmöglich ist. Darauf hat er mich gefragt, ob es für ihn möglich wäre, in die Schweiz zu fahren und dort Import-Exportgeschäfte abzuschliessen. Ich habe ihm geantwortet, dass ich auf so eine Frage nicht in der Lage war, ihm zu antworten. Ich wusste es nicht. Ich habe ihm erzählt, dass ich kurz zuvor einen Dokumentarfilm an der Television gesehen hatte, über einen Inder, der in Basel ein grosses Import-Exportgeschäft gegründet hatte. Man hätte diesen Mann, Herr Ganesh, fragen müssen. Aber da konnte ich ihm nicht weiterhelfen, da ich ja keine Adresse von diesem Herrn Ganesh hatte. Meine Reise ist weitergegangen, und ich bin so nach New Delhi gekommen. Ich befand mich in einem Buchladen, wo ich hochinteressante Bücher gefunden und auch gekauft habe. Im Gespräch mit dem Buchhändler habe ich erfahren, dass hier auch Swami Muktananda und Vilayat Inayat Khan bei ihm Bücher gekauft haben. Darauf hat mich dieser Buchhändler eingeladen, mit ihm zusammen einen Chai zu trinken. Im Gespräch hat er mich auch gefragt von woher ich komme. Als er erfahren hatte, dass ich aus der Schweiz komme, fragte er mich: «Kennen Sie meinen Kunden aus Basel, Herrn Ganesh?» Und so bin ich zu der Adresse von Herrn Ganesh in Basel gekommen. Es war mir möglich, diese Adresse an den jungen Mann in Darjeeling weiterzuleiten. Ich denke, dass da nie was daraus geworden ist, da ich nie eine Antwort bekam.

Auch in dieser Geschichte kann man Synchronizitäten feststellen und auch eine Gemeinsamkeit, die verschiedene meiner Erfahrungen aufweisen. Es ist vorteilhaft, Chai zu trinken. Diesen indischen gewürzten Chai liebe ich besonders.

Daskalos, Dr. Stylianos Atteshlis, 1912 -1995, lebte im griechischen Zypern und war als Arzt tätig. Eine seiner Spezialitäten waren die Knochen. Er hatte auch noch einige Fähigkeiten, mit denen er weltberühmt wurde. Er hatte die Fähigkeit, auch in einem ausserkörperlichen Zustand seine Patienten zu besuchen und zu kurieren. Es besteht die Möglichkeit, mit dem Astralkörper den physischen Körper zu verlassen. Es besteht aber auch die Möglichkeit, in einer noch feiner gelegenen Körperebene unseren Körper zu verlassen. Ich habe da keine Erfahrung und kann dazu nichts sagen. Jedenfalls hatte Daskalos diese Fähigkeit und benutzte sie, um kranken Menschen zu helfen. Er hat auch eine Schule gegründet, um anderen Menschen seine Arbeitsmethode beizubringen. Diese Unterweisungen zu bekommen, war aber nicht für jedermann möglich. Um zu seinen Lektionen zu gelangen, musste man schon fähig sein, in einem ausserkörperlichen Zustand an diesen Treffen teilzunehmen. Anscheinend gibt es aber viele Menschen, die diese ausserkörperlichen Fähigkeiten haben. Ein Freund von mir hat mir auch von seinen Erfahrungen berichtet. Auf der ganzen Welt entstanden Daskalos-Schulen mit dem Ziel, anderen Menschen zu helfen. Ich habe ein Buch über ihn gelesen und es auch interessant gefunden. Jetzt ist es gekommen, dass ich erfahren habe, dass Daskalos in Luzern an einem öffentlichen Vortrag teilnehmen werde. Ich habe da natürlich sofort an diese Frau gedacht, von der ich schon berichtet habe, die ihr Genick in einem Autounfall gebrochen hatte. Ich habe mir gedacht, es könnte ja sein, dass Daskalos ihr helfen kann. Ich bin also mit dieser Frau nach Luzern gefahren. Doch als wir an der Adresse waren, die mir gegeben wurde, konnte ich feststellen, dass da gar niemand war, dass ich eine falsche Adresse bekommen habe. Ich habe nach Lugano telefoniert, konnte aber nichts erreichen. Ich habe an den öffentlichen Telefondienst von Luzern angerufen. Die wissen üblicherweise Bescheid über Vorträge, Konzerte, usw. Danach habe ich einen Taxiservice aufgesucht, aber die wussten auch von nichts. Und so habe ich einfach zwei Männer angesprochen die gerade aus einem Laden kamen. Tatsächlich wussten sie, wo dieser Vortrag stattfinden würde. So bin ich jetzt mit dieser Frau zusammen an diesen Vortrag gegangen. Als Daskalos die Bühne betrat, habe ich ihn wiedererkannt. Ich hatte auf der Strasse zufälligerweise gerade ihn angesprochen.

Zu dieser Geschichte gibt es noch zwei Details. Diese Frau, die sich das Genick gebrochen hatte, leidet seit vielen Jahren an permanenten Schmerzen. Durch diesen Schmerz hatte sie ganz spontan gelernt, den Körper zu verlassen, um sich von diesen Schmerzen auszuruhen. Sie konnte diese Fähigkeit auch in für sie unangenehmen Situationen gebrauchen. Beim Zahnarzt zum Beispiel war es für sie schmerzhaft, ihr Genick in der Stellung zu halten, die der Zahnarzt brauchte. Sie hat so gelernt, den Körper zu verlassen, und zu warten, bis der Zahnarzt seine Arbeit gemacht hatte, danach konnte sie wieder in ihren Körper eintreten. Das gleiche machte sie auch beim Masseur. Auf dem Massagebett auf dem Bauch zu liegen, war für ihr Genick zu schmerzhaft, und so hat sie auch hier den Körper für die nötige Zeit verlassen.

An diesem Vortrag von Daskalos befand sich eine Bestuhlung von einem alten Kino, Sitzreihen aus Holz. Für sie war das auch unangenehm, so lange, ziemlich unbeweglich, in diesem Sitz zu verweilen. Und so hat sie auch hier ihren Körper verlassen und diesen Vortrag von Daskalos ausserkörperlich mitangehört. Nach dem Vortrag haben wir uns an Daskalos gewandt, um zu sehen, ob er ihr helfen konnte. Er hat uns an die verantwortliche Frau der Schweizer Gruppe verwiesen. Wir haben unser Anliegen dieser Frau gegeben, die uns dann versichert hat, dass sie sehen werde, was da zu machen sei. Nach ein paar Wochen haben wir einen Brief bekommen. Eine Hilfe sei nicht möglich gewesen, da jeder Einfluss von ihr abgewehrt wurde. Die Frau mit der Halsverletzung hat mir darauf bestätigt, dass sie tatsächlich jedes Mal, bevor sie sich zum Schlafen hinlegt, ein Bild in ihrem Geiste aufbaut. Sie stellt sich vor, von einem Licht umgeben zu sein, dass sie vor allen fremden Einflüssen schützt. Durch diesen Schutz, den sie sich vor dem Schlafen aufbaut, hat sie auch verhindert, dass man ihr helfen konnte. Dafür hat sie aber die Bestätigung erhalten, wie wirksam ihr Schutzschild funktionierte.

Die heilige Asche Vibhuti. Diesen Sommer 2016 erwarteten wir den Besuch der Satsang-Meisterin Shakti Caterina Maggi. Desiree und ich waren beschäftigt, den Saal für dieses öffentliche Programm vorzubereiten. Den Boden staubsaugen, Fenster waschen, die Objekte auf den Gestellen säubern und ordentlich disponieren. Auf einem Regal, zwischen den Skulpturen, gab es auch eine ganz kleine, lackierte und dekorierte Schachtel, die ich aus Indien mitgebracht hatte. In dieser Schachtel befand sich ein wenig von dieser heiligen Asche, Vibhuti genannt. Wir hatten beim Saubermachen entdeckt, dass in dieser Vibhuti-Asche sich auch ein kleiner toter Käfer befand. Den Käfer haben wir fortgeworfen. Mit der Asche war ich einen Moment lang unentschlossen. Ich habe festgestellt, dass ich auch nicht mehr genau wusste, von wem ich diese Asche bekommen hatte. Eine Möglichkeit war, von meinem Ashram-Besuch bei Shri Satya Sai Baba im Jahre 1994, oder aber von Swami Vishwananda im Jahr 2006. Diese Asche war also zwischen zehn oder zweiundzwanzig Jahre alt. Ich habe mich entschlossen, sie zu entsorgen, nicht in den Abfall, sondern in eine grosse Keramikschale, in welcher ich die Räucherstäbchen abbrannte und in der auch ein grosser „Shiva Lingam" Stein aus dem Narmada-Fluss in Indien im Sand steckte. Wir haben diese kleine, dekorierte Schachtel darauf innen und aussen gut gereinigt. Ich sagte dabei zu Desiree: «Jetzt müssten wir eigentlich neue Vibhuti-Asche bekommen.» Am Abend kam Shakti Caterina Maggi, um ihr Programm zu halten, und hat mir als Geschenk ein wenig Vibhuti-Asche mitgebracht. Dies ist auch ein einfaches, aber gutes Beispiel von Synchronizität.

Meine Mutter hatte mich gebeten, eine Bronzeskulptur von Sala Capriasca mit dem Auto nach Arosa zu bringen. Sie hat mir die Lieferadresse mitgegeben. Ich habe diese Fahrt gemacht und bin in Arosa angekommen. Da ich diese Ortschaft nicht kenne, habe ich bei der Einfahrt des Dorfes einfach an der Strasse angehalten und an der Tür eines Hauses geklingelt. Mir wurde aufgemacht und ich konnte meine Frage stellen, wo sich diese Lieferadresse befindet. Ich bekam die Antwort: «Sie sind angekommen, dies ist die richtige Adresse, und, wir wussten, dass sie uns die Bronzeskulptur bringen werden.»

Dies ist auch ein ganz einfaches, aber gutes Beispiel von Synchronizität.

Eine Bekannte von mir aus Deutschland hat mich angerufen mit einer Bitte. Eine Freundin von ihr befand sich gerade in Venedig an einem Kurs. Diese Frau hatte die Absicht, nach ihrem Aufenthalt in Venedig einen entlegenen Berg-Ashram, «Ananda-Dham», in einem südlichen Seitental des Centovalli im Tessin zu besuchen. Da es für diese Reise zwei Tage brauchte hat sie mich angefragt, ob ich gewillt bin, dieser Frau für eine Nacht meine Gastfreundschaft zu geben. Ich habe sofort eingewilligt. Diese Frau ist danach mit dem Zug von Venedig nach Lugano gekommen. Ich habe sie mit meinem Auto am Bahnhof Lugano abgeholt. Auf dem Weg von Lugano nach Sala Capriasca hat sie mir gesagt, dass sie meine Stimme kenne. Ich war erstaunt, ich hatte diese Frau noch nie getroffen. Die Erklärung dazu war schnell gefunden. Sie lebte in Deutschland und hatte einem Studenten ein Zimmer untervermietet. Dieser junge Mann hatte Drogenprobleme und hatte von Pyar die vierundzwanzig CDs mit meinem Free-Mind Programm geschenkt bekommen. Dieser junge Mann hatte darauf angefangen, täglich diese Programme zu machen. Er hatte Gefallen daran, und so hat er sie eingeladen, mit ihm zusammen diese Programme zu machen. So ist es gekommen, dass sie meine Stimme wiedererkannt hatte. Wir sind gute Freunde geworden. Chandravali ist ihr Name. Im Gespräch haben wir noch weitere Gemeinsamkeiten gefunden. Sie hatte auch meine Lehrerin der Transzendentalen Meditation, Frau Herta Klaus gekannt. Dank Chandravali habe ich weitere gute Menschen kennengelernt, wie Swami Gurusharanananda, Acharya Mangalananda und Paramjyoti.

Und jetzt, im 2016 hat mir Chandravali auch noch ermöglicht, zwei Tage Satsang mit Mooji in der Nähe von Assisi zu erfahren. Mein Dank an Chandravali und an das Leben, das einem so viele gute Zufälle schenkt.

Im Gespräch mit meiner guten Freundin Désirée Kabbalah haben wir das Drama der Flüchtlinge und des Krieges in Syrien betrachtet. Wir waren uns einig, dass im kollektiven Bewusstsein all dieser Schmerz empfunden wird. Wir konnten aber auch feststellen, dass wir das grosse Glück haben, an einem fantastischen Ort zu leben. Die Natur die uns hier umgibt, ist schön. Die Aussicht ist offen, weit und schön. Die Menschen, denen wir hier begegnen, sind gute Menschen. Hier geht es einem gut und wir fühlen uns wohl. Auf der Post im Dorf hat es verschiedene Angestellte. Persönlich kennen wir keinen mit Namen. Wir erkennen aber die menschliche, innere Schönheit dieser Personen. Wenn man ihre Augen trifft, da erfährt man natürliche, herzliche und freudvolle Freundlichkeit. Die gleiche Erfahrung machen wir mit dem Personal unserer Apotheke «Nobile» im Dorf, mit einer Kassiererin bei der Migros oder einem Angestellten bei der Migros. Und so können wir weiter betrachten, was für Menschen hier ins Haus kommen und sich hier öffnen. Wir erleben berührende Schönheit. Wir haben ein grosses Glück, hier zu leben.

Die Schweiz wurde von den Weltkriegen verschont. Die ökonomische Situation ist ziemlich ausgeglichen und gut. Die sozialen Sicherheiten sind bescheiden, aber funktionieren. Das politische System empfinde ich als ausgereift. In anderen Ländern dominiert, wer die Mehrheit hat. Die Mehrheit bildet die Regierung. Die Minderheit bleibt frustriert und betreibt oft sterile und aggressive Opposition. In unserer Situation wird die Regierung mit allen bestehenden politischen Kräften gebildet. Auch die Minderheiten beteiligen sich an der Regierung. Da müssen alle zusammenarbeiten. Die Resultate werden dadurch ausgeglichener und besser.

Hier kommt mir gerade ein Bild, welches ich in einer Meditation hatte. Ein Bild zum Verständnis der politischen Kräfte von links und von rechts. Wenn wir einen Stoff betrachten, da haben wir den Kettfaden und den Schussfaden. Die Richtungen sind verschieden, aber durch das Verweben ergibt sich ein starker Stoff. Nur mit Schussfaden oder nur mit Kettfaden erhält man keinen Stoff, sondern höchstens Putzfäden. Dieses Bild, mit dem Verständnis der Funktion von Schussfaden und Kettfaden, ist gleichzeitig ein gutes Bild, wie unser politisches System aufgebaut ist. Bei den Entscheidungen, die getroffen werden, müssen sich alle beteiligen, und im Zusammenleben in dieser Gesellschaft ergibt sich dadurch eine ruhigere und zuversichtlichere Grundstimmung. Dass wir in unserem täglichen Leben so vielen schönen Menschen begegnen können, hat darum verschiedene gute Gründe. Da sind die äusseren Begebenheiten und unser inneres Erfahren.

Dank der Meditation ist es uns möglich mit dem Raum unseres Herzens in Berührung zu bleiben, und das gibt uns die Möglichkeit, auch die grundlegende Gutheit und Schönheit der Menschen, denen wir begegnen, zu erkennen. Wir können atmen und die innere Freude erfahren. Das sind ganz einfache, schöne und alltägliche Synchronizitäten. Dank der regelmässigen Meditation, dem so wohltuenden Eintauchen in den Raum des Herzens.

The heart is the hub of all sacred places. Go there and roam.
Nityananda [51]

Das Auge, in dem ich Gott sehe, das ist dasselbe Auge, darin mich Gott sieht; mein Auge und Gottes Auge, das ist ein Auge und ein Sehen und ein Erkennen und einen lieben.
Meister Eckhart [52]

I GING. DAS BUCH DER WANDLUNGEN
Übersetzung des Sinologen Richard Wilhelm.
*1873 - † 1930.

Ein deutscher protestantischer Theologe, Missionar und Sinologe.
Vorwort von Carl Gustav Jung. *1875 - † 1961.
Schweizer Psychiater und Begründer der analytischen Psychologie.

Carl Gustav Jung verwendete den Begriff „synchronistisches Prinzip" öffentlich erstmals 1930, in seinem Nachruf für Richard Wilhelm. Carl Gustav Jung schreibt: „Die Wissenschaft des I Ging beruht nämlich nicht auf dem Kausalprinzip, sondern auf einem bisher nicht benannten – weil bei uns nicht vorkommenden Prinzip, das ich versuchsweise als synchronistisches Prinzip bezeichnet habe."

„I Ging. Das Buch der Wandlungen" ist eine Sammlung von Strichzeichnungen und zugeordneten Sprüche und Texte. Es ist der älteste der klassischen chinesischen Texte. Seine legendäre Entstehungsgeschichte wird traditionell bis in das dritte Jahrtausend vor Christus zurückgeführt.

Das I Ging enthält 64 verschiedene Figuren (Hexagramme). Ein Hexagramm besteht aus sechs Linien, die jeweils in zwei verschiedenen Arten vorkommen können: als durchgezogene, waagerechte Linie (hart), und als in der Mitte unterbrochene, waagerechte Linie (weich). Yin und Yang. Aus diesen beiden Linienarten werden alle 64 Hexagramme gebildet. Die Linien haben nach ihrem Platz innerhalb des Hexagramms, (von unten nach oben gesehen), unterschiedlichen Rang und Bedeutung.

«I Ging. Das Buch der Wandlungen» ist ein kollektives Werk, viele Menschen haben während Jahrhunderten ihre Beiträge und Kommentare geschrieben. Es gehört zu den ältesten Texten der Menschheit. Das Werk wurde gigantisch und so hat Konfuzius, der ungefähr fünfhundert Jahre vor Christus lebte, das Buch gänzlich überarbeitet und alle doppelten Kommentare entfernt. Was uns heute zur Verfügung steht, ist diese konfuzianische Überarbeitung vom «I Ging das Buch der Wandlungen». Richard Wilhelm hat elf Jahre an seiner Übersetzung gearbeitet. Carl Gustav Jung hat die Einführung geschrieben. Leider ist diese Einführung nicht bei allen Ausgaben beigefügt. Dieses Buch enthält vierundsechzig Hexagramme, welche die vierundsechzig wesentlichsten Situationen eines Menschen darstellen. Anders gesagt besteht dieses Buch aus vierundsechzig Kapiteln, die den Menschen in seinem ständigen Wandel beschreiben. Es ist ein grosses Weisheitsbuch.

Herman Hesse schreibt: «Man kann es als Orakelbuch benutzen, um in schwierigen Lebenslagen Rat zu bekommen. Man kann es auch nur seiner Weisheit wegen lieben.»

Gibt es ein Problem, das einen emotional beschäftigt, oder befindet man sich in einer Situation, welche ein klares Verständnis und Entscheidung fordert, so hat man die Möglichkeit, eine Frage klar zu formulieren und an das «I Ging. Das Buch der Wandlungen» zu stellen. Das Buch funktioniert nach den Gesetzen der Synchronizität. Zuerst formuliert man klar die Frage, die man stellen will. Um die richtige Antwort zu erhalten gebraucht man drei Münzen, die man sechsmal in die Luft wirft. Es bestehen vierundsechzig verschiedene Möglichkeiten, wie diese drei Münzen fallen können. Mit dieser Methode, die auf dem Zufall und der Synchronizität basiert, erhält man ein Hexagramm und das dazu gehörende Kapitel. Damit die Synchronizität ersichtlich wird, braucht es unsere emotionelle Beteiligung an der Frage und an einer gut überlegten, klaren und vernünftigen Fragestellung. Sind diese Voraussetzungen erfüllt, so erhält man auch klare Antworten von grosser Weisheit. Es ist immer wieder ein verblüffendes Erlebnis. Wichtig ist ein seriöser Umgang mit dem «I Ging». Das ist ein Weisheitsbuch. Die Fragen müssen klar formuliert werden, und die Antworten müssen danach auch ernsthaft verarbeitet und verstanden werden. Respektvoll und richtig angewendet kann dieses Buch segensreich und nützlich wirken. In meiner Jugend war dieses Buch ein geliebter und wertvoller Begleiter.

Der deutsche Philosoph, Mathematiker, Diplomat und Historiker, Gottfried Wilhelm Leibniz (*1646 - † 1716) arbeitete in einer Bibliothek. Einige Missionare, zurück aus China, haben ihm dieses Buch mitgebracht.

Leibniz war von diesem Buch beeindruckt. Was ihn besonders faszinierte, waren die vierundsechzig Hexagramme. Diese Möglichkeit, mit nur zwei Strichen, eine getrennte und eine ganze, so viele Variationen zu erhalten, hat ihn inspiriert. So ist es gekommen, dass Gottfried Wilhelm Leibniz im Jahre 1697 einen ersten Entwurf vom binären Zahlensystem entwickelt hat.

dezimal	binär
0	0000
1	0001
2	0010
3	0011
4	0100
5	0101
6	0110
7	0111
8	1000
9	1001
10	1010
11	1011
12	1100
13	1101
14	1110
15	1111

Zu dieser Zeit gab es den Buchdruck noch fast nicht, und so hat Leibniz von Hand geschrieben einen Text verfasst über «I Ging. Das Buch der Wandlungen» und das «Binäre Zahlensystem». Seine Schüler haben diesen Text abgeschrieben und an die verschiedenen Universitäten Europas geschickt. Das binäre Zahlensystem ist für die Menschheit von grosser Wichtigkeit geworden. Sämtliche Computer funktionieren heute auf der Basis des binären Zahlensystems von Leibniz.

Beim nächsten Mal, wenn du einkaufen gehst, und man dir an der Kasse den Strichcode deiner Artikel registriert, den Betrag, der zu bezahlen ist anzeigt und du mit deiner Kreditkarte bezahlst, denke einen Augenblick an «I Ging, das Buch der Wandlungen» und an den Philosophen und Mathematiker Gottfried Wilhelm Leibniz, der im Jahre 1697 das binären Zahlensystem entwickelt hatte. Schöne Geschichte, gefällt mir.

Dr. Martin Schönberger, (*1912 - † 2005) aus München, arbeitete als Arzt, meditierte, kannte „I Ging, das Buch der Wandlungen" und erforschte den Genetischen Code der DNA.

Auch im Genetischen Code sind Wandlungen möglich; man nennt sie Mutationen. DNA (Desoxyribo Nucleic Acid.) Dr. Martin Schönberger konnte feststellen, wie „I Ging. Das Buch der Wandlungen" und der „Genetische Code der Wandlungen» in der Biologie den gleichen Aufbau haben.

Was den genetischen Code betrifft, habe ich persönlich keine Kenntnisse, und die Erklärungen, die ich hier zusammengestellt habe, stammen von verschiedenen Webseiten. Ich hoffe, sie richtig zusammengeschnitten und kopiert zu haben. Es ist also besser, wenn ihr meine Aussagen noch selber kontrolliert.

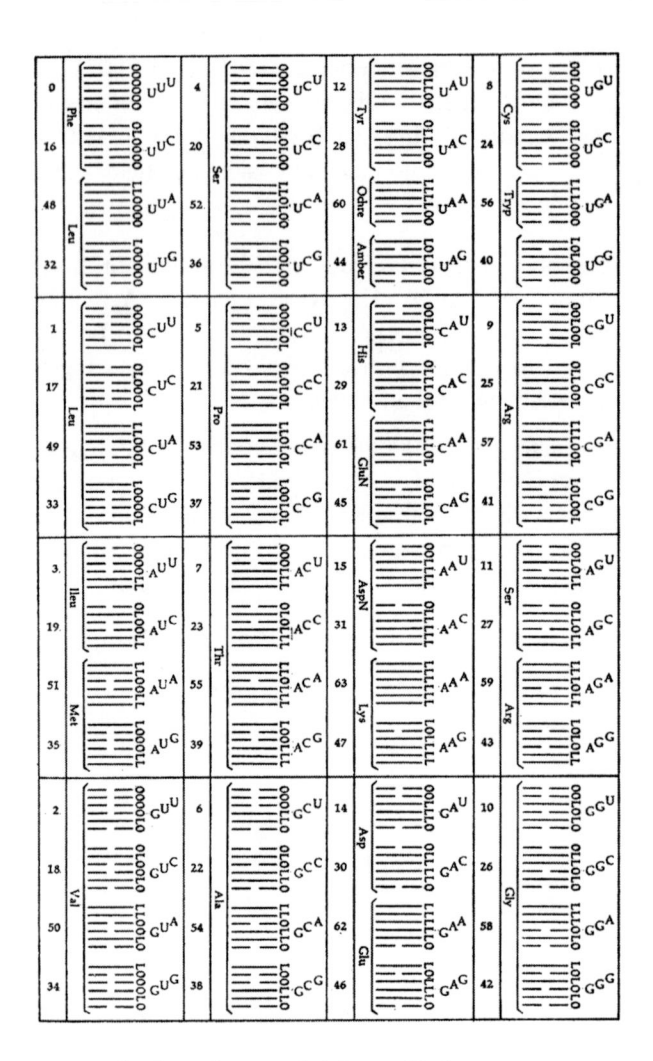

Ineinander geschriebene Codes,
des I-Ging und der DNA

Umschreibung der beiden Codes
in der Binären Ordnung.

Der Informationsträger ist die Nukleinsäure, das DNA-Molekül. Bestimmte Abschnitte auf der DNA enthalten einen Übertragungsschlüssel, der genetischer Code genannt wird. Dieser ist mit Morsezeichen vergleichbar. Ein einzelnes Morsezeichen heißt Codon. Es setzt sich aus einer bestimmten Reihenfolge von drei Nukleotiden, den Einzelbausteinen der DNA, zusammen. Diese Einheiten von drei Nukleotiden werden während der Proteinsynthese in Aminosäuren, die Bausteine der Eiweiße, „übersetzt". Er erkannte eine spannende Analogie von den vierundsechzig Hexagrammen des «I Ging» zu den vierundsechzig Triplets im genetischen Code. Verblüffende Parallelen zum Baustein des Lebens. Mit dem genetischen Code wurde der Bauplan des Lebens entdeckt, die Verschlüsselung der genetischen Informationen für die Proteinsynthese, in genau vierundsechzig Triplets.

Das I Ging umfasst vierundsechzig Hexagramme und beschreibt Mutationen im Leben. Dr. Schönberger entdeckte beeindruckende Analogien beider Systeme und stellt so die These auf, dass die Muster beider Schlüssel übereinstimmen, es sich lediglich um verschiedene Codes handelt, durch die eine einzige Weltformel hindurchscheint.

Ich verweise hier auf das Buch von Dr. Martin Schönberger: „Verborgener Schlüssel zum Leben – Weltformel I-Ging im Genetischen Code". Otto Wilhelm Barth Verlag.

Das I Ging blickt auf eine Geschichte von über 5000 Jahren zurück. Der genetische Code der Wandlungen in der Biologie war damals unbekannt, doch die Weisen, welche das «I Ging, das Buch der Wandlungen» aufgebaut haben, hatten die richtige Intuition, als sie den mathematischen Aufbau vom «I Ging» festlegten.

Es ist schon erstaunlich, was für Resultate die menschliche Intelligenz vollbringen kann.

Meine Mutter Cornelia Forster, *1906 -†1990, hat ihr ganzes Leben der Kunst gewidmet.

Im Jahre 1969 hat sie vierundsechzig Illustrationen für die vierundsechzig Hexagramme des «I Ging» kreiert.

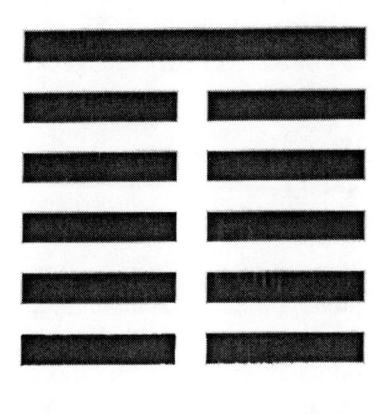

Zuerst habe ich diese vierundsechzig Bilder 1972 in meiner Kunstgalerie «Il Claustro» in Porza im Tessin, Schweiz, gezeigt.

Danach 1972 in der Square Gallery, Mailand, Italien.

1972 in der Little Galerie, Philadelphia, USA.

1973 in der Galleria Pic Pus, Florenz, Italien.

Und 1973 in der Galleria Diagramma 32, in Neapel, Italien.

Die Square Gallery, Mailand, hat davon 1973 auch ein Buch veröffentlicht.

Heute sind diese 64 Bilder bei mir gelagert.

Hier noch ein Beispiel einer dieser Illustrationen.
Zeichen 23. Bo / Die Zersplitterung.
Oben Gen, das Stillehalten, der Berg.
Unten Kun, das Empfangende, die Erde.

Eine kleine und praktische Anwendung der Synchronizität im täglichen Leben. Es gibt Situationen, bei denen ich mich entscheiden muss zwischen zwei Möglichkeiten, die bessere auszuwählen. Im Falle, dass es nicht sofort ersichtlich ist, welche Auswahl die bessere ist, denke ich nicht lange darüber nach. Ich nehme eine «Zwanzig Rappen Münze», stelle meine Frage und sammle mich kurz. Danach werfe ich diese Münze in die Luft. Fällt die Münze mit dem Kopf nach oben, so bedeutet das für mich «Ja», mit der Zahl nach oben «Nein». Diese einfache Entscheidungshilfe hat sich als nützlich und gut erwiesen.

GEDANKEN UND SCHLUSSFOLGERUNGEN ZU SYNCHRONIZITÄTEN

Bei diesen Synchronizitäten kann man einige Gemeinsamkeiten erkennen. Es besteht eine Übereinstimmung zwischen innen und aussen. Unsere Gedanken und Bilder haben eine schöpferische, kreative Kraft und können sich direkt in unserer realen Welt manifestieren. Im Shivaismus vom Kaschmir spricht man von «Matrika Shakti», die Kraft der Buchstaben, die Kraft der Worte. «Matrika Shakti» wird auch die Kraft der «Unbekannten Mutter» genannt. «Unbekannte Mutter», weil wir üblicherweise nicht erkennen, wie wir mit den Worten, die wir in unseren Gedanken gebrauchen, die Matrix selber erschaffen, die unsere eigene Welt mitgestaltet. Unser Geist ist an der Veränderung der Gegenwart beteiligt, wir sind mitverantwortlich für die Gestaltung unserer Welt. Alles ist mit allem verbunden. Es gibt kein Getrenntsein. Daraus resultiert die Wichtigkeit, unsere Gedanken achtsam zu gebrauchen, da sie reale schöpferische Kraft haben. Mit den Worten in den Gedanken, die wir gebrauchen, haben wir einen direkten Einfluss auf unser Leben.

Das Mantra «Ya Wahabo» bringt uns in die Harmonie vom «Geben und Nehmen», und somit fördert es in uns die Erfahrung der Synchronizitäten.

Unser Geist ist begrenzt. Die Grundlage unseres Geistes aber ist das reine grenzenlose Bewusstsein.

Das reine Bewusstsein, jenseits von Raum, Zeit und Masse, ist die Grundlage der ganzen Manifestation und allen Lebens. Bewusstsein ist das Leben selbst. Regelmässig zu meditieren bringt uns dazu, vermehrt in Übereinstimmung zu kommen mit der Grundlage unseres Geistes, Bewusstseins, unseres Lebens. Daraus resultiert, dass wir vermehrt wahrnehmen können, wie das Leben uns unterstützt. Mit der Zeit verschwindet auch die Trennung, die wir machen, zwischen Innen und Aussen. Es wird zu einer einheitlichen Erfahrung, in welcher Innen und Aussen Eins sind.

WASSER.

Ich lese auf Wikipedia:

Masaru Emoto (* 1943 - † 2014) beschäftigte sich seit Anfang der 1990er-Jahre mit Wasser. Er vertrat die Auffassung, dass Wasser die Einflüsse von Gedanken und Gefühlen aufnehmen und speichern könne. Zu dieser Auffassung gelangte er durch Experimente mit Wasser in Flaschen, die er entweder mit positiven Botschaften wie „Danke" oder negativen Botschaften wie „Krieg" beschriftete und anschließend gefror, fotografierte, und anhand von ästhetischen Kriterien die entstehenden Eiskristalle beurteilte. So stellte er einen gewissen Zusammenhang zwischen dem Aussehen des Eiskristalls und der Qualität, bzw. dem Zustand des Wassers her. Seiner Theorie zufolge formt mit positiven Botschaften beschriftetes Wasser stets vollkommene Eiskristalle, während Wasser mit negativen Botschaften unvollkommene Kristallformen annimmt. Emotos Annahmen stehen in erheblichem Widerspruch zu bestehenden Erkenntnissen der Wasserchemie und -physik. Insbesondere seine Methodik kann nach den für die Wissenschaft geltenden Qualitätsanforderungen nicht bestehen. Da sich seine vermeintlichen Erkenntnisse weder logisch noch empirisch nachvollziehen lassen, werden seine Ideen von der Fachwelt nicht ernst genommen. Hier endet der Auszug aus Wikipedia.

Jeder Gedanke und jedes Wort beeinflusst nicht nur dich selbst, sondern auch deine Umgebung. Diese Erfahrung haben wir alle schon gemacht. Eine Kirche, die benutzt wird, hat eine bessere Energie als eine psychiatrische Klinik. Da auch das Wasser die Information guter Worte übernimmt, habe ich mich entschlossen, mein Trinkwasser von einer naheliegenden Quelle zu holen und eine Etikette mit Mantras, heiligen und schönen Worten an den Flaschen anzubringen. Die Quelle hatte 1740 einen eigenen Brunnen und war der heiligen Lucia gewidmet. Dieses Quellwasser wurde von der Dorfbevölkerung von Sala Capriasca als heilend betrachtet. Man gab es den Kranken, und an Ostern ging die Dorfbevölkerung sich damit die Augen waschen. Den Sterbenden benetzte man die Lippen. Ich holte mir zwei Glasflaschen Wasser, doch etwa 30 Sekunden, nachdem ich die erste Etikette angebracht hatte, explodierte die Glasflasche. Die Glasflasche ohne Mantra-Etikette explodierte nicht. Ich holte mir zwei neue Glasflaschen und füllte sie mit Wasser, etwa zwei Minuten, nachdem ich die Mantra-Etikette an eine der Glasflaschen angebracht hatte, explodierte auch diese Falsche. Die Glasflasche ohne Mantra-Etikette explodierte nicht. Ich habe angefangen zu überlegen. Es besteht eine Wasserexpansion durch Wärme, in meinem Haus ist es wärmer als das frische Quellwasser ist. Aber warum explodierten die Wasserflaschen mit Etikette? Ich erinnerte mich an das Quarzmolekül, das bei einer Temperatur von 537 Grad Celsius seine Form wechselt und einen 2% Volumenzuwachs erfährt. Mir stellte sich die Frage: Nimmt auch das Wasser neue Form an und ein grösseres Volumen? Um die Wasserexpansion zu messen und um zu erkennen, ob es einen Unterschied ergibt, zwischen der Expansion durch Wärme und einer eventuellen grösseren Expansion durch die Mantras, habe ich die Flasche mit einem Röhrchen verlängert. Den Zapfen hatte ich aus Ton gemacht. Die Glasflasche mit Mantra-Etikette hatte danach eine grössere Expansion von einem Kubikzentimeter. Die Zapfen schienen mir aber nicht sicher, da Ton auch Wasser aufsaugt. Ich habe das Experiment wiederholt, aber diesmal mit Zapfen aus Silikon. Die Glasflasche mit Mantra-Etikette hatte danach eine grössere Expansion von einem Kubikzentimeter. Die Zapfen schienen mir aber auch nicht sicher, da Silikon sich noch bewegen kann. Ich habe das Experiment wiederholt, aber diesmal mit Zapfen aus Hartgummi, die mir das Kantonale Laboratorium gegeben hat. Die Glasflaschen mit Mantra-Etikette und ohne Mantra-Etikette blieben sich in der Expansion gleich. Es ergab keinen Unterschied.

Der Zufall hat mir wiederholt gezeigt, wie das Mantra-Wasser stark ist. Von der Expansion her gibt es physikalisch gesehen keinen Unterschied. In meinem Leben konnte ich aber schon oft feststellen, wie der Zufall uns oft entspricht. Ich werde nie sagen: es war doch nur ein Zufall. Ich denke, dass wir oft für unseren Zufall selber die Ursache sind.

Heute trinke ich jeden Tag von dem Mantra- Wasser. Die Wirkung, scheint mir, ist eine grössere, geistige Klarheit und grössere, emotionale Stabilität. Ein Junge sagt mir, er studiere besser. Der Geschmack des Wassers scheint mir feiner, weicher. Ein Kind hat mir gesagt, süsser. Jemand, der von meinem Wasser nichts wusste, hat ausgerufen: «Wow, was hast du für Wasser? Das ist ja lebendig!»

Ist das alles eine Illusion? Gut möglich. Bestimmt aber keine schädliche Illusion, da dieser Gedanke uns hilft, Verantwortung für unsere Worte und unsere Gedanken wahrzunehmen. Masaru Emoto hatte von meiner Erfahrung mit den Wasserflaschen gehört, und eine Frau beauftragt, Wasser von unserer Quelle zu holen und bei mir die Etikette zu erhalten, die ich gebraucht hatte. Danach hat er die Wasserkristalle fotografiert, die er vom Wasser, mit oder ohne Mantra-Etikette, erhalten hatte. Das einfache Wasser ergab ein sechseckiges Wasserkristall, mit einer kleinen Kristallblüte an jedem der sechs Spitzen. Das Wasser mit der Mantra-Etikette ergab ein sechseckiges Wasserkristall, mit einer grossen Expansion von ungefähr sieben Reihen weiterer Kristallblüten. Die Fotografie von diesem erstaunlich schönen Kristall benutze ich heute auf den Wasserflaschen, die wir beim Essen und Trinken gebrauchen. Als Masaru Emoto an einem Vortrag in Lugano war, hatte ich die Möglichkeit, kurz mit ihm zu sprechen. Er hatte keinen guten Eindruck bei mir hinterlassen, ich blieb ihm gegenüber vorsichtig. Andererseits weiss ich, dass die Grundlage der Manifestation das Bewusstsein ist, und somit denke ich, dass Masaru Emoto, unabhängig von seiner Persönlichkeit und Vorgehensweise, etwas Reales entdeckt hat.

Denke an die ungeheure Ausdehnung des Himmels und meditiere dabei über endlose Weite ohne Mittelpunkt und Grenzen.
Milarepa. [53]

FRUCHT UND GEMÜSESAFT

Ich habe eine interessante Erfahrung gemacht, die ich hier mitteilen möchte. Seit fünfunddreissig Jahren bin ich Diabetiker und seit fünfzehn Jahren gebrauche ich Insulin. In meinen Berechnungen für den Insulingebrauch bin ich so genau wie möglich. Alles, was ich esse und trinke, wird auf das Gramm genau abgewogen. Danach berechne ich, wie viel Gramm Kohlenhydrate ich zu mir nehme und wie viel Insulin ich dazu benötige. Zum Morgenessen nehme ich üblicherweise zwei Stück Toastbrot mit Honig oder Konfitüre, dazu ein Glas Milch. Zum Mittagessen nehme ich meistens Teigwaren, Reis oder Kartoffeln. Fleisch esse ich sehr selten. Letztes Jahr 2015 habe ich mir überlegt, dass was Gemüse und Früchte betrifft, ich meistens zu wenig davon esse. So habe ich mich entschlossen, meine Essgewohnheiten noch mit einem Glas Gemüse- und Fruchtsaft zu bereichern. Ich habe Gemüse- und Fruchtsaft gewählt, da man diese nicht kochen muss, und für mich so alles einfacher und schneller geht. Vor dem Morgenessen, vor dem Mittagessen und abends habe ich angefangen, so einen Gemüse- und Fruchtsaft zu trinken. Ich habe ganz ignoriert, dass diese neue Gewohnheit etwas Besonderes verursachen könnte. Die Auswirkungen waren anfänglich fast dramatisch. Meine übliche Berechnungsmethode wurde total aus den Bahnen geworfen. In der ersten Woche erlebte ich täglich Unterzuckerungen. Eine immer höchst unangenehme Erfahrung. Meinen Insulinbedarf musste ich komplett neu berechnen. Mein langsames Insulin Lantus, das ich jeden Morgen nehme, musste ich von einundzwanzig Einheiten auf elf Einheiten reduzieren. Auch das schnelle Insulin Apidra wurde in seiner Wirkung verstärkt. Am Morgen genügte mir eine Einheit Insulin für etwa sieben Gramm Kohlenhydrate, jetzt genügt eine Einheit Insulin für etwa elf Gramm Kohlenhydrate. Beim Mittagessen genügte mir eine Einheit Insulin für etwa elf Gramm Kohlenhydrate, heute für etwa fünfzehn Gramm Kohlenhydrate. Abends genügte mir eine Einheit Insulin für etwa sieben Gramm Kohlenhydrate, jetzt genügt eine Einheit Insulin für etwa elf Gramm Kohlenhydrate. Bei dem glykosylierten

Hämoglobin hatte ich üblicherweise 7,2 oder 7,4 und in all den Jahren nur einmal 6,8. Bei der letzten Messung hatte ich 6,1.

Ich konnte auch noch andere Auswirkungen feststellen, mein hoher Blutdruck hat sich fast ganz normalisiert. Mein Arzt hat mir die Dosierung von dem Medikament gegen hohen Blutdruck auf die Hälfte heruntergesetzt. Auch was das Gleichgewicht von Säure und Base betrifft hat sich die Situation deutlich verbessert. Die bedeutendste Auswirkung aber ist eine gesteigerte Vitalkraft. Ich bin zweiundsiebzig Jahre alt und fühlte mich oft müde und schwach, während ich mich heute wieder ganz vital empfinde. Meine Essgewohnheiten von Brot, Teigwaren, Reis oder Kartoffeln habe ich nicht verändert. Aber als Aperitif trinke ich jetzt immer einen Gemüse- und Fruchtsaft. Um diesen Gemüse- und Fruchtsaft herzustellen habe ich mir einen Kompressor gekauft, der ein wenig teurer als eine Zentrifuge ist, aber dafür bessere Resultate ergibt. Jeden Morgen mache ich mir den Saft für den ganzen Tag. Ich nehme zwei Äpfel, zwei Birnen, zwei Zitronen, zwei Zucchini, eine Gurke, etwa 300 Gramm gehackten und eingefrorenen Spinat, etwa tausendzweihundertfünfzig Gramm Karotten, zwei rohe Rote Beten, etwa dreissig Gramm Ingwer, ein wenig Kurkuma Gewürz, ein wenig Pfeffer, ein wenig Zimt und noch ein paar Tropfen Olivenöl. Das Getränk, das man so erhält ist frisch, gut und schmackhaft. Der Saft, den ich so gewinne, genügt für mich, meine Schwägerin und meinen Bruder. Vor dem Essen trinke ich also jetzt immer ein Glas, etwa dreihundertzwanzig Gramm von diesem Getränk. Ich habe berechnet, dass dieses Getränk etwa 8 % Kohlenhydrate enthält. Erfahre ich trotz meiner Achtsamkeit eine Unterzuckerung, so trinke ich einfach noch so ein Glas Gemüse- und Fruchtsaft dazu. Solltet ihr auch versuchen, vor dem Essen so einen Frucht- und Gemüsesaft zu trinken, so seid besonders achtsam, da die Wirkung sehr schnell eintritt und ihr eine Unterzuckerung riskiert. Es braucht einen gewissen Übergang, bis man gelernt hat, die Auswirkungen von diesem Gemüse- und Fruchtsaft auf den eigenen Metabolismus zu berechnen. Ich war in meiner Apotheke und habe kontrollieren lassen, wie viel Insulin ich in einem Jahr gebraucht habe, bevor ich angefangen habe, diese Gemüse- und Fruchtsäfte zu trinken, und wie viel Insulin ich letztes Jahr gebraucht habe, nachdem ich regelmässig vor dem Essen immer diesen Saft getrunken habe. Vorletztes Jahr habe ich fünfundzwanzig Kartuschen von Lantus gebraucht, letztes Jahr nur fünfzehn Kartuschen Lantus.

Vorletztes Jahr habe ich fünfundvierzig Kartuschen von Apidra gebraucht, letztes Jahr nur fünfunddreissig Kartuschen. Das sind interessante und gute Resultate. Ich habe auf dem Internet gesucht, was es für Erkenntnisse gibt, Forschungen, über die Auswirkung von Gemüse- und Fruchtsaft auf den Metabolismus. Leider gibt es da nichts, da die Forschung von der Chemie finanziert wird, bleibt da nicht viel übrig für die Erforschung biologischer Produkte. Auf Spinat, Karotten und Rote Bete kann man ja nicht Urheberrechte festlegen. Die Pharmazie hat aus diesem Grunde daran kein grosses Interesse, und somit bleibt meine Erfahrung ohne jegliche wissenschaftliche Grundlage, einfach eine persönliche Erfahrung.

Sicher werden die Erfahrungen auch nicht bei allen Menschen die gleichen sein.

Menschen, die zu viel oder zu wenig Essen oder die zu viel oder zu wenig schlafen, wird das Meditieren nicht gelingen. Iss nur Nahrung, die den Körper nicht aufreizt oder das Gemüt erregt.

Bhagavad Gita. [54]

In Deiner Fülle, o Herr, voll Deiner Gnade,
auf dass wir eins werden mit Dir und so Deine Schöpfung
erfüllen und verherrlichen, danken wir Dir von ganzem Herzen.
Mit all unserer Liebe zu Dir, in aller Verehrung Deines Segens,
empfangen wir Deine Gabe, so wie sie zu uns kam.
Unsere Nahrung ist Dein Segen, und in Deinem Dienste
empfangen wir alles in Dankbarkeit, o Herr.

Tischgebet aus Indien [55]

ICH GEHE DIE STRASSE ENTLANG.
Von Sogyal Rinpoche

Ich gehe die Straße entlang.

Da ist ein tiefes Loch im Gehsteig.

Ich bin verloren … Ich bin ohne Hoffnung.

Es ist nicht meine Schuld.

Es dauert endlos, wieder herauszukommen.

Ich gehe dieselbe Straße entlang.

Da ist ein tiefes Loch im Gehsteig.

Ich tue so, als sähe ich es nicht.

Ich falle wieder hinein.

Ich kann nicht glauben, schon wieder am gleichen Ort zu sein.

Aber es ist nicht meine Schuld.

Immer noch dauert es sehr lange, herauszukommen.

Ich gehe dieselbe Straße entlang.

Da ist ein tiefes Loch im Gehsteig.

Ich sehe es.

Ich falle immer noch hinein…aus Gewohnheit.

Meine Augen sind offen.

Ich weiß, wo ich bin.

Es ist meine eigene Schuld.

Ich komme sofort heraus.

Ich gehe dieselbe Straße entlang.

Da ist ein tiefes Loch im Gehsteig.

Ich gehe darum herum.

Ich gehe eine andere Strasse.

SELBSTDEFINITION

Ob wir uns als Atheist oder als Christ, Jude, Muslim, Buddhist oder Hindu definieren, macht für mich keinen grossen Unterschied, es sind sowieso nur Konzepte, Bilder, Darstellungen. Mit einer Taschenlampe können wir die Sonne nicht erleuchten. Mit unserem Geist können wir Begriffe der Unendlichkeit nicht erfassen. Gedanken wie Raum und Zeit, Leben und Tod, können wir nicht fertig denken, sie übersteigen unsere Möglichkeiten.

Unser Weltbild ist immer nur eine Darstellung, eine Karte, ein Orientierungsbedürfnis unseres Geistes. Mit Sicherheit sind unsere Konzepte immer begrenzt und darum auch falsch. Wichtiger als unsere Selbstdefinition ist die Erfahrung, die wir von uns selber machen. Wir kennen unseren Geist durch das permanente Zuhören unseres inneren Dialoges, der Worte, die sich bilden und denen wir unsere ungeteilte Aufmerksamkeit widmen.

Wir sind aber nicht unsere Gedanken, Konzepte, Meinungen, denen wir zuhören von morgens bis abends. Wir sind nicht das Gehörte, sondern der Hörende. Wir sind nicht das Gesehene, sondern der Sehende. Wir sind nicht die Inhalte unseres Geistes, sondern das reine Bewusstsein, und wenn wir unsere Augen schliessen und in unsere innere Stille tief eindringen, dann erleben wir uns selber, unsere innere Stille, unser stilles Bewusstsein, als heilig, als göttlich. Und diese Erfahrung ist ganz unabhängig von unseren Definitionen als Atheist oder als Christ, Jude, Muslim, Buddhist oder Hindu.

"Der Fluss und seine Wellen sind eine Flut;
was ist der Unterschied zwischen dem Fluss und seinen Wellen?
Wenn eine Welle sich erhebt, ist sie das Wasser,
und wenn sie fällt,
ist sie wieder das gleiche Wasser.
So sagen sie mir, mein Herr,
wo ist der Unterschied?
Nur, weil sie Welle genannt wird,
soll ich sie nicht mehr als Wasser betrachten?"

Kabir [56]

ÜBER UNSEREN GEIST

Wenn wir unseren Geist betrachten, finden wir zuerst unsere Gedanken, die wir ständig gebrauchen, um unser tägliches Leben zu führen. Unsere ganz normale, mentale Aktivität. Da gibt es aber auch noch mehr Aktivitäten, wie zum Beispiel, unser ständiger innerer Dialog, dem wir fast ununterbrochen, von morgens bis abends, zuhören.

Die meisten halten diesen inneren Dialog mit sich selbst, manchmal aber auch mit einem imaginären Gegenüber. Beim genaueren Hinhören kann man auch noch so eine gewisse Hintergrundaktivität bemerken. Da entstehen Worte, halbe Sätze, Gedankenfetzen, ganz spontan, so wie ein Hintergrundgeräusch. Da erscheinen auch Gedankengänge, die uns eventuell schon gar nicht mehr interessieren. Altes, überholtes und uninteressantes Zeug. Auch Gefühle und Emotionen können da hochsteigen, ganz ohne einen bestimmten Grund. Dem nicht genug, gibt es da noch die Bagage unserer Meinungen, unserer Geschichten. Jetzt, wenn unsere Geschichten besonders intensiv und beladen sind, hat es für uns fast keinen Platz mehr, wenigstens empfinden wir das so. In dieser Situation entstehen üblicherweise unsere irrtümlichen Identifikationen. Unsere einzig wahre Identität ist unser Bewusstsein. Der übliche Fehler, der entsteht, ist, uns mit unseren Geschichten und Erfahrungen zu identifizieren. Wir sind nie die Erfahrung, wir sind immer der Erfahrende, unser Bewusstsein. Wenn es geschieht, dass wir auf der Strasse in den Scheissdreck eines Hundes treten, so machen wir eine Erfahrung, die als stinkend und unangenehm definiert werden kann. Es wird uns aber bestimmt nicht geschehen, uns auch noch damit zu identifizieren. Wir haben die nötige Distanz, um unsere Identität zu bewahren. Wenn es jetzt aber passiert, dass sich unser Geist mit Gefühlen und Gedanken beschäftigt, die man als Scheisse definieren könnte, so kann es tatsächlich geschehen, dass wir uns fälschlicherweise auch noch mit dieser Erfahrung identifizieren. Diese irrtümlichen Identifikationen mit den Erfahrungen sind ganz allgemein und werden nicht einmal bemerkt. Üblicherweise erkennen wir diese egozentrischen Identifikationen bei anderen Menschen ziemlich gut. Bei uns selber bemerken wir sie meistens nicht.

The essential nature of mind.
No words can describe it
No example can point to it Samsara does not make it worse
Nirvana does not make it better It has never been born
It has never ceased It has never been liberated
It has never been deluded It has never existed
It has never been non-existent It has no limits at all
It does not fall into any kind of category.
Dudjom Rinpoche [57]

IDENTIFIKATION

Der Begriff „Ich" ist ein einfacher Ausdruck, bei dem jeder weiss, was man damit meint. Doch wenn man die Sache genauer analysiert, können wir feststellen, dass nicht jeder Mensch die gleiche Art der Ich-Identifikation hat. Wenn man jemanden fragt, was er mit „Ich" meint, so wird er sehr wahrscheinlich verschiedene Sachen aufzählen: Körper, Geschlecht, Name, Schule, Beruf, Funktion, Beziehungen, Besitz, soziale Stellung, Ideologie, Partei, Religion, Rasse, Familie, usw. Wenn wir das jetzt genauer betrachten, ist das eine Art der Ich-Identifikation, die auf der Basis der Erfahrung und des Habens beruht. Bewusstseinsentwicklung bedeutet, dass die Ebene des Seins, des Bewusstseins, der Liebe oder der innere Raum, (verschiedene Arten, das Gleiche auszudrücken), den Hauptplatz einnehmen in unserer Ich-Identifikation. Wenn wir keine Kenntnis haben von unserem eigenen Sein, unserem Bewusstsein, haben wir keine Basis, das Leben macht uns Angst, alles ist Kampf, weil unsere Identität ständig in Gefahr ist. Wir identifizieren uns auf der Basis unserer Erfahrungen. Wir sind mit der Welt in Verbindung durch unsere Sinneswahrnehmungen. Jede Erfahrung hat drei Aspekte: das stille Bewusstsein – die Sinneswahrnehmungen – die inneren oder äusseren Objekte der Betrachtung. Unsere Identifikation sollte unser Bewusstsein sein. Das Bewusstsein aber entzieht sich normalerweise unserer Aufmerksamkeit. Alles, was wir betrachten können, gehört zu dem Bereich der Objekte der Betrachtung. Auch unsere Gedanken entstehen zwar aus unserem Bewusstsein, sie kommen und gehen aber wieder. Wir aber, unser Bewusstsein, sind das stille

Gewahrsein. Wir sind das stille Gewahrsein unserer Gedanken und Gefühle. Ein Mensch also, der sein eigenes Bewusstsein nicht kennt, hat eine falsche Identität. Es fehlt ihm seine eigene Basis. Er verstrickt und identifiziert sich nur mit Äusserlichkeiten, den veränderlichen Inhalten seines Geistes.

Der Mensch, der von der Überzeugung "Ich bin der Körper"
getäuscht wird, denkt, dass Gottes Welt außerhalb und weit weg ist.
In Wirklichkeit ist Gottes Welt im Inneren des Herzens.
Sri Ramana Maharshi [58]

Meditation und Liebe geben uns die Möglichkeit, unser eigenes Bewusstsein zu erfahren. Wenn wir sagen: «Das Bewusstsein erfahren», so wählen wir diese Ausdrucksform aus unserer sprachlichen Begrenztheit. Denn Bewusstsein kann man eigentlich nicht erfahren, sondern nur sein. Aber unserer Sprache sind hier einfach die Grenzen gesetzt. Wie man es auch sagen will, ist es ungenügend. Nichts, was du erfahren kannst, bist du, denn, du bist der Erfahrende und nicht die Erfahrung. Das ist schnell gesagt, aber denk darüber nach. Wenn wir diese Aussage wirklich verstehen, ist das eine hundertprozentige Kehrtwendung in unserem Leben. Wir erfahren vom frühen Morgen bis spät abends den ununterbrochenen inneren Dialog unseres Geistes. Der tragische Fehler, der uns dabei passiert ist, dass wir uns mit den veränderlichen Inhalten unseres Geistes verstricken und identifizieren. Dieser Fehler ist wirklich tragisch, weil er uns auf den momentanen Film begrenzt. Das macht uns klein. Diese falsche Verstrickung und Identifikation ist die Grundlage all unserer Probleme.

You are nothing when you wed the One;
but you are everything when you become nothing.
Fakhruddin Iraqi [59]

TRANSZENDENZ

Unser Geist hat seine vielfältigen Inhalte und ist begrenzt. Unser reines Bewusstsein hingegen, ist transzendenter Natur. Das Bewusstsein ist jenseits von Raum, Zeit und Masse. Das Bewusstsein ist die grundlegende Natur unseres Geistes und ist unsere reale Identität. Der Fehler, der uns allgemein passiert, ist zu denken, dass unser Bewusstsein die Dimension unseres Geistes hat. Dem ist nicht so, das Bewusstsein ist transzendenter Natur und nicht begrenzt. Unsere Gedankenwelten können sehr verschieden sein, aber wir teilen alle das gleiche, reine Bewusstsein. Das nächste Mal, wenn du einem Menschen oder einem Tier in die Augen schaust, so denke daran, dass es das gleiche Bewusstsein ist, dem du hier begegnest.

Transzendenz (Turīya) ist ein Begriff, der in der Meditation beheimatet ist. Auf der wissenschaftlichen Ebene kann man diesen Begriff nicht gebrauchen. Die spärlichen Kenntnisse, die ich von Physik und Astronomie habe, begrenzen sich auf das, was ich schon in Zeitungen darüber gelesen habe. Obwohl ich mir dieser meiner objektiven Grenzen bewusst bin, möchte ich dennoch den Begriff Transzendenz in zwei Betrachtungen in der Astronomie und der Physik gebrauchen. Menschen, die ein vertieftes Wissen in Physik und Astronomie haben, werden ziemlich sicher den Kopf schütteln. Trotzdem denke ich, dass meine Gedanken eine Berechtigung haben, wenigstens in meinem Verständnis.

Die Seele ist nicht im Universum.
Im Gegenteil, das Universum ist in der Seele.
Plotin. [60]

In der ganzen Schöpfung kannst du dieser transzendenten Natur begegnen. Unser Sonnensystem gehört zu unserer Milchstrasse, unsere Galaxie. In der Milchstrasse sind wir in guter Gesellschaft, da es etwa 100-300 Milliarden Sonnensysteme gibt. Unsere Galaxie ist nicht die einzige, schätzungsweise gibt es, nach letzten Erkenntnissen, so ungefähr 2000 Milliarden Galaxien. Jede Galaxie mit 100 oder mehr Milliarden Sonnensysteme.

Stephen Hawking lieferte 1965 die mathematische Begründung dafür, dass das Universum mit einem Urknall entstanden ist. Die Astronomen sagen uns, dass dieser Spektakel vor ungefähr 13.8 Milliarden Jahre angefangen hat, mit dem „Big Bang", aus einem Urzustand ohne Raum, Zeit und Masse. Da sind wir schon wieder auf der Ebene der Transzendenz angelangt. Ohne Raum, ohne Zeit und ohne Masse, das kann unser Geist gar nicht erfassen, das überschreitet unsere mentalen Möglichkeiten. Aus diesem Ursprung hat sich das Universum in der Fraktion einer Sekunde gebildet. „Big Bang" bezeichnet keine Explosion in einem bestehenden Raum, sondern die gemeinsame Entstehung von, Raum, Zeit und Materie.

Auch die Physiker, die in Genf am CERN, der Europäischen Organisation für Kernforschung, physikalische Grundlagen-Forschung betreiben, erreichen schon fast die gleiche grundlegende, transzendente Ebene in der Materie, jenseits von Zeit, Raum und Masse. Am Eingang vom CERN steht eine grosse Skulptur von „Shiva Nataraja", der kosmische Tänzer, das reine Bewusstsein. Ich empfinde es als total passend, dass diese Skulptur von „Shiva Nataraja" am Eingang vom CERN platziert wurde.

Dazu noch ein Gedicht von Manikkavacakar, ein shivaitischer Heiliger und Dichter aus Tamil Nadu, der zwischen dem 6. Und dem 9. Jahrhundert gelebt hat.

Shiva Nataraja.

„Als Äther, als Erde, als Wind, als Feuer, als Fleisch, als Atem bist du ein Wesen und bist doch keins.
Ein König, der alle zum Tanzen bringt,
die denken „ich" und „mein."
Kann ich je die Worte finden dich zu preisen, der du alles übersteigst? [61]

Heute ist das meine Sichtweise, mein Versuch das Mysterium dieser Manifestation zu interpretieren, doch Swami Muktananda hat einmal gesagt: "Mit einer Taschenlampe kannst du die Sonne nicht beleuchten."

ADI SHANKARA

Shankara wurde im Jahre 788 in einer armen Familie der Brahmanenkaste in Südindien geboren. Im Alter von sieben Jahren beschloss Shankara, Sannyasi zu werden. Im Alter von elf Jahren beschloss er, dass er jetzt einen Guru, einen Meister brauchte. Und er wusste auch schon welchen. Er ging zu dem Meister Swami Govinda Bhagavadpada und fragte ihn, Schüler werden zu dürfen. Swami Govinda Bhagavadpada wollte eigentlich keine neuen Schüler annehmen, da er auch üblicherweise nur Erwachsene, mit einigen Jahren Meditationserfahrung, als Schüler akzeptierte. Er fragte jedoch den jungen Shankara: «Wer bist du?». Shankara antwortete mit einem spontanen Gedicht über die Natur des Selbst, dem «Nirvana Shatkam», und wurde daraufhin als Schüler angenommen. Von seinem Guru bekam Shankara den Auftrag, die Lehre des «Advaita Vedanta» zu verbreiten und zunächst einen Kommentar zu den «Brahma Sutras» zu verfassen. Im Alter von zwölf Jahren ging Shankara in den Himalaya, wo er den Kommentar zu den «Brahma Sutras» schrieb und andere Kommentare zur «Bhagavad Gita» und den vedischen Upanischaden. Er wurde ein Wandermönch, bereit, in philosophischen Debatten den «Advaita Vedanta» zu verteidigen. Shankara wurde zum Nachfolger von Swami Govinda Bhagavadpada und hat in wenigen Jahren ein grosses Werk hinterlassen. Er ist im Alter von zweiunddreissig Jahren gestorben. So wird die Geschichte von Shankara dargestellt, doch es ist besser, das alles nicht so genau zu nehmen, da ja viele Jahrhunderte verstrichen sind und die Geschichten die Tendenz haben, sich ständig zu wandeln. Dieses Bild von Shankara, der im Alter von elf Jahren das «Nirvana Shatkam» geschrieben hat und es Swami Govinda Bhagavadpada zeigte, um als Schüler akzeptiert zu werden, berührt mich sehr. Wie die Geschichte dann tatsächlich auch war, ist mir nicht so wichtig. So wie sie jetzt ist, berührt sie mein Herz. Das «Nirvana Shatkam» wird noch heute gesungen, und auf YouTube habt ihr die Möglichkeit, viele Aufnahmen davon zu finden. Ich habe noch eine alte Aufnahme, die Anup Jalota an einem Geburtstagsfest von Swami Muktananda gesungen hatte.

Den Schatz den ich fand, kann nicht mit Worten beschrieben werden. Der Geist kann ihn nicht fassen. Mein Geist fiel wie ein Hagelkorn in die riesige Weite des Bewusstseins. Als ich einen Tropfen davon berührte, schmolz ich hinweg und wurde eins mit dem Absoluten. Und selbst nun, da ich zum menschlichen Bewusstsein zurückkehre, sehe ich nichts, höre ich nichts, das nicht göttlich ist. Ich weiss, dass nichts von mir verschieden ist.

Shankara [62]

NIRVANA SHATKAM
Sechs Strophen über die Erlösung
Von Adi Shankara.

Mano-buddhyahankara-cittani naham
Na ca srotra-jihve na ca ghrana-netre,
Na ca vyoma bhumir na tejo na vayus
Cidananda-rupah sivo'ham sivo'ham.

Ich bin weder der bewusste noch der unbewusste Geist,
weder der Verstand noch das Ego, weder die Ohren noch die Zunge,
noch der Geruchssinn und die Sehkraft, weder Äther noch Luft,
noch Feuer, noch Wasser, noch Erde.
Ich bin Bewusstsein und Glückseligkeit.
Ich bin Shiva! Ich bin Shiva!

Na ca prana-sanjno na vai panca-vayur
Na va sapta-dhatur na va panca-kosah,
Na vak-pani-padam na copasthapayu
Cidananda-rupah sivo'ham sivo'ham.

Ich bin weder der Prana noch die fünf Arten von Lebensatem,
weder die sieben Bestandteile des Körpers noch die fünf Hüllen,
weder Sprache noch Hände, noch Füsse,
noch Anus, noch Geschlechtsorgan.
Ich bin Bewusstsein und Glückseligkeit.
Ich bin Shiva! Ich bin Shiva!

Na me dvesaragau na nie lobhamohau
Mado naiva me naiva matsarya-bhavah,
Na dharmo na cartho na kamo na moksas
Cidananda-rupah sivo'ham sivo'ham.

Weder Abneigung noch Verhaftung,
weder Habsucht noch Verblendung,
weder Hochmut noch das Gefühl von Eifersucht,
weder Rechtschaffenheit noch Reichtum,
noch Vergnügen sind mein.

Ich bin Bewusstsein und Glückseligkeit.
Ich bin Shiva! Ich bin Shiva!
Na punyam na papam na saukhyam na duhkham
Na mantro na tirtham na veda na yajnah,
Aham bhojanam naiva bhojyam na bhokta
Cidananda-rupah sivo'ham sivo'ham.

Ich bin weder Tugend noch Laster, weder Vergnügen noch Schmerz,
weder Mantra noch heiliger Ort, weder Veden noch Opfer.
Ich bin weder das Essen noch der Essende,
noch die Handlung des Essens.
Ich bin Bewusstsein und Glückseligkeit.
Ich bin Shiva! Ich bin Shiva!

Na mrtyur na sahka na me jati-bhedah
Pita naiva me naiva mata ca janma,
Na bandhur na mitram gurur naiva sisyas
Cidananda-rupah sivo'ham sivo'ham.

Weder Tod noch Zweifel, noch Kastenunterschiede,
weder Vater noch Mutter, nicht einmal Geburt sind mein.
Ich bin weder Bruder noch Freund,
weder Guru noch Schüler, fürwahr.
Ich bin Bewusstsein und Glückseligkeit.
Ich bin Shiva! Ich bin Shiva.

Aham nirvikalpo nirakara-rupo
Vibhutvacca sarvatra sarvendriyanam,
Na casangatam naiva muktir na meyas
Cidananda-rupah sivo'ham sivo'ham.

Ich bin ohne Gedanken, ohne Form.
Ich bin alldurchdringend, ich bin überall,
dennoch bin ich jenseits aller Sinne.
Ich bin weder Losgelöstheit noch Erlösung,
noch irgendetwas, was gemessen werden könnte.
Ich bin Bewusstsein und Glückseligkeit.
Ich bin Shiva! Ich bin Shiva!

TOTAKACARYA

Da gibt es noch eine andere kurze Geschichte, die mich immer wieder berührt. Shankara wurde schnell berühmt, und die Menschen kamen von weit her, um seinen Lektionen beizuwohnen. Shankara war ein hochintelligenter, erleuchteter Meister. In seiner Schülerschaft befanden sich auch Prinzen und wichtige Persönlichkeiten. Shankara gab Satsang und unterrichtete das Gedankengut vom „Advaita Vedanta".. Es geschah eines Tages, dass Shankara und seine Schüler bereit waren, den Satsang anzufangen. Shankara aber schwieg, und die Schüler warteten. Die Schüler konnten nicht verstehen, aus welchem Grunde Shankara die Gespräche nicht eröffnete. Nach einer gewissen Zeit stellten sie die Frage an Shankara: „Warum fangen wir nicht an?" Shankara antwortete, dass er noch nicht anfangen wollte, da Giri, ein Schüler, noch nicht gegenwärtig war. Es handelte sich um einen Schüler, der hauptsächlich alle bescheidenen Hausarbeiten ausführte. Er wusch auch immer die Kleider von Shankara und er kümmerte sich auch, das Wasser zu holen. Er gehörte zur untersten Kaste und wurde von den anderen Schülern nicht besonders beachtet. Als sie erfuhren, dass Shankara auf diesen seinen Schüler wartete, kommentierten sie: „Es lohnt sich doch gar nicht, auf den zu warten, der wird sowieso fast nichts verstehen." Doch Shankara wartete weiter, und so sind sie auf die Suche nach Giri gegangen, um ihn zu finden, und tatsächlich war er am Fluss beim Waschen von den Kleidern von Shankara. Sie haben ihn geholt. Er müsse sofort kommen, sonst würde Shankara die Lektion nicht anfangen. Als Shankara Giri kommen sah, hat er den Anwesenden mitgeteilt: „Heute wird Giri die Unterweisungen halten." Zu jener Zeit war es üblich, die Unterweisungen eines Meisters niederzuschreiben, danach in eine Versform zu bringen, um es möglich zu machen, diesen Text auch besser auswendig zu lernen. Und jetzt ist etwas ganz Unerwartetes geschehen, etwas, dass sich niemand auch nur vorstellen konnte. Giri, dieser bescheidene Mann, der sonst von niemandem ausser Shankara beachtet und respektiert wurde, hatte seine Lektion gehalten, und zwar direkt in der definitiven Versform. Er benutzte die Taka-Versform. Darauf hat Giri den Namen „Totakacarya" bekommen. Und ratet jetzt mal, wer wohl Nachfolger von Shankara wurde? Ja, ihr habt richtig geraten. Totakacarya wurde einer sciner Nachfolger.

Aus irgendeinem Grund berührt mich diese Geschichte immer zutiefst, so, dass es mir nie möglich ist, diese Geschichte an einem Meditations-Abend zu erzählen. Ich habe das auch schon einige Male versucht, aber es ist mir nie gelungen.

Wohin auch immer Deine Gedanken gehen, ob nach aussen oder innen, ebendort ist der göttliche Zustand zu finden. Da Shiva alles durchdringt, wohin könnten die Gedanken gehen, wo er nicht ist?
Vijnana Bhairava. [63]

DIE GRUNDLEGENDE NATUR EINES JEDEN MENSCHEN

Bis jetzt habe ich in der Ich-Form geschrieben, da es sich ja meistens um meine Erfahrungen handelte, die ich in den letzten Jahren gemacht habe. Von jetzt an werde ich aber oft in der Du-Form Schreiben, da ich mich auch an dich wenden möchte.

Die grundlegende Natur eines jeden Menschen ist das reine klare Bewusstsein, ein unendlicher, heiliger innerer Raum. Diese innere Vollkommenheit hat verschiedene Namen, je nach Kultur, kann aber mit Worten gar nicht definiert werden, obwohl sie die Grundlage bildet, nicht nur aller Lebewesen, sondern auch die Grundlage aller Formen in diesem unendlichen Raum, von den Planeten bis zu den Galaxien. In der poetischen Literatur der Mystiker sagt man: „Gott steht dir näher als dein eigener Atem» oder „Gott steht dir näher als deine eigene Halsschlagader». Auch der verirrteste Mensch hat als Grundlage diese innere Vollkommenheit, dieses reine Bewusstsein, diesen heiligen, inneren Raum. Normalerweise ignorieren wir Menschen diese unsere grundlegende Gutheit und identifizieren uns fälschlicherweise mit den ewig wechselnden Inhalten unseres Geistes. Wir bleiben identifiziert mit unseren Erfahrungen und unserem konstanten inneren Dialog.

Durch die Jahrtausende hat es viele spirituelle Meister gegeben, die, motiviert durch ihre Liebe, ihre Weisheit und ihr unendliches Mitgefühl mit allen Mitteln versucht haben, uns aufmerksam zu machen auf diese unsere innere Vollkommenheit, auf unsere innere, grundlegende Gutheit, unser Sein, unser reines, klares Bewusstsein. Sie haben auf verschiedene Weise versucht, uns teilhaben zu lassen an dieser inneren Erfahrung und sie haben uns gelehrt, nicht nur diesen Bewusstseinszustand zu erfahren, sondern auch aufrechtzuerhalten und aus dieser Vollkommenheit heraus zu handeln. Ein solches Handeln ist nicht mehr egozentrisch, sondern ist ein Handeln für das allgemeine Wohl, für das „Wir». Es ist ein Handeln, ausgehend vom Raum des Herzens. Ein Handeln mit natürlicher Intelligenz und einer Fähigkeit der Unterscheidung, das sind die Eigenschaften eines freien und klaren Geistes. Die Menschheit ist heute mit mehreren Herausforderungen konfrontiert. Als Spezies Mensch haben wir große Errungenschaften erreicht, gleichzeitig erschaffen wir aber auch immer neue Probleme. In der Medizin haben wir große Fortschritte gemacht und die Menschen werden immer älter. Gleichzeitig haben wir aber heute Probleme mit der Überbevölkerung, in der Ökologie, mit der Energie, Nahrungsprobleme, Wassermangel und viele andere mehr. Die Probleme, mit denen unsere Gesellschaft konfrontiert ist, sind nicht mehr zu lösen auf der Basis unserer üblichen, egozentrischen Vorgehensweise. Wir brauchen einen neuen Modus, diesen komplexen Situationen entgegenzutreten, welche gefährlich sein können, aber gleichzeitig auch voller Möglichkeiten sind. Um den vielen Problemen in unserer vernetzten Welt entgegenzutreten und sie zu lösen, brauchen wir Menschen, die mit Weisheit handeln, mit Liebe und Unterscheidungsvermögen, im Gedanken an das gemeinsame Wohl, das «Wir». Wir brauchen diese Menschen, die ernsthaft engagiert sind, in allen Bereichen unserer Gesellschaft, in der Politik, der Verwaltung, der Wirtschaft, der Bildung.

Der Geist, nach aussen gerichtet, bringt Gedanken und Objekte hervor. Nach innen gerichtet wird er selbst zum Selbst.
Ramana Maharshi. [64]

Eine Person, die vom eigenen, reinen klaren Bewusstsein ausgehend handelt, die diese innere Erfahrung stabil aufrechterhält, diese Wahrnehmung des Inneren Raumes und sie auch in der Handlung nicht verliert, wird in ihren Handlungen Resultate erreichen, die eine große Möglichkeit haben, besser zu sein.

Der Begriff der «Erleuchtung» ist im allgemeinen Sinn etwas Unerreichbares, jenseits unserer Möglichkeiten, und stellt die Spitze jeder möglichen Entwicklung dar. Im allgemeinen Sprachgebrauch ist die Erleuchtung ein Wert, der so hoch und unerreichbar erscheint, dass er nicht zu den von uns zu erreichenden Zielen gehört. In der Wirklichkeit hingegen ist die Erleuchtung eine sehr konkrete, reale, Angelegenheit, praktisch und wünschenswert für jedermann. Wenn wir mit unserem permanent laufenden, inneren Dialog identifiziert bleiben, so bleiben wir in einem gewissen Sinne Sklaven unseres Geistes, mit all den wechselnden Inhalten und

Emotionen. Anzufangen, regelmäßig den inneren Raum unseres reinen klaren Bewusstseins zu erfahren, ist leicht, nützlich und immer zur Verfügung. Wenn es mit der Zeit gelingt, diese innere Verbundenheit aufrecht und stabil zu erhalten, so erfahren wir wirklich einen bedeuteten Wechsel in der Wahrnehmung unseres Bewusstseins. Dieser Wechsel verändert und erweitert unsere Wahrnehmung vom „Ich». In diesem Sinne ist die Erleuchtung nicht das Ende der inneren Entwicklung, sondern der Anfang, der eigentliche Beginn tiefer Menschlichkeit.

Die Erleuchtung ist ein Wendepunkt zu einem besseren Verständnis und zu einer breiteren Wahrnehmung der Wirklichkeit und ermöglicht, in der unendlichen Verbundenheit effektiver und besser für das Gemeinwohl zu handeln. Die Erleuchtung ist nicht etwas Statisches, sondern dynamischer Fortschritt, Entwicklung und Wachstum. Die sensorische Wahrnehmung erhöht sich, sowie das intuitive Verständnis der Situationen. Aus diesem praktischen Grund, für das Gemeinwohl, muss die Erleuchtung eines unserer anzustrebenden Ziele sein. Es ist leicht, mit dem inneren Raum, mit der grundlegenden Natur unseres Geistes, in Kontakt zu kommen. Um diesen inneren Kontakt, diese innere Verankerung, dauerhaft aufrechtzuerhalten, in jeder beliebigen äußeren Situation, dazu braucht es eine ernsthafte Verpflichtung, Ehrlichkeit, Geduld, Disziplin, Liebe, Humor und Freude.

Wenn ihr Menschen beurteilt,
habt ihr keine Zeit, sie zu lieben.
                                      Mutter Teresa [65]

GEFÜHLE

Wenn du negative Energien erlebst wie Aggression, Wut, schlechte Laune usw., hast du verschiedene Möglichkeiten, diese Energien zu deinen Gunsten umzuwandeln. Eine Emotion, ein Gefühl wird für dich unangenehm erst von dem Moment an, wo du dich dagegen wehrst. Fühlst du in Dir eine Energie oder Emotion aufsteigen, wie Aggression, Eifersucht, Wut, usw., so kannst du diese umwandeln. Erkenne die Energie und bedanke dich dafür. Bedanke dich und akzeptiere diese Energie, auch wenn sie noch so schlecht anzufühlen ist. Tauche voll in diese Energie ein, aber distanziere dich, löse dich ganz von der Ursache, die diese Energie hervorgerufen hat. Löse dich von der „Geschichte" und tauche voll in das Gefühl. Dieses Akzeptieren der Energie, sich aber Lösen von der Ursache, musst du verschiedene Male wiederholen. Du musst das einüben. Es ist nicht immer einfach. Du wirst aber mit Erstaunen erleben können, dass die Energie sich in Freude und Liebe wandelt. Du kannst es ausprobieren, es ist hilfreich und wirksam. Du lernst viel über dich selber.

Eine andere Methode mit Negativitäten umzugehen ist, sich in sich zurückzuziehen. Tauche in deinen inneren Raum ein und du wirst dich beruhigen. Du wirst noch eine Zeit lang weiter schimpfen, aber du kommst zur Ruhe. Die Gedanken werden weiterhin kommen, aber du kannst sie laufen lassen, ohne ihnen deine volle Aufmerksamkeit zu geben. Ein wenig wie eine Radiosendung, bei der man nicht genau zuhört. Eine gute und ruhige Musik oder ein Gesang kann dir auch helfen, in deinen inneren Raum zu gelangen. Auch das Wiederholen vom Mantra „Om Namah Shivaya", was bedeutet „Ich verneige mich vor dem Bewusstsein", kann dir dabei hilfreich sein. Das Mantra ist sehr mächtig.

Der Atem verbindet den oberflächlichen Geist automatisch mit dem tieferen Selbst. Sobald wir unsere Aufmerksamkeit auf den Atem richten, werden wir nach Innen gleiten, und schliesslich in den Raum des Herzens. Eine einfache Übung, um den Geist zu beruhigen, gibt uns darum der Atem. Beim Einatmen ruhig auf vier zählen, vier anhalten, und acht ausatmen. Einige Minuten dieser Übung und der Geist hat sich beruhigt und man empfindet sich wieder als zentriert.

Eine andere Vorgehensweise, die ich liebe: «Richte deine Aufmerksamkeit auf den Atem und verbinde dich mit deiner inneren Freude.» Es wird kein Freudeschrei sein, sondern eine ganz feine delikate Erfahrung innerer Freude. Selbst für den Fall, dass wir das nicht immer gleich erfahren können, haben wir aber dadurch schon unserem Geist eine andere und bessere Ausrichtung gegeben.

WANDLUNGSPROZESS VON TAMAS ZU SATTWA

In der Yogaterminologie finden wir den Begriff der drei Gunas. Tamas – Rajas – Sattva. Tamas ist ein Begriff der Dumpfheit, Trägheit, Ungeformtheit und Negativität. Rajas ist ein Begriff der Energie und Dynamik. Es ist Wille, Kraft und Bewegung. Sattva ist ein Begriff der Reinheit, des Lichtes, des Geistigen und Positiven. Damit es uns gut geht, brauchen wir ein Gleichgewicht der drei Gunas. Ich mache dir ein Beispiel: Ein Töpfer braucht Ton; schwere, ungeformte, massige Erde, (Tamas), eine Drehscheibe; Kraft und Wille, die Dynamik der Arbeit, (Rajas), und eine künstlerische Idee der Form, die entstehen muss, (Sattva). Ein Töpfer braucht alle drei Elemente, sonst kann nichts entstehen.

In unserem Leben ist es das gleiche. Wir finden ständig diesen Wandlungsprozess von Tamas zu Sattva. Die meisten Menschen haben ein Ungleichgewicht, zu viel Tamas oder Rajas. Gesang, Meditation, eine gute Lektüre, gute Gesellschaft und die Natur fördern Sattva.

Freude ist das Geheimnis. Und das Geheimnis ist dies:
ruhig werden und lauschen; aufhören zu denken, aufhören sich zu
bewegen, ja fast aufhören zu atmen; eine innere Stille erschaffen,
in der, gleich Mäusen in einem verlassenen Haus,
Fähigkeiten und Bewusstheiten sich hervorwagen können,
die zu flüchtig und zu unbeständig sind für den alltäglichen
Gebrauch

Alan McGlashan [66]

JETZT

Meine Schwester wohnt in Philadelphia in den USA. Letzthin hat sie mir telefoniert und im Gespräch sind wir auf das Thema gekommen, über die Notwendigkeit, im Jetzt und Heute zu leben. Wir wissen ja alle, dass wir weniger an Vergangenheit und Zukunft denken müssen, dahingegen viel mehr in der Gegenwart bleiben sollten. Meine Schwester hat mir dabei ein sehr schönes Beispiel gegeben: „Wenn du singst, dann tust du es ja nicht, um fertigzusingen, sondern du geniesst den Augenblick des Singens." Sie sagte: „Mit der gleichen Einstellung, wie wir singen, sollten wir alle Handlungen vollführen, ganz in der Gegenwart."

Wo ist die Gegenwart? Ein Punkt ist sie so klein
doch geht in diesen Punkt, die ganze Welt hinein.
Cornelia Forster [67]

Wenn du aufmerksam und wachsam bist,
wird dir die Antwort auf dein Tun in jedem Augenblick offenbar sein.
Achte darauf, dass du auch ein reines Herz hast,
denn etwas wird dir geboren als Frucht einer jeden Tat.
Mevlânâ Celâleddin Rumi. [68]

ÖFFENTLICHE PROGRAMME

Das Wohnzimmer bei uns hat eine angenehme Grösse. Seit sechsundzwanzig Jahren halten wir da die täglichen Programme mit Mantragesang und Meditation. Seit einundzwanzig Jahren haben wir auch jeden Donnerstagabend ein öffentliches Programm, an welchem Menschen von Nah und Fern teilnehmen. Jedes Jahr haben wir auch Wochenendprogramme, bei welchen man an einem Tag etwa fünf Zyklen mit Mantragesang, Meditation und Pausen, durchgeht. In diesen Jahren hatten wir auch schon verschiedene Besuche von Meditations- und Satsangmeistern oder auch Künstlern, welche hier für einen Abend oder auch für einen ganzen Tag ihre Programme hielten. In diesen Jahren waren das Programme, geleitet von meiner Lehrerin Pyar, Swami Chinna Jeeyar, Swami Nirvanananda, Acharya Mangalananda, Swami Gurusharanananda, Swami Atmananda, Paramjyoti Carola Stieber und Satsang-Meisterin Shakti Caterina Maggi. Dieser Saal hat eine Grösse, die es bis zu vierundvierzig Personen ermöglicht, an diesen Programmen teilzunehmen. Obwohl dieses Haus während vierundzwanzig Jahren als eine stationäre Einrichtung der Suchthilfe, der Drogenrehabilitation diente, findet man hier nie die Energie, den Duft einer Therapiestelle. In diesem Lokal besteht, klar erfahrbar, eine gute Energie, eine gute Atmosphäre. Hier fühlt man sich wohl.

WAS ICH DIR WÜNSCHE

Was ich dir von ganzem Herzen wünsche, ist, dass du die Möglichkeit hast, die Schönheit, Grösse und Kraft deiner eigenen Natur zu erkennen. Ich wünsche dir, dass du dein Fühlen, Denken und Handeln in Übereinstimmung bringen kannst mit deiner inneren Kostbarkeit und deiner grundlegenden Gutheit. Ich wünsche dir, dass du lernst, dich an deinem eigenen Bewusstsein zu berauschen. Ich wünsche dir, dass du grundlos glücklich bist. Ich wünsche dir viel Liebe, und habe Vertrauen in deine grundlegende Gutheit.

WARUM MEDITATION
IN DER SUCHTHILFE NÜTZLICH IST

Die erste Betrachtung ist die Einfachste. Meditation lässt uns ganz natürlich einen Zustand tiefer Ruhe erfahren. Ein Mensch, der Probleme hat, hat sicher auch immer einen unruhigen Geist. Die Meditation gibt ihm die natürliche, medikamentenfreie Erfahrung tiefer Ruhe. Wenn er morgens und abends meditiert, hat er wenigstens zweimal täglich „Ferien" von seinem unruhigen Geist. Diese natürliche Ruhe ermöglicht es ihm, Distanz gegenüber seinen Problemen zu gewinnen. Die Probleme wandeln sich in Aufgaben. Mit einem ruhigeren Geist ist man fähiger, mit den eigenen Emotionen umzugehen, und man wird fähiger, seine Aufgaben in Angriff zu nehmen. Die Qualität der Erfahrung des eigenen Lebens ist ganz stark beeinflusst und abhängig vom jeweiligen Identifikationsmechanismus, den ein Mensch hat. Die Identifikation eines Menschen hängt von seinen Erfahrungen ab.

Ein Mensch tendiert dazu, sich nach seinen Erfahrungen zu identifizieren. Jede Erfahrung hat drei Aspekte: das Bewusstsein (auch Zeuge oder Sein genannt), die Sinneswahrnehmung, sowie das Objekt der Wahrnehmung. Der wesentlichste Aspekt eines Menschen ist sein Bewusstsein. Ein Mensch, der Probleme hat, verliert sich aber leider in rein äusserlichen Dingen, er verliert sich in der Welt seiner Wahrnehmungen. Identifiziert in Äusserlichkeiten, verliert er sein Selbstbewusstsein. Er entfremdet sich seiner selbst. Die Welt wird als feindlich empfunden und das Leben wird für den Betroffenen zum Kampf. Die tägliche Meditation ist nicht eine intellektuelle Übung, sondern die Erfahrung der Ruhe und Stille des eigenen, reinen Bewusstseins. Der Identifikationsmechanismus normalisiert sich, die Ebene des Bewusstseins kommt wieder in den Vordergrund. Die Meditation fördert auf ganz natürliche Weise eine Entwicklung vom Haben zum Sein. Dies gibt eine ganz neue Erfahrung, sich selber zu erleben, und daraus erfolgt eine wachsende Selbstsicherheit. Die eigene Adresse ist gefunden. Man lernt durch Erfahrung, dass Liebe und Glück im eigenen, inneren Raum begründet sind. Diese innere Adresse kann einem niemand mehr nehmen. Wann immer wir in Schwierigkeiten geraten, haben wir die Methode, den Ausgangspunkt, unser Leben wieder ins Gleichgewicht zu bringen. Die Meditation kann man auch als eine einfache Methode mentaler Hygiene betrachten. Die tägliche Meditation hilft uns über die Jahre, unsere tiefverwurzelten Abhängigkeiten aufzulösen. Mit den Jahren können wir feststellen, dass wir auf allen Bereichen unserer Persönlichkeit Fortschritte machen, die es uns ermöglichen, unser Leben mit grösserer Ausgeglichenheit und Freude zu erfahren. Bis heute gehörte die Meditation zu den religiösen Praktiken aller Kulturen. Heute, wo die Menschheit weniger an Religion interessiert ist, sollte man aber erkennen, dass die Praxis der Meditation, unabhängig von jeglicher ideologisch–religiöser Richtung, eine grosse Nützlichkeit hat für die mentale Hygiene und die eigene Bewusstseinsentwicklung.

Take everything away and leave me alone with You.
Close every door and open the one to You.
Hakim Sanai [69]

SUCHTHILFE

Wir leben heute in einer faszinierenden Zeit. Alles ist in ständigem Wandel. Ein noch nie dagewesener kultureller Austausch findet weltweit statt. Ideologien, Glauben, Konzepte und Prinzipien desintegrieren sich. Sicherheiten kann man heute aufgeben. Wir leben bestimmt in einer höchst interessanten Epoche. Mir gefällt diese Zeit. Es ist aber auch eine schwierige Welt geworden. Wir leben in einer harten Konsumgesellschaft. Der materialistische Aberglaube dominiert. Innere geistige Kenntnisse und Werte werden verschüttet und bleiben für viele Individuen ganz unbekannt. Die Sehnsucht des Menschen nach Erfüllung verliert sich hauptsächlich in Äusserlichkeiten. Es ist daher eigentlich ganz logisch, dass wir heute so viele Jugendliche haben, die Schwierigkeiten haben, ihre Emotionen zu leben und die zur Droge greifen, um inneren Frieden, Ruhe und Glück zu «konsumieren». Eine Trennung zwischen materiellem Leben und geistigem Leben ist absurd. Es gibt nur ein Leben. Es ist aber wichtig, dass die Aufmerksamkeit eines Menschen nicht nur nach aussen oder nach innen gerichtet ist, sondern dass ein Gleichgewicht besteht zwischen Innen und Aussen.

Ein „Ich", das nur durch Äusserlichkeiten aufgebaut ist, ohne die zentrale Erfahrung des eigenen Seins, kann nicht gesund leben. Mein Ziel ist es, dieses dynamische Gleichgewicht zwischen Innen und Aussen wieder herstellen zu helfen. Die verschiedenen Religionen sind für mich verschiedene kulturelle Sprachen der gleichen Sehnsucht des Menschen. Universalität und Toleranz sind wichtig für mich. Fanatismus, Ideologie und Intoleranz machen mir Schwierigkeiten. Jeder Mensch sollte die göttliche Natur seines eigenen Bewusstseins erfahren, sollte Glück, Liebe und Freude in seinem eigenen Herzen erleben. Was für eine kulturelle Form er dieser Erfahrung dann gibt, ist für mich Nebensache. Die Erfahrung ist das Wichtigste. Leider kann man Erfahrungen nicht übermitteln. Jeder muss seine eigenen machen. Worte sind auch erst nützlich, wenn das Verstehen schon da ist.

Wenn wir an Intelligenz denken, so beziehen wir uns meistens auf unseren verbalen Intellekt, unser Denksystem. Doch gibt es ganz klar eine grössere Intelligenz, die alldurchdringend ist. Wir sind davon nicht ausgeschlossen, wir sind miteinbezogen. Wir können diese Intelligenz in allen Details wahrnehmen, in der Natur, in unserem Körper, in der ganzen Welt. Nur sind wir meistens mit unserem inneren Dialog so sehr beschäftigt, dass wir nichts mehr sehen und erkennen.

Bei Menschen, die in die Abhängigkeit von Drogen gekommen sind, kann man oft einige Gemeinsamkeiten erkennen. Sehr oft kann man in der frühen Jugend Probleme in der Familie finden. Oft haben diese Menschen auch Schwierigkeiten, mit den eigenen Emotionen auszukommen. So benutzen sie Drogen, um die Narkose zu erhalten oder darüber hinweg zu schweben. Auch haben diese Menschen meistens eine geringe Selbstachtung bis zur Selbstverachtung. Bei diesen Menschen jetzt anzufangen ihre Geschichten auseinander zu nehmen, um alle ihre Widersprüche und Probleme zu erkennen und offen zu legen, bringt wenig. Das kann sogar kontraproduktiv sein, da sie dadurch in ihrer irrtümlichen Identifikation noch verstärkt und bestätigt werden. Auch entsteht dadurch eine verfälschte Beziehung. Auf der einen Seite der «gesunde» Therapeut, auf der anderen Seite dieser Mensch mit seinen «Problemen». Eine erneute Verstärkung irrtümlicher

Identifikation. Aus diesem Grunde ist meine Ausrichtung bei dieser Begegnung in der Arbeit ganz anders. Als erstes stelle ich klar, dass ich kein grosses Interesse an den Geschichten habe, und bin nicht besonders interessiert zu erkennen, was sie schon alles für Fehler gemacht haben. Das alles will ich gar nicht unbedingt wissen. Mein Interesse hingegen ist es, ihre grundlegende Gutheit und innere Perfektion, ihre wahre Identität offen zu legen. Mein Ziel ist es, diesen Menschen zu ermöglichen, die Grundlage ihres Geistes, das reine Bewusstsein, ihre innere Gutheit und Perfektion, zu erfahren und zu erkennen. Ich gebe die nötige Struktur dazu, damit es möglich wird, diese Erfahrung der eigenen, grundlegenden Gutheit immer wieder zu erneuern und zu festigen. Diese Ausrichtung ergibt auch die richtige Stellung unserer Beziehung. Wir sind auf dem gleichen Weg, mit dem gleichen Ziel, alle unsere irrtümlichen Identifikationen aufzulösen und uns in der Erfahrung und Identifikation mit unserem Bewusstsein, unserer wahren Identität, zu festigen. Alles in unserem Leben ist unbeständig. Unser Bewusstsein hingegen hat die beständigen Qualitäten der Liebe und der Freude. Das ergibt Freundschaft, gegenseitigen Respekt, eine immer bessere Selbsterfahrung und Selbstsicherheit und das Wissen «ich schaff das auch».

Mit dieser therapielosen Therapie haben wir grosse Erfolge erreicht. Ungefähr zwei Drittel der Menschen, die hier waren, leben heute frei von Sucht. Diese Resultate sind beeindruckend gut, aber gleichzeitig auch zu relativieren, da sie ja nichts aussagen über den gegangenen Weg nach dem Austritt bei mir. Was aber klar ersichtlich wird, ist die Tatsache, dass jemand, der sich ernsthaft einsetzt, auch Erfolg hat. Aber auch diejenigen, die es noch nicht geschafft haben, beurteilen ihre Erfahrung, die sie in diesem Haus gemacht haben, als wertvoll, schön und gut. Schon verschiedene Male wurde uns gesagt: „Die Zeit, die ich hier verbracht habe, gehört zu den besten meines Lebens." Dies gilt auch für mich. Während vierundzwanzig Jahre haben wir alle zusammen jeden Morgen Mantras gesungen und meditiert. Dieses gemeinsame Eintauchen in den inneren Raum des Herzens ist zu einer schönen und reichen Erfahrung in meinem Leben geworden.

«Das Herz, ist die Nabe, das Zentrum aller heiligen Orte, gehe dorthin und raume.»

Bhagavan Nityananda [70]

EIN BESONDERER DANK

Ein besonderer Dank geht in meinem Leben und meiner Arbeit an Désirée Kabbalah Wiprächtiger. Seit zwanzig Jahren unterstützen und helfen wir uns gegenseitig voll und ganz. Wir sind gute Freunde und freuen uns jeden Tag aufs Neue, wenn wir uns begegnen.

Désirée Kabbalah hilft mir in allen Bereichen des Hauses, und was meine Gäste betrifft, leistet sie einen wichtigen und wertvollen Beitrag.

Sie hört den Menschen zu, mit grosser Geduld, Lachen, Weisheit, Mitgefühl und Anteilnahme. Wir sind zu einem guten Team zusammengewachsen.

GESANG UND MEDITATION

Mit dem Gesang von Mantras und der stillen Meditation können wir unseren Geist beruhigen. Die eigene innere Adresse zu finden, dank der Meditation, ist relativ einfach, und geschieht ziemlich schnell. Um unser Fühlen, Denken und Handeln in Übereinstimmung bringen zu können mit unserer inneren Kostbarkeit und grundlegenden Gutheit, da braucht es Zeit. Die Meditation fördert eine Entwicklung der Individualität in umfassender Weise und hilft uns, mit Geduld und Zeit unsere gestörten Emotionen zu klären.

DIE ENTWICKLUNGSSTUFEN IN DIESER THERAPIELOSEN THERAPIE
DER EINTRITT – DAS ANKOMMEN

Ein Drogenabhängiger lebt oft ein sehr stressiges Leben. Viele erniedrigende Kompromisse, um die Drogen täglich zu erhalten. Manchmal kommt dazu Diebstahl, Prostitution und Drogenhandel, Arbeitsplatzverlust, Wohnungsverlust, dauerhafter Konflikt mit der Umwelt, Familie und Freunde, gesundheitliche Probleme, Geldprobleme und schließlich der Verlust vom eigenen Selbstwertgefühl. Hier angekommen ist man zuerst mal von diesem ganzen Stress befreit. In den ersten Wochen entspannt man sich, man fühlt sich wohl. Es ist eine Gnadenfrist, wo meine Gäste offen und empfänglich sein können für das, was ich ihnen an Wissen und Erfahrung geben kann.

Es ist auch immer wieder erstaunlich festzustellen, dass, unabhängig von den vergangenen Erfahrungen, meine Gäste fast sofort verstehen, wenn ich ihnen von ihrer eigenen, inneren Perfektion, ihrem reinen Bewusstsein spreche. Es ist einfach die Wahrheit, und diese kann man schnell wiedererkennen und verstehen. Sie fangen an, den Mantragesang und die Meditation zu schätzen. Sie erfahren, wie wohltuend und entspannend diese sein können. Am Anfang wird man während der Meditation zuerst mal den kontinuierlichen und ununterbrochenen Fluss von Gedanken, Bildern und Gefühlen erfahren können. Sie beginnen aber auch, grössere geistige Ruhe zu erleben, die manchmal auch eine völlige Stille des Geistes werden kann. Zu Beginn ist die Meditation eine einfache Übung mentaler Hygiene, die Erleichterung bringt. Regelrecht Ferien für einen unruhigen Geist. Es wird aber auch geschehen, dass ganz unerwartet und plötzlich die Erfahrung uns geschieht, dass wir in diesen inneren Raum des Herzens, das reine Bewusstsein, unser Sein, eintauchen. Ein Geschenk. Wir haben unsere innere Adresse gefunden. Und was auch geschehen mag, werden wir diese innere Adresse nicht mehr verlieren. Es wird unseren Entschluss, Zeit, Geduld, und Einsatz brauchen, um unser Denken, Fühlen und Handeln in Übereinstimmung bringen zu können mit diesem inneren Raum des Herzens.

Suchet Ihn in allen Seelen, gut oder schlecht, weise und töricht, attraktiv und unattraktiv; In den Tiefen eines jeden ist Gott.
                             Hazrat Inayat Khan [71]

DIE REINIGUNGSPHASE

Diese Phase beginnt in der Regel nach etwa drei Monaten. Dank Gesang und Meditation erleben wir eine größere Ruhe in unserem Geist, und dank dieser Entspannung können nun auch innere Klärungsprozesse beginnen. Es ist jetzt der ideale Zustand und Zeitpunkt, so dass Spannungen und innere Knoten an die Oberfläche kommen können und die versteckten Probleme offensichtlich werden. So beginnt das Nervensystem ganz spontan, dieses nutzlose und schwere Gepäck, das im Laufe der Jahre angesammelt wurde, auszustossen. Diese Zeit der Reinigung ist immer mehr oder weniger unangenehm für alle, aber es ist wichtig und unerlässlich für eine Heilung. Die intensive Phase dieses Klärungsprozesses dauert etwa drei Monate, danach wird es ruhiger werden, aber auch noch viele Jahre weitergehen. Die inneren Knoten kommen an die Oberfläche, die inneren Spannungen manifestieren sich und werden üblicherweise nach aussen projiziert. Im Moment, wo Aggression, Trauer, Wut, Angst und Unruhe an die Oberfläche kommen, werden sie in diesem frühen Stadium nicht erkannt, für was sie stehen. Wichtige und nützliche Reinigungsprozesse, um den alten Stress zu schmelzen. Üblicherweise versucht man stattdessen, einen Grund für diese Störungen von den Gefühlen zu finden. Im Allgemeinen dauert es ein paar Sekunden, einen Grund zu finden, ein Element, ein Thema, ein Argument, das sich gerade dazu eignet. Meistens bin ich derjenige, der für diese Projektionen ausgewählt wird. Ich bin die perfekte Projektionsfigur für alle Rollen, als Vater, Autorität, männlich, und so weiter. Wie bereits erwähnt, ist diese Stufe der Reinigung wertvoll, wenn auch unangenehm. Die Person, die sich in diesem Stadium der Reinigung befindet und dadurch emotionale Instabilität erfährt, neigt dazu, diesen inneren Spannungen durch ihre gewohnten Verfahren und Verhaltensmuster zu begegnen. Sie wird wieder versuchen, an die üblichen Drogen zu kommen, und wenn diese nicht verfügbar sind, die Spannungen mit Wein, Bier, Marihuana, chemischen Mitteln oder durch laute Musik zu erleichtern. Sie wird das Gleichgewicht nicht auf einer höheren, psychologischen Ebene suchen, sondern Zuflucht auf einem niedrigeren Niveau suchen, was ihr vertraut ist und wo sie denkt, Erleichterung zu finden. Sie wird keine Hilfe bei mir suchen, sondern von jemandem, der ähnliche Probleme hat. Wie schon gesagt ist dieser Klärungsprozess wichtig und wertvoll. Und sofern keine externen Substanzen genommen werden, besteht jetzt die Möglichkeit, neue Methoden zu erlernen, um gestörte Emotionen umzuwandeln und zu überwinden. Meine Aufgabe in diesen Zeiten der emotionalen Instabilität ist, meine Gäste zu schützen und zu verhindern, dass sie ihre alten Gewohnheiten des Missbrauchs von Wein, Bier, Marihuana, Chemie oder lauter Musik wiederverwenden können. Ich habe sie auf neue Methoden aufmerksam zu machen, diese gestörten Emotionen umzuwandeln. Es gibt praktische Unterweisungen spiritueller Meister, aus allen Zeiten und Traditionen, der verschiedenen Buddhas, Yogis und Sufi-Meister. Wir haben das tägliche Singen und die tägliche Meditation. Auch versuche ich, so viel Wissen wie nur möglich zu vermitteln, zu erklären. Es ist eine schwierige und wertvolle Zeit. Unser tägliches Programm mit Mantragesang und Meditation bringt Erleichterung, Fortschritt und reales Wachstum, gleichzeitig verursacht es aber auch diesen Reinigungsprozess des Nervensystems. Es verursacht emotionale Instabilität. Voran zu schreiten bedeutet, das alte Gleichgewicht zu verlassen, zu Gunsten eines neuen Gleichgewichts. Zu rennen bedeutet, sich im freien Fall nach vorne zu befinden, im Vertrauen, ein neues, noch unbekanntes Gleichgewicht wieder zu finden.

Eine Zeit der Destabilisierung und der gestörten Emotionen ist eine übliche Erfahrung im Entwicklungsprozess, der dank dem Mantragesang und der Meditation eingeleitet wird. In dieser Zeit ist es nützlich, schon ein gewisses Vertrauen in meine Erfahrung und in meine Anweisungen zu haben. Aus diesen Gründen halte ich zum Beispiel die Meditationen bedeutend kürzer, als es normalerweise üblich ist. All diese Stresslösungen sind für meine Gäste, für Désirée und auch für mich, anstrengend und unangenehm. In den ersten Monaten besteht unser tägliches Programm aus ungefähr dreissig Minuten Mantragesang, ungefähr für fünf bis zehn Minuten ein Argument, eine Thematik, und abschliessend zwölf Minuten Meditation. Dieses Programm ist nicht zu kurz und nicht zu lang. Es ist das Resultat jahrelanger Erfahrung. Der Erfolg ist damit garantiert. Mit der regelmässigen Meditation bekommen wir allmählich eine gewisse Distanz zu unseren Problemen, die sich in Aufgaben umwandeln werden. In der Meditation erfahren wir vermehrt die Grundlage unseres Geistes, das reine Bewusstsein. Dieses reine Bewusstsein ist lebendig und hat die Qualitäten von Liebe, Frieden und Freude. Dank der regelmässigen Meditation wird es uns immer mehr möglich, diese Qualitäten von Liebe, Frieden und Freude in uns selber zu finden. Das ist unser Wesen, unser Sein, das ist unsere wahre Identität. Dort sind wir zu Hause angelangt.

DER AUSTRITT

Mein Haus in Sala Capriasca wurde 1991 zu einer stationären Einrichtung der Suchthilfe. Als ich angefangen habe, Gäste aufzunehmen, war es noch üblich, eine Kostengutsprache für eine Dauer von sechs Monaten zu erhalten, mit der Möglichkeit, diese auf zwölf Monate zu verlängern. Es war dazumal noch üblich, ein Ziel der Abstinenz erreichen zu wollen. Mit dem Verstreichen der Jahre wurden die Kostengutsprachen aber immer kürzer und die Zielsetzung der Abstinenz wurde fast gänzlich aufgegeben. In den letzten Jahren war meine Einrichtung eine der letzten in der Schweiz, die noch die Abstinenz als Ziel hatte. In der heutigen Drogenpolitik begnügt man sich meistens, eine Ruhigstellung zu erhalten, mittels Substitutionen mit Methadon oder anderen Chemikalien.

In unserer Marktwirtschaft orientiert man sich nach dem Erfolgsprinzip. In unserem sozialen Wesen wird dieses Erfolgsprinzip gänzlich ausgelassen. Man versucht die Probleme zu verstehen, hat aber wenig Interesse an Lösungen. Unser Sozialwesen ist nicht erfolgsorientiert. Dies ist ein wenig polemisch dargestellt, aber leider eine Realität, die ich erfahren konnte. In vierundzwanzig Jahren bin ich nie gefragt worden, welche Resultate ich mit meiner Vorgehensweise erreiche. Die Menschen, die bei mir für eine kurze oder eine längere Zeit zu Gast waren, kommen uns besuchen, schreiben oder telefonieren uns, suchen mich auf Facebook, und so weiss ich auch, wie es ihnen geht. Da bekomme ich oft Erfolgsmeldungen.

Bei einem Aufenthalt ohne Zeitdruck kommt der Wunsch, auszutreten und wieder selbstständig zu werden, nach etwa neun Monaten. Nach dem Austritt kommt für die meisten zuerst eine schwierige Zeit. Die Struktur des Tagesablaufes, die hier gegeben wurde, muss jetzt selbstständig wiederaufgebaut werden. Das ist gar nicht so einfach. Bei den meisten Menschen führt das zu einem Absturz. Die Drogen werden noch einmal ausprobiert. Die Situation ist aber unterdessen gänzlich neu. In den Monaten, die sie hier verbrachten, mit dem täglichen Rhythmus von Mantragesang und Meditation, hatten sie die Möglichkeit, sich selber gänzlich neu zu erfahren. Der erneute Absturz mit den Drogen ist nur noch eine totale Frustration und ganz im Widerspruch mit der neu erlangten Selbsterfahrung.

Und jetzt kommt der eigene Entschluss, abstinent zu leben und eine gesunde Tagesstruktur aufrecht zu erhalten. Mein Ratschlag dabei ist, mit kleinen Vorsätzen anzufangen. Es hat keinen Sinn, täglich eine Stunde meditieren zu wollen, da so ein Vorsatz auf die Dauer sowieso nicht durchgehalten wird. Der Vorsatz, jeden Tag mindestens eine Minute zu meditieren, ist realistischer und leicht einzuhalten. In der Realität wird diese eine Minute immer länger werden, da die Meditation geradezu Ferien sind für den unruhigen Geist. Dieses Selber-wieder-Aufstehen ist ein eigener Entschluss und wird danach zu einem eigenen Erfolg.

TODESFÄLLE

In diesen Jahren hat es auch Todesfälle gegeben. Traurige Geschichten.

Da kam eine junge Frau zu mir mit dem Wunsch, bei mir den Entzug vom Heroin zu machen und frei von dieser Abhängigkeit zu werden. Ich habe ihr zugesagt, habe sie aber gebeten, zuerst bei ihrer Gemeinde die Kostengutsprache zu erhalten. Sie hat eingewilligt, das zu machen. In ihrem Gepäck hatte sie auch ein Musikinstrument, ein Didgeridoo. Sie hat mich gebeten, dieses Didgeridoo hier lassen zu dürfen, da sie ja bald wieder zurückkommen werde. Auf der Gemeinde hat sie die Kostengutsprache auch sofort erhalten. Da sie wusste, dass sie jetzt bei mir auf das Heroin gänzlich verzichten musste, hat sie sich gedacht: noch ein letztes Mal. Es war ihr letztes Mal, und ihr Didgeridoo ist immer noch bei mir.

Ein junger Mann ist zu mir gekommen mit der Bitte, hier eintreten zu dürfen, um sich von der Heroinsucht zu befreien. Er hat mir einen feinen und guten Eindruck gemacht, und ich habe ihm zugesagt. Er wünschte aber, den Entzug in einem Spital machen zu dürfen. Das hat er gemacht. Während diesem Spitalaufenthalt hat er auch angefangen, die vierundzwanzig «Free-Mind Programme» auf CD, die ich ihm gegeben hatte, anzuhören und zu meditieren. Er hat das zusammen mit einer jungen Frau gemacht, die er im Spital kennengelernt hatte. Als sein Entzug im Spital beendet war, hat er dieser Frau die CD geschenkt, da er ja jetzt zu mir kommen werde. Vor seiner Abreise hat er sich auch gedacht, noch ein letztes Mal, und es wurde auch für ihn das letzte Mal. Die Frau, die seine CD von ihm erhalten hatte, hat mich danach benachrichtigt.

Ein junger Mann war für ungefähr ein Jahr hier, um sich von der Heroinsucht zu befreien. Nach seinem Austritt hat er Arbeit gefunden und eine eigene Wohnung. Ein Jahr lang hat er suchtfrei gelebt. Danach hat er wieder angefangen, abends Bier zu trinken und Cannabis zu rauchen. So geschah es, dass er einige Male verspätet zur Arbeit erschien. Mit der Funktion, die er in seiner Arbeit hatte, war das aber nicht tolerierbar, und so hat ihm sein Arbeitgeber gekündigt. Er wurde arbeitslos, hat seine Wohnung verloren und musste zurück zu seinen Eltern. Er hat keine Arbeit mehr gefunden, weiterhin getrunken und sich kurz darauf unter einen Zug geworfen. Ein Freund von ihm hatte angerufen, um mich zu benachrichtigen, und auch, dass er ihm gesagt habe, dass die Zeit, die er hier bei mir verbracht hatte, die beste seines Lebens gewesen war.

ERINNERUNGEN UND ANEKDOTEN

Im Laufe dieser Jahre haben wir auch verschiedene kuriose Erfahrungen gemacht.

Da sind zum Beispiel Gäste geflohen. Sie sind geflohen, um dieses Haus zu verlassen, oder geflohen, um in dieses Haus zu gelangen. Dieses Haus hat verschiedene Türen, die meistens immer offenstehen, die Eingangstüre, die Küchentüre, die Terrassentüre. Um das Haus zu verlassen, kann man auswählen, welche dieser Türen zu gebrauchen.

Da war ein junger Mann, der von einer kantonalen Stelle bei mir eingewiesen wurde. Da er eine Frau besuchen wollte, hatte er sich entschieden zu entweichen. Er hat das Haus aber nicht durch eine Türe verlassen, sondern er hat es sich besonders kompliziert ausgedacht. Er hat eine Leiter in sein Schlafzimmer genommen und ist dann nachts durch ein Dachfenster auf ein Vordach gelangt. Dieses Dach besteht aus leichtem Kunststoff, geeignet, das Regenwasser abzuleiten, ist aber nicht begehbar. Er ist mit den Füssen mit grossem Lärm eingebrochen und erschrocken zurückgesprungen. Er hätte sich schwer verletzen können. Beim Sturz zurück ins Zimmer konnte er den Vorhang ergreifen. Dieser Vorhang wurde heruntergerissen und hat seinen Absturz gemildert. Danach hat er das Haus doch noch durch eine Türe verlassen. Dieser junge Mann hat uns öfter auch schon wieder besucht.

Da war eine junge Frau, die von einer öffentlichen Stelle für ein Timeout bei mir eingewiesen wurde. Sie hat sich hier sehr wohl gefühlt und wollte nicht zurückgehen, nachdem ihr Timeout abgelaufen war. Am Tag, wo sie hätte abreisen müssen, weigerte sie sich und ist entwichen. Darauf wurde ihr eine Verlängerung von ihrem Timeout zugesprochen. Diese Frau hat uns öfter auch schon wieder besucht.

Da war ein junger Mann, der das dringende Bedürfnis hatte, Heroin zu finden, und so hat er sich auch entschlossen zu entweichen. Auch dieser junge Mann hat nicht die Haustüre gebraucht, um das Haus zu verlassen. Er liebte es auch kompliziert, und so ist er von einer Terrasse aus auf das Dach gestiegen, und mit grossem Lärm, verursacht von den Keramikziegeln, über welche er laufen musste, entwichen. Ich befand mich gerade im Keramikatelier und konnte akustisch alles mitverfolgen. Hätte er das Haus durch eine Türe verlassen, hätte ich ihn weder gesehen noch gehört.

Da war ein junger Mann, der von einem Jugendrichter in eine geschlossene psychiatrische Klinik eingewiesen wurde. Bei der ersten guten Gelegenheit hat er es fertiggebracht, dieser geschlossenen psychiatrischen Klinik zu entweichen. Darauf ist er zu mir geflohen. Von dieser Geschichte werde ich später noch ausführlicher berichten.

Da war ein junger Mann, der das dringende Bedürfnis, hatte Heroin zu finden. Wir waren zusammen in der Stadt Lugano. Auf der Piazza Riforma, beim Ristorante Argentino, hat es auf der Strasse vor dem Restaurant eine Anzahl von Tischen und Stühlen. Wir haben uns dort hingesetzt, um etwas zu konsumieren. Der junge Mann fragte mich, ob er auf die Toilette gehen könne. Ich war ein wenig erstaunt, da er für so ein Bedürfnis nicht meine Erlaubnis brauchte. Er ist auf die Toilette im ersten Stock gegangen und durch ein Oberfenster herausgesprungen. Mit grossem Klatsch ist er, ein paar Meter neben mir, auf den Boden geprallt. Ich musste laut lachen. Er hatte auch grosses Glück, sich nicht zu verletzen, da dieses Fenster sich in beachtlicher Höhe befindet.

Jedes Jahr organisiert Pyar einige Retreats, die ungefähr eine Woche dauern. Der Tag fängt mit einer Meditation an, und am späteren Morgen gibt es einen Satsang. Das gleiche Programm auch am Nachmittag. Auf der Webseite pyar.de wird Satsang folgendermassen erklärt:

Wissenswertes über Satsang bei Pyar.

Ein Satsang dauert ca. 1,5 bis 2 Stunden. Zu Beginn und am Ende eines Satsangs gibt es Live-Musik und Mantren. Nach der Musik spricht Pyar ungefähr 20 Minuten zu unterschiedlichen Themen, oft anhand von Texten spiritueller Meister, (z.B. Ramana, Zen, tibetischer Buddhismus, Rumi, Jesus etc.), aber auch zu Themen wie Spiritualität im Alltag, Meditationspraxis, Emotionen etc.

Danach kann jeder Teilnehmer Fragen stellen, wenn er möchte. Diese Fragen müssen nicht zum Thema passen – sie können auch persönlich sein. Oft gibt es auch Berichte der Teilnehmer – seien sie klagend oder freudig. Satsang entwickelt seine Magie im Dialog, im gemeinsamen Weben an einem Thema. Viele Menschen hören auch einfach nur zu, und das ist natürlich ebenso völlig in Ordnung.

Vorkenntnisse sind nicht nötig. Es sind immer Menschen ohne Vorkenntnisse anwesend, zusammen mit Menschen, die schon lange auf dem Weg sind, und das geht erstaunlich gut und segensreich miteinander.

Ich hatte einen jungen Burschen im Haus, und habe ihn an so ein Retreat in Deutschland mitgenommen. Da er mir sagte, nicht besonders an diesen Satsangs interessiert zu sein, habe ich ihm mitgeteilt, dass ich das gut verstehen könne und dass er frei sei, seine Zeit selber zu gestalten. Der Satsang wurde in einem grossen

Raum gehalten, wo etwa hundert Personen Platz hatten. Anschliessend gab es einen kleinen, offenen Nebenraum. Während der ersten Stunde hat sich dieser junge Bursche in diesem Nebenzimmer auf den Boden gelegt. In der zweiten Stunde sass er auf der Schwelle des Raumes und hörte aufmerksam zu. Beim zweiten Satsang sass er zuvorderst, direkt vor den Knien von Pyar. Etwas später hat ein Mann in den hinteren Reihen seine Hand erhoben und Pyar gefragt: «Darf ich dein Schüler werden?» Darauf hat mein junger Bursche laut ausgerufen: «Ich auch, ich auch.» Pyar war erstaunt und sagte: «Was, du? Bist du dir sicher? Ich kann nämlich auch kratzen.» Darauf hat er geantwortet: «Ich will, ich will auch Schüler werden.» Pyar hat ihn als Schüler aufgenommen. Am letzten Tag hat er auf einer Wiese kleinen Blumen eingesammelt und damit einen langen, feinen Blumenkranz gebildet. Beim letzten Satsang ist er aufgestanden und hat Pyar diesen Blumenkranz auf ihr Haupt gelegt. Wir waren alle tief berührt.

Ein anderes Mal hatte Pyar ein Satsang-Wochenende in der Nähe von Bozen, in Italien organisiert. Zu jener Zeit hatte ich ein junges Mädchen zu Gast im Haus. Wir sind an das Satsang-Wochenende gefahren. Auch dieses Mädchen hat mir mitgeteilt, dass sie an diesem Satsang nicht interessiert sei. Darauf habe ich ihr geantwortet: «Das macht nichts, du kannst ja während dem Satsang dein Harry-Potter-Buch lesen.» Das hat sie auch gemacht. Während dem ganzen Satsang hatte sie das Buch in den Händen, um darin zu lesen, hat aber die ganze Zeit Pyar zugehört. Am Ende des Satsang war sie tief berührt, wollte Pyar umarmen und hat mich gebeten, ihr eine Fotografie von Pyar zu geben.

Dieses junge Mädchen ist zur Frau geworden und hat auch zwei Kinder bekommen. Sie hat Désirée und mich auch schon einige Male besucht. Es hat sich eine herzliche Freundschaft gebildet. Jedes Mal, wenn wir uns trafen, war das eine grosse Freude. Leider hat diese Geschichte kein Happy End, da sie dieses Jahr 2016 beim Überqueren eines Flusses im kalten Wasser ertrunken ist.

In unseren Herzen bleibt sie gegenwärtig. Ein schöner, herzlicher Mensch, der gegangen ist.

Da war ein fünfzehnjähriger Bursche. Er wurde bei mir provisorisch eingewiesen, da er einem anderen Burschen mit einem Messer in den Hals gestochen hatte. Ich habe diesem Boy die Meditation erklärt, doch schon bei der ersten Meditation ist er nach wenigen Minuten aufgestanden und hat lautstark seine Meinung von sich gegeben: «Das ist ja unmöglich, so etwas von langweilig.»

Am nächsten Tag habe ich ihm die Meditation noch einmal ausführlich erklärt. Bei der darauffolgenden Meditation hat er voll mitgemacht. Am Ende der Meditation hat er ausgerufen: „Wow, da kann man ja fliegen. Als ich die Augen geschlossen hatte, haben sich meine Augen nach hinten gedreht und darauf war ich von Licht überflutet."

An einem Abend ist er in das Nachbardorf Tesserete gegangen. Dort hat er sich betrunken, hat etwa zehn Autos aufgebrochen, um zu sehen, was man da entwenden könnte. Danach ist er auf den Friedhof gegangen, wo er drei Grabsteine umgelegt und einige Lampen zerschlagen hatte. Zuletzt ist er noch in die Garage eines Hauses eingedrungen, auch um zu sehen, was man da entwenden könnte. Dann ist er nach Hause gekommen und hat sich betrunken ins Bett gelegt. Kurz danach ist die Polizei erschienen. Sie haben ihn weiterschlafen lassen und haben mich gebeten, am nächsten Tag mit ihm zusammen auf die Polizeizentrale zu kommen, um ein Protokoll zu erstellen. Der Jugendrichter aus der deutschen Schweiz hat darauf die Polizei gebeten, diesen Burschen zu verhaften und ihn zu überweisen. Die Tessiner Polizei hat ihm geantwortet, dass sie keine Kinder verhaften und dass sie nur einem Tessiner Jugendgericht Folge leisten würden. Der Jugendrichter aus der deutschen Schweiz hat danach seine Forderung über das Jugendgericht Tessin gestellt. Die Polizei hat darauf wieder geantwortet, dass sie keine Kinder verhaften und dass sie nicht gewillt sind, einen Polizeitransport bereitzustellen. Es sei ihnen jedoch möglich, einen privaten Transport mit privatem Auto zu organisieren, aber mit der Bedingung, dass ich auch mitfahren würde. So haben wir es dann auch gemacht.

Es hat ein gemeinsames Treffen bei diesem Jugendrichter gegeben, in der Anwesenheit von den Eltern, von einem Sozialarbeiter, von dem Burschen und von mir. Dieser Jugendrichter hat die Versammlung mit den Worten eröffnet: „Das ist ein hoffnungsloser Fall, dem kann man nicht mehr helfen." Mit diesen Worten wurde dieser Jugendrichter selber ein Teil des Problems. Darauf hat dieser Jugendrichter entschieden, dass dieser Bursche nicht mehr bei mir bleiben darf, sondern in eine geschlossene Anstalt eintreten musste.

In der Zeit, als dieser Bursche in die geschlossene Anstalt eingewiesen wurde, habe ich ihm etwa einen Monat lang jeden Tag ein paar Worte geschrieben. Es war meine Absicht, ihm positive Worte der Unterstützung zukommen zu lassen. Dieser Jugendrichter hat aber alle meine Briefe beschlagnahmt. Da er sich in dieser geschlossenen Anstalt schlecht benommen hatte, liess ihn dieser Jugendrichter in eine geschlossene psychiatrische Klinik einweisen. Bei der ersten Gelegenheit ist er von dieser entwichen und zu mir geflohen. Der Jugendrichter hat das nicht geduldet und hat ihn darauf in ein Gefängnis gesteckt. Mit Gutachten hat dieser Jugendrichter es fertiggebracht, diesen Jugendlichen während fünf Jahren, ohne Prozess, im Gefängnis zu halten, und das, obwohl das Gesetz so etwas ganz klar nicht zulässt. In diesen Jahren im Gefängnis hat dieser Bursche Psychologie studiert. Einen Sozialarbeiter hatte er gebeten ihm Mantragesänge zu besorgen. Seine Anfrage wurde ignoriert. In meinem Empfinden hat dieser Jugendrichter nicht nur ganz unprofessionell gehandelt, sondern seinen privaten Krieg gegen diesen Jugendlichen geführt. Sicher fehlen mir viele Fakten dieser komplexen Geschichte und es wird wahrscheinlich auch Gründe geben für das Verhalten von diesem Jugendrichter. Aber auf der Basis meiner unvollständigen Kenntnisse war dieser Jugendrichter die absolute Katastrophe. In diesen Jahren hat dieser Bursche uns einige Male telefoniert. Wir haben jetzt schon längere Zeit keine Nachrichten mehr von ihm erhalten. Nach unbestätigten Informationen befindet er sich immer noch in Konflikt mit dem Gesetz.

An diesem Punkt muss ich meine Erfahrung mit Jugendrichtern richtigstellen. In vierundzwanzig Jahren, in fast allen Fällen, haben diese Jugendrichter eine fantastische Arbeit geleistet. Für einen Jugendlichen, der Schwierigkeiten hat, ist es ein Glück, in der Schweiz von einem Jugendgericht betreut, geschützt und gefördert zu werden. Ich habe in diesen Jahren schöne Menschen kennengelernt, die ihre Arbeit mit Herz und Professionalität machen. Meine Dankbarkeit an diese Jugendrichter und an ihre Sozialarbeit.

Abschliessend noch eine weitere Geschichte. Da war ein Jugendlicher, der eine ganz schlimme Jugend gehabt hatte und der dadurch viele Probleme hatte und auch verursachte. Die kantonale Stelle, die sich mit ihm beschäftigte, wusste nicht mehr, wie weiter. An einer Versammlung haben sie beraten über die Möglichkeit, für diesen jungen Menschen den Freiheitsentzug zu bestimmen. Das ist das Allerletzte, das ist der Entzug sämtlicher Rechte, das ist das Allerschlimmste, was einem Menschen geschehen kann. Ein Sozialarbeiter, den ich bei einem Darshan bei Amma kennengelert habe, hat vorgeschlagen: „Versuchen wir es noch bei Altepost." So ist es gekommen, dass dieser junge Mann zu mir kam. Als ich ihn am Bahnhof abholte, hatte er noch die Augen von einem gefährlichen Menschen. Er dachte, er sei jetzt in ein Arbeitslager eingewiesen worden. Nach wenigen Tagen konnte ich ihn schon ein erstes Mal lachen hören. Dieser junge Mann hat ganz stark und positiv auf die Meditation reagiert. Er hat alle wichtigen Erfahrungen gemacht, die sich in der Meditation manifestieren können. Im Allgemeinen empfehle ich, den Erfahrungen keine grosse Bedeutung zu geben, doch in seinem Fall waren diese Erfahrungen auch nützlich, sie haben ihm eine neue Identität und Selbsterfahrung gegeben. Er konnte in Büchern seine Erfahrungen nachlesen und sich so bestätigt fühlen. Er ist für eine längere Zeit bei uns geblieben.

Nachdem er hier ausgetreten war, ist er auf eine Ferienreise nach Indien geflogen. Nach etwa drei Monate in Indien wurde sein Geld knapp und er hat sich ausgedacht, wie in kurzer Zeit viel Geld verdienen zu können. Er hat einen Drogentransport von Indien nach Amerika organisiert. Bei seiner Ankunft am Flughafen in Amerika ist er verhaftet worden und zu zweieinhalb Jahren Gefängnis verurteilt worden. Für Amerika ist das ein mildes Urteil. Er ist in eine Zelle gekommen, zusammen mit einem Drogendealer, der zu etwa zwanzig Jahren Gefängnis verurteilt worden war. Dieser Mann hatte die Gewohnheit, dreimal am Tag zu singen und zu meditieren. So konnte unser junger Mann für zweieinhalb Jahre das Programm, das er bei mir erlernt hatte, in einer intensiveren Form weitermachen. Am Ende seiner Haft wurde er auf den Flughafen begleitet. Die Papiere seiner Verhaftung wurden dem Pilot gegeben, mit der Bitte, sie der Schweizer Polizei zu überweisen. In der Schweiz angekommen hat dieser Pilot unserem jungen Mann alle Papiere ausgehändigt. So ist er in der Schweiz sauber und ohne Belastung angekommen. Er ist danach zu mir gekommen, um sich zu bedanken. Unterdessen sind viele Jahre vergangen, er meditiert immer noch, und in seinem Gesicht, in seinen Augen, sieht man heute wieder Liebe und Freude.

Ich könnte hier zur Genüge noch viele Erfahrungen schildern, auch mühsame, frustrierende, erstaunlich egozentrische, beängstigende, anstrengende Erfahrungen. Das könnte auch unterhaltsam sein, aber der wichtigsten aller Erfahrungen zu wenig Achtsamkeit geben.

Die wichtigste und schönste Erfahrung, die wir hier machen durften, ist die Berührtheit, die Schönheit und die Freude miterleben zu dürfen, wenn ein Mensch sich dem Raum seines Herzens wieder öffnen kann, zu sehen, wie ein Mensch fähig wird, in seiner Entwicklung voran zu schreiten.

Viel Dankbarkeit und Freundschaft habe ich bekommen. Es gab auch Situationen, wo ich materielle Schwierigkeiten hatte und wo mir dann auch gerade von diesen Menschen geholfen wurde, ganz konkret. Durch diese Arbeit habe ich in diesen Jahren so viel Schönheit, Güte und Freundschaft erfahren dürfen.
Meinen tiefen Dank an alle und an das Leben.
«Om Namah Shivaya».

„Sie sind in mein Leben gekommen, einem Monsunsturm gleich,
Der vom östlichen Himmel bricht.
Sie haben mich zerfetzt,
Wie der Wind trockene Gräser zerstiebt und Blütenblätter,
Und haben mich aus mir herausgefegt ins Nichts...
Jenseits des Nirgendwo, jenseits des Jenseits..."

Irina Tweedie. [72]

EIN KÜHLES FEUER

Bevor ich eine Erfahrung schildere, die ich vor etwa zwanzig Jahren gemacht habe, möchte ich noch den Begriff „Shaktipat" besser erklären. Ein Musikinstrument hilft mir bei dieser Erläuterung. Die Harfe ist ein Saiteninstrument, und gemäß der Tonproduktion, ein Zupfinstrument. Eine Harfe hat 34 – 47 Saiten. Zupft man an einer Saite und bringt sie zum Schwingen, so kann man feststellen, dass eine weiter entfernte Saite, die man gar nicht berührt hatte, auch anfängt mitzuschwingen. Eine Saite, die auf die gleiche Frequenz reagiert. Ein erleuchteter spiritueller Meister hat eine hohe Energie, ein starkes Schwingungsfeld. So einem Meister oder Meisterin zu begegnen, kann bewirken, dass die gleiche Frequenz, die in uns schlummert, angeregt wird, und auch anfängt zu vibrieren. Unser inneres Energiefeld kommt in Übereinstimmung mit dem Energiefeld des Meisters. Das wird nicht immer passieren, aber es kann geschehen, und ist ein wahres Geschenk, eine Gnade. Das kann ganz spontan geschehen, ohne jegliche Absicht von Seiten des Meisters. Die Fotografie eines Meisters oder seine Stimme können das auch schon bewirken.

Machen wir eine Visualisierung: Stelle dir vor, dass Jesus Christus vor dir steht, seine Hand auf deine Stirn legt, dir in die Augen schaut und Worte des Segens an dich und für dich ausspricht.

So eine Erfahrung würde ganz bestimmt eine Auswirkung auf dein ganzes Leben haben.

Es gibt Schulungswege, bei welchen dieser Aspekt gar nicht beachtet wird, es gibt aber auch spirituelle Meister, die ganz bewusst damit arbeiten, um ihre Schüler zu erwecken und zu befreien.

Maharishi Mahesh Yogi hat zum Beispiel nicht mit „Shaktipat" gearbeitet. Swami Muktananda hingegen hat bewusst mit „Shaktipat" gearbeitet und hat „Shaktipat" bei seinen Meditationsretreats allen Schülern gegeben. „Shaktipat" ist keine Energieübermittlung, sondern die gleiche Energiefrequenz, die ihm Schüler schlummert wird angeregt und aktiviert, erweckt. Ein Mensch, der in „Stand-by" lebt wird zum Leben erweckt. „Shaktipat" sollte immer nur von einem erleuchteten Meister gegeben werden. Ein Meister kann „Shaktipat" vermitteln mit einer Berührung, mit seinen Worten, einem Blick oder einfach mit seinem Willen. Er hat auch die Möglichkeit, jemanden zu beauftragen, zu ermächtigen, der selber noch nicht erleuchtet ist, „Shaktipat" zu geben. Durch die Absicht und den Willen des Meisters wird das funktionieren.

Da bestehen nun auch Pseudogurus, die damit jonglieren, und das bleibt natürlich absolut lächerlich und kann auch gefährlich sein.

Jetzt zu einer meiner Erfahrungen. Vor etwa zwanzig Jahren bekam ich den Telefonanruf von einem fünfzehn Jahre alten Mädchen aus der deutschen Schweiz. Sie hat mir mitgeteilt, dass in ihrer Schulklasse ein anderes Mädchen angefangen hat Drogen auszuprobieren. Sie hatte Angst, dass dieses Mädchen abstürzen könnte, und fand, dass unbedingt etwas unternommen werden müsste, um das zu verhindern. Ich habe sie darauf gefragt, was sie denn für eine Vorstellung habe, wie ich ihr helfen könne? Sie hat mir darauf geantwortet: „Ich werde alle meine Verabredungen für das nächste Wochenende annullieren und werde sie Dir bringen."

Und das hat sie auch gemacht.

Meine Achtung, meine Bewunderung, mein Respekt und meine Berührtheit für dieses junge Mädchen, dass diese Initiative aus Mitgefühl und Anteilnahme ergriffen hatte. Heute, in Erinnerung an diese Erfahrung habe ich sie angerufen. Wir haben uns beide riesig gefreut. Sie arbeitet heute im Zirkus und ist Mutter von drei Kindern. In zwei Wochen wird der Zirkus wieder hier in Lugano sein und wir werden uns treffen.

Der Pfad der Liebe ist kein Durchgangsweg;
hast Du ihn einmal betreten, gibt es keinen Rückweg mehr...
Was bleibt mir jetzt zu tun? Hilflos bin ich...
PersischesLied. [73]

Wieder zwanzig Jahre zurück. Diese zwei Mädchen sind angekommen und ich hatte zwei Tage zur Verfügung, um all das zu vermitteln, was möglich war. Wir haben zwei Tage, von morgens bis abends, gesprochen, gesungen und meditiert. Es war ein Meditationsintensiv und für uns alle drei von grosser Schönheit. Ich habe diesen Mädchen so viel Wissen wie nur möglich übermittelt. Das Wissen um die grundlegende Gutheit, das reine Bewusstsein, unsere einzig wahre Identität.

Jeder Moment, den wir mit der Kraft des Herzens in einen Glücksmoment verwandeln, ist gleichzeitig ein Moment, in dem wir online verbunden sind mit dem Geist des Universums und der Alleinheit. *Bärbel Mohr* [74]

Jetzt ist es gekommen, dass während einer Meditation mir der Gedanke gekommen ist: „Dieses Mädchen sollte jetzt noch „Shaktipat" von einem erleuchteten Meister erhalten." Danach hatte ich verschiedene Gedankengänge. Swami Muktananda lebt nicht mehr. Gurumayi Chidvilasananda wäre die ideale Meisterin dazu, sie lebt aber in Indien. Dass ich „Shaktipat" gäbe, ist lächerlich, da ich erstens selber nicht erleuchtet bin und zweitens auch nicht ermächtigt, so etwas Heiliges zu machen. Wie ihr doch schon ahnt, habe ich es doch gemacht. Ich habe während einer Meditation diesem Mädchen die Hand auf die Stirne gelegt, habe innerlich die heiligen Meister angerufen und habe sie im Stillen innerlich gesegnet.

Nachts darauf hatte ich einen Traum. Ich befand mich vor meiner Puja, meinem Hausaltar. Auf dieser Puja habe ich eine grosse und schöne Skulptur in Bronze von „Shiva Nataraja", dem kosmischen Tänzer, und Fotos von verschiedenen grossen Meister. Auch Bilder von Swami Muktananda und Gurumayi Chidvilasananda. In meinem Traum befand ich mich vor dieser Puja, und jetzt sind die Meister lebendig aus meiner Puja herausgetreten und haben mich, auf etwas raue Art gepackt, und in ein kühles Feuer getaucht.

Ich wurde rau gepackt, da ich meine Kompetenz überschritten hatte und mir etwas erlaubt habe, wofür ich gar keine Berechtigung hatte. Da die Motivation meiner Handlung aber selbstlos, aus Mitgefühl und Anteilnahme gekommen ist, sind die Meister zu mir gekommen, und haben mich in ihrem Feuer eingetaucht, getauft. In meinem Empfinden habe ich im Nachhinein eine Ermächtigung zu meiner Handlung erhalten.

"Verlangst Du so sehnsüchtig nach der Wahrheit,
Wie ein Ertrinkender nach Luft verlangt,
So erkennst Du sie in einem Augenblick."
Upanischaden. [75]

In den Jahren darauf habe ich das auch nie mehr gemacht. Ich habe später erfahren, dass dieses Mädchen aus eigener Initiative zu Gurumayi Chidvilasananda gegangen ist und bei ihr ein Meditationsintensiv gemacht hat. Dort hat sie dann von Gurumayi Chidvilasananda „Shaktipat" erhalten. In die harten Drogen ist sie nicht eingestiegen, hat aber auf das Kiffen nicht verzichtet.

Diese Geschichte hat leider kein Happy End, da sie noch ganz jung an einer Krankheit gestorben ist. So jung an einer Krankheit zu sterben, ist wirklich tragisch und besonders für die Mutter ein unendlich grosser Schmerz. Aus einer weiteren Sicht betrachtet bin ich aber auch überzeugt, dass im Karma eines Menschen die Begegnung mit einem Meister ein Wendepunkt sein kann. Durch die Gnade eines erleuchteten Meisters erweckt zu werden, ist ein grosses Geschenk und Gnade im Schicksal eines Menschen.

Alles ist im göttlichen Atem erhalten,
wie der Tag im Dunst des frühen Morgens.
Muhyiddin Ibn al Arabi. [76]

THICH NHAT HANH SCHREIBT

Wenn Sie morgens aufwachen, sollten Sie als Erstes achtsam ein und ausatmen und sich bewusstmachen, dass Ihnen vierundzwanzig nagelneue Stunden zur Verfügung stehen.

Das ist das Geschenk des Lebens. Sagen Sie sich:

«Ich wache auf und lächle.

Vierundzwanzig neue Stunden liegen vor mir.

Ich gelobe, jeden Augenblick ganz bewusst zu leben

und alle Wesen mit den Augen des Mitgefühls zu betrachten.» [77]

Das sind vier Zeilen. Die erste Zeile begleitet Ihr Einatmen, die zweite Ihr Ausatmen, die dritte wieder Ihr Einatmen und die vierte schliesslich Ihr Ausatmen. Richten Sie Ihre Aufmerksamkeit während des Atmens auf die Bedeutung der Worte.»

ZUKUNFTSPLÄNE

In den vergangenen Jahren der Suchthilfe habe ich immer zusammen mit meinen Gästen gelebt. Wir haben jeden Tag gesungen und meditiert. Die Meditationen habe ich aber bewusst sehr kurz gehalten. Üblicherweise zwölf Minuten, maximal zwanzig Minuten. Für meine Arbeit war das richtig, aber heute, wo ich wieder alleine lebe, ist das ganz klar viel zu wenig.

Ich werde ab sofort meine Morgenmeditation und meine Abendmeditation bedeutend verlängern. Die genauen Zeiten werden sich durch die Praxis ergeben.

Ich will jetzt auch dieses Buch fertig schreiben, und einen Verlag finden, der es publiziert. Dass du jetzt am Lesen bist bedeutet, dass ich auf dieser Ebene schon Erfolg hatte. Nach dieser deutschen Ausgabe will ich es noch auf Italienisch übersetzen.

Da ich feststellen konnte, dass die visuelle Kommunikation besser funktioniert und aufgenommen wird, als nur mit dem Audio, möchte ich anfangen, die Einführungen für den Free-Mind Kurs auf Video aufzunehmen.

Auch habe ich den grossen Wunsch und Willen, in den Schulen anzufangen Unterrichtsstunden zu geben, mit dem Thema der Drogenprävention. In diesen Stunden wird es hauptsächlich darum gehen, irrtümliche Identifikationen aufzuspüren, zu erkennen, und der Wahrheit des Seins immer mehr auf die Spur zu kommen. Ich freue mich schon darauf.

Es ist so etwas Schönes und Beglückendes, gegenwärtig sein zu dürfen, wenn ein Mensch sein Herz und seinen Geist öffnet und zu diesem tiefen Erfahren und Verstehen gelangt.

"Erlaube deinem Geist, nach innen zu gehen, immer wieder,
um seine eigene innere Stille zu erfahren.
Wenn du das tust, leuchtet das göttliche Licht auf,
das du als das Licht deines eigenen Herzens wahrnimmst."
Gurumayi Chidvilasananda. [78]

Nebenbei habe ich auch Freude, an der Töpferscheibe zu arbeiten und neue Formen und Glasuren zu erproben.

Was Reisen betrifft, so zieht es mich nach Sardinien und nach Indien. Auch Griechenland und Portugal würden mich interessieren.

Das mit dem Geld ist leider noch nicht gelöst. Synchronizitäten erfahre ich ja öfters, aber bis jetzt ist es noch nie geschehen, dass es zu einer Synchronizität mit den Zahlen beim Lotto oder dem Euro-Millions gekommen ist. Ich setze aber keine Grenzen der göttlichen Vorsehung. Ich bin zuversichtlich, es irgendwie doch zu schaffen. Ich warte mit Freude darauf.

INNERE FREUDE

Die grundlegende Natur unseres Geistes ist das reine Bewusstsein, das göttliche Bewusstsein. Die immerwährenden Qualitäten des reinen Bewusstseins sind Liebe und die Freude. Jede Erfahrung, die wir in unserem Leben machen können, hat als Grundlage das reine Bewusstsein. Ohne Bewusstsein können wir keine Erfahrungen machen.

Da das reine Bewusstsein immer unsere Grundlage ist, haben wir auch immer Zugang zu diesem inneren Raum der Liebe und der Freude. Kontrolliere bitte selber, ob das, was ich hier sage, auch stimmt. Das nächste Mal, wenn du einen Schmerz erfährst, gehe ganz in das Fühlen dieses Schmerzes hinein, löse dich von der Geschichte, fühle aber total. Du wirst mit Staunen erfahren können, wie du im Zentrum dieses Schmerzes zu diesem inneren Bereich deiner Liebe, zu deiner inneren Freude gelangen kannst. Deine wahre Identität ist dieser innere Raum der Liebe und der Freude. Jetzt ist es natürlich nicht notwendig, auf den nächsten Schmerz zu warten, um in deinen inneren Raum der Liebe und der Freude zu gelangen.

Schliesse kurz die Augen, beobachte deinen Atem, wie er rein und raus fliesst. Während du deinen Atem beobachtest, versuche gleichzeitig, dich mit deiner inneren Freude zu verbinden.

Es gibt keinen Weg zum Glück.
Glück ist der Weg.
Buddha [79]

Im Alter von dreizehn Jahren habe ich angefangen, klassische Musik zu erkunden. Ich liebte zum Beispiel das Violinkonzert von Mendelssohn. Ich atmete diese Musik. Es kann gut sein, dass du diese Erfahrung auch schon gemacht hast.

Richte also deine Aufmerksamkeit auf deinen Atem und verbinde dich mit deiner inneren Freude. Sollte es dir beim ersten Mal nicht gelingen, so versuche es später noch einmal und noch einmal, bis es dir gelingt diese Verbindung herzustellen. Du hast auch die Möglichkeit, diese Verbindung während einer Meditation herzustellen. Wenn es dir das erste Mal gelungen ist, wird es das zweite Mal schon viel leichter gelingen. Nach einigen Wiederholungen wird es für dich nicht mehr nötig sein, die Augen zu schliessen, es wird dir einfach genügen, deine Aufmerksamkeit auf deinen Atem zu lenken, um dich mit deinem inneren Raum zu verbinden.

Atme tief den Duft des Herzens ein.
Schwelge im Licht des Höchsten Selbst.
Atme sanft die wohlwollende Kraft des Herzens aus.
Gurumayi Chidvilasananda [80]

Diese Verbindung wird für dich sehr wertvoll werden, da sie dir ermöglicht, auch ausserhalb der Meditationszeit, dich mit deinem inneren Raum zu verbinden.

Diese Übung ist sehr einfach, doch gehört sie trotzdem zu den fortgeschrittenen Übungen.

Wenn Sie Ihre Aufmerksamkeit im Herzen verankern, lockert das fast automatisch den Zugriff des oberflächlichen Geistes mit seiner Neigung, sich Sorgen zu machen, zu fantasieren und sich auf unangenehme Weise von anderen Menschen und der Welt getrennt zu fühlen. Durch die Kontaktaufnahme mit dem Herzzentrum in ihrem Körper öffnen Sie die Tür in das grosse Herz, den Kern des Seins, das höchste Bewusstsein, das die Quelle ihrer grundlegenden Liebe, Inspiration und Weisheit ist. Falls sie sich emotional überwältigt fühlen, können Sie Ihre Emotionen im Herz-Raum halten und der Kraft des höchsten Bewusstseins erlauben, sie wieder in ihren ursprünglichen Energiezustand zu versetzen.
Sally Kempton [81]

MEINEN DANK

Hier möchte ich meinen Dank aussprechen und mich zutiefst verneigen in Ergriffenheit vor der Weisheit, dem Mitgefühl und der Anteilnahme und der unendlichen Geduld der Meister.

In meinem Leben geht mein besonderer Dank an Pyar, an Gurumayi Chidvilasananda, an Swami Muktananda, an Swami Nityananda, an Sri Satya Sai Baba, an Swami Ramdas, an Maharishi Mahesh Yogi, an Vilayat Inayat Khan, an Hazrat Inayat Khan, an Mahatma Radha Mohan Lal Ji, an Mooji, an Elisabeth Haich und an meine Mutter Cornelia Forster.

Was meine Arbeit mit dem Free-Mind Kurs betrifft, geht mein besonderer Dank an meine Lehrerin und Meisterin Pyar, sie hat mir auf der geistigen Verstandesebene viel Klarheit gegeben, mich immer unterstützt und gefördert.

Ein besonderer Dank geht auch an meine Freundin Désirée Kabbalah Wiprächtiger, die mir in allen Bereichen ständig hilft und unterstützt.

An Swami Muktananda vom Ananda Ashram in Kerala, an Sarah Patterson, an Param Jyoti, an Acharya Mangalananda, an Swami Vishwananda, an Swami Nirvanananda und an Lynda Gatya Spingies, die mir alle ermöglicht haben, mit kurzen mantrischen oder musikalischen Einlagen den Kurs zu vervollständigen und zu verschönern.

Was dieses Buch betrifft, geht mein besonderer Dank an Pyar führ ihre Einführung. Für die grosse Arbeit des Lektorats geht mein besonderer Dank an Chandravali D.Schang, an Prana Anne Veider und an Désirée Kabbalah Wiprächtiger.

Danke von ganzem Herzen.

Wer auf den Grund seines eigenen Herzens geht,
kennt seine eigene Natur.
Und wer seine eigene Natur kennt,
der kennt den Himmel.
Mengzi [82]

«In meinem Herzen sind Aussen und Innen, alles Er.
In meinem Leib sind Seele, Adern und Blut, alles Er.
Wie sollen an diesem Ort Glaube und Unglaube Platz finden?
Ohne Wie ist meine Existenz, denn alles ist Er.»
Jallaluddin Rumi [83]

AKTUELLE NEUIGKEITEN,
Fotos, Informationen,
Mitteilungen und Aktualisierungen
betreffend dem Buch:
«Grundlegende Gutheit
Innere Freude»
www.adhikara.com/buch-infos/

ABSCHLUSS

Wenn du dich jeden Tag daran erinnerst, deine Aufmerksamkeit auf deinen inneren Raum, dein reines stilles Bewusstsein zu richten, wird dein Leben eine reiche, volle und gute Erfahrung.

Was ich dir von ganzem Herzen wünsche ist, dass du die Möglichkeit hast, die Schönheit, Grösse und Kraft deiner eigenen Natur zu erkennen. Ich möchte, dass es dir möglich wird, dich mit deinem eigenen Sein zu identifizieren. Ich wünsche dir, dass du dein Fühlen, Denken und Handeln in Übereinstimmung bringen kannst mit deiner inneren Kostbarkeit und deiner grundlegenden Gutheit. Ich wünsche dir, dass du lernst, dich an deinem eigenen Bewusstsein zu berauschen. Ich wünsche dir, dass du grundlos glücklich bist. Ich wünsche dir viel Liebe. Lass es dir gut ergehen und habe Vertrauen in deine grundlegende Gutheit. Alles Liebe, du wirst Erfolg haben.

Hier endet der Text dieses Buches.

Om Guru Om – Om Namah Shivaya Om

Was folgt sind Auszüge aus dem Online Kurs:
«Free-Mind. Schaffe Raum in deinem Geist. Erkenne deine grundlegende Gutheit.»

Hier ist es mir jetzt möglich, einige Teile des Inhaltes als Text einzufügen. Im Audioformat sind natürlich auch die Mantragesänge und andere musikalische Beiträge eingefügt. Besonders die Mantragesänge haben eine grosse Wirkung und Wichtigkeit und sind besonders hilfreich für einen leichten und spontanen Einstieg in die Meditation.

Auf den Webseiten www.adhikara.com und www.free-mind.guru habe ich diese Programme bis jetzt noch frei zur Verfügung gestellt. Auf den Webseiten ist natürlich der ganze Kurs im Audioformat.

EINIGE BILDER AUS MEINEM LEBEN

Das Meditationszimmer mit der grossen Puja.

Der grosse Saal für die öffentlichen Programme.

Désirée Kabbalah Wiprächtiger.

Désirée Kabbalah Wiprächtiger und ich.
Mit gleicher Ausrichtung. 2011.

1995.

2011.

ENTSTEHUNG DES FREE-MIND KURSES

«Schaffe Raum in deinem Geist.
Erkenne deine grundlegende Gutheit.»

«Free-Mind» ist ein Kurs der Selbsthilfe, der entstanden ist, weil Menschen mit einer Suchtproblematik Hilfe brauchten, aber nicht die Möglichkeit hatten, in eine stationäre Einrichtung der Suchthilfe einzutreten.

Ein Mädchen, mit einer wirklich dramatischen Jugend hat mich weinend angerufen. Sie musste verzweifelt weinen, ohne dazu eine spezielle Ursache nennen zu können. Ich habe versucht, sie am Telefon zu beruhigen. Danach hatte ich mich entschlossen, ihr all das zu schreiben, was mir nicht möglich war, ihr am Telefon zu sagen. Ich habe angefangen zu schreiben, musste aber feststellen, dass das ein sehr langer Brief hätte werden können. Ich realisierte, dass mir dazu einfach die Zeit fehlte. So habe ich stattdessen fünfundvierzig Minuten lang meine Gedanken auf ein Diktiergerät gesprochen, auf eine CD gebrannt und ihr zugeschickt. Diese CD hat ihr für ein paar Tage geholfen.

Man soll darüber meditieren, dass der ganze Körper ebenso wie das Universum von Bewusstsein erfüllt ist, diese Meditation soll gleichzeitig und frei von Vorstellungen mit dem Geist vollzogen werden, dann erfährt man das höchste Erwachen.
Vijnana Bhairava. [84]

Kurze Zeit danach habe ich einige Anfragen bekommen von Menschen, die durch ihre Suchtprobleme in Schwierigkeiten geraten sind. Da war eine Bäuerin mit Hof und Kühen. Es war ihr aber nicht möglich, den Hof zu verlassen. Da war auch ein Arzt mit einem eigenen Studio und Verantwortung in einem Spital, und da war ein Bauunternehmer, der Familie hatte, drei Häuser im Bau und einige Angestellte. Diese Personen hatten nicht die Möglichkeit, in eine stationäre Einrichtung der Suchthilfe einzutreten, da sie sonst ihre Stellung verloren hätten.

Ich habe mir gedacht, dass ich auch für diese Menschen so eine CD machen könnte, wie ich es für das Mädchen gemacht hatte. Ich habe das gemacht, musste aber feststellen, dass das Resultat für mich nicht befriedigend war. An einigen Stellen zu ungenau, zu schnell oder zu langsam, und ich habe auch wichtige Punkte einfach vergessen zu sagen. Ich musste erkennen, dass ich so einen Text zuerst schreiben musste, um Ordnung und Klarheit in seinem Inhalt zu erhalten. Ich habe diesen Text geschrieben und danach auf ein Diktiergerät gesprochen, auf eine CD gebrannt und zuerst einmal selber angehört. Das Resultat war für mich gänzlich unbefriedigend. Das war ein Klotz, viel zu massiv und schwer, um davon einen Nutzen zu erhalten. Ich habe darauf das ganze Paket auseinandergenommen und habe den Inhalt auf vierundzwanzig Programme verteilt. Jedes Programm besteht jetzt aus einem gesprochenen Teil, einem Mantragesang und einer Meditation. Für jeden Tag ein Programm, das etwa 3/4 bis eine Stunde dauert zwischen Gedanken, Mantragesang und Meditation.

Diese vierundzwanzig Programme haben sich als sehr nützlich, wertvoll und praktisch erwiesen. Während acht Jahren habe ich diesen Kurs mit jedem neu angekommenen Gast im ersten Monat seines Aufenthalts hier gemacht. Auch hat jeder Gast diese vierundzwanzig Programme beim Austritt mitbekommen. Diese vierundzwanzig Programme habe ich heute auf Deutsch, Italienisch, Französisch und Englisch.

Auf der Webseite www.free-mind.guru habe ich diese Programme bis jetzt noch frei zur Verfügung gestellt.

Geht entspannt an das Leben heran.
Der Zweck des Lebens ist Ausdehnung von Glücklichsein
und wir sollten immer uns die Zeit nehmen,
den Menschen Energie und Liebe zu geben.
Das verändert wirklich unser Leben.
Maharishi Mahesh Yogi [85]

FREE-MIND TEXT

In diesem Kurs fangen wir nicht bei den Fehlern an, sondern wir entdecken zuerst einmal die innere Vollkommenheit, das reine klare Bewusstsein. Wir schreiten also nicht von Falsch zu Richtig, sondern in der Erkenntnis der grundlegenden Natur unseres Geistes festigen wir uns und überwinden unsere unnötigen Verstrickungen, welcher Natur sie auch sein können. Wir werden verschiedene Themen behandeln. Wir werden Meditation anwenden, Mantragesänge aus verschiedenen Kulturen kennenlernen und gebrauchen.

Das Wissen, dass man eins ist mit dem reinen Selbst, befreit einen Menschen sogar gegen seinen Willen, wenn dieses Wissen genauso fest ist wie die Überzeugung, ein menschliches Wesen zu sein.

Shankara [86]

Der Kurs hat einen logischen Aufbau, respektiere deshalb den Ablauf, gehe vom ersten Tag zum zweiten Tag, dritten Tag, und so weiter. Solltest du die Programme beim Autofahren anhören, so gebe Acht, nicht in Meditation zu gleiten. Die beste Situation ist, dass du dem Programm in einer Umgebung der Ruhe folgen kannst, aufrecht sitzend und mit geschlossenen Augen, um vollständig in deinen inneren Raum zu gelangen. Beginne auch bei den Mantras mitzusingen. Du wirst erfahren, wie das gesungene Mantra eine große Energie erzeugt, die dir hilft, in deinen inneren Raum zu gelangen. Nach dem Mantragesang folgt eine Meditation. Auf dem Audiofile hat es während der Meditation einen Grundton. Sollte es in deiner Umgebung störende Geräusche oder Stimmen geben, so kann dieser Grundton sehr behilflich sein. Hast du die Möglichkeit, in einer stillen Umgebung zu sitzen, so ist es meistens angenehmer, den Grundton abzustellen. Während der Meditation halte eine aufrechte und lockere Stellung, auf einem Stuhl oder am Boden sitzend. Während der Meditation, mit geschlossenen Augen, richte deine Aufmerksamkeit auf deinen Atem, wie er rein fliesst, wie er rausfliesst. Bekämpfe nie deine Gedanken. Unterlasse einfach die bewusste gedankliche Aktivität. Den Gedanken, die spontan auftauchen, gebe keine grosse Aufmerksamkeit, lass sie kommen und gehen, wie es ihrer Natur entspricht. Behalte deine Aufmerksamkeit locker und ohne Anstrengung auf den Atem ausgerichtet. Allen anderen Empfindungen gegenüber, wie Körpergefühlen, Geräuschen, Emotionen, Gedankenbildern, Gedanken und so weiter, bleibe ein neutraler und friedlicher Zeuge. Bringe deine Aufmerksamkeit einfach immer wieder locker und ohne Anstrengung auf den Fluss deines Atems. Im Kurs werden wir die Praxis der Meditation noch genauer betrachten.

UM ERFOLG ZU HABEN

Um bei diesem Free-Mind-Kurs Erfolg zu haben, ist es wichtig, dass du dich total einlässt. Du solltest dir jeden Tag eine gute Stunde Zeit nehmen, vollkommen aufmerksam, am besten mit geschlossenen Augen, da die Aufmerksamkeit so am grössten ist und auch weil die meisten Übungen und Betrachtungen zu unserer inneren Welt gehören. Hast du also heute keine Zeit, auf diese Art den Kurs zu üben, so empfehle ich dir zu warten, bis der Tag kommt, wo es dir möglich ist, in Ruhe dir die nötige Zeit dafür zu geben. Ich kann dir hier garantieren, dass wenn du diesen Kurs ernsthaft mitmachst, du Erfolg haben wirst. In zwei Wochen wirst du einen starken, guten und neuen Wind in deinen Segeln verspüren.

Was ich dir von ganzem Herzen wünsche ist, dass du die Möglichkeit hast, die Schönheit, Grösse und Kraft deiner eigenen Natur zu erkennen. Ich wünsche dir viel Liebe und dass du lernst, dich an deinem eigenen Sein zu berauschen.

Wir werden diverse Themen berühren: Die Liebe und die Kraft, die in dir sind, die Ebene des Bewusstseins, die verschiedenen Möglichkeiten, sich selbst zu identifizieren. Über Gedanken und Gefühle und die Möglichkeiten, die du hast, um deine Situation zu verbessern. Du hast Zeit genug gehabt, deinen eigenen Grenzen zu begegnen. So ist dies die beste Zeit für dich, dein Leben selber in die Hand zu nehmen. Du wirst hier Gedanken und Übungen finden, die dir helfen können, deine Sichtweise und deine Erfahrung grösser und weiter werden zu lassen. Frieden, Liebe und Freude liegen in deiner

Reichweite, du hast ein grosses Potential in dir. Das ist möglich, weil die Grundlage deines Bewusstseins absolut rein und strahlend klar ist. Diese grundlegende Ebene des Bewusstseins ist noch nie befleckt worden von irgendeiner deiner vergangenen Erfahrungen und Handlungen.

Um dir das besser verständlich zu machen, bringe ich dir eine Analogie:

Wenn du ins Kino gehst, hast du auf der Leinwand den Film, mit seinen unterschiedlichen Geschichten. Wenn du dich umdrehst, siehst du das Licht des Projektors. Das reine Licht des Projektors wurde noch nie berührt von den verschiedenen Geschichten der verschiedenen Filme. Es bleibt immer das reine Licht des Projektors. Dein Geist präsentiert dir auf seiner Leinwand in unendlicher Folge seine unendlichen Filme, seine unendlichen Geschichten, fast pausenlos, doch das Licht deines Bewusstseins bleibt immer das reine Licht des Bewusstseins, unberührt und unbefleckt von all deinen Filmen, deinen Geschichten und deinen Erfahrungen. Das Licht des reinen Bewusstseins in dir ist absolut, vollkommen und perfekt, da gibt es gar nichts zu verbessern oder hinzuzufügen. Dein Entwicklungsweg geht also nicht von schlecht zu gut, sondern es geht darum, dass du zuerst deine grundlegende Gutheit, deine innere Perfektion erfahren und erkennen kannst, dann hast du deine innere Adresse gefunden. Das gibt dir die Möglichkeit, dich neu zu orientieren. Du wirst dich auch entschliessen müssen, was du in deinem Leben wirklich willst, du wirst Stellung nehmen müssen und dein Handeln, Fühlen und Denken in Einklang bringen mit der Erfahrung deiner inneren Gutheit. Das ist ein ganz wichtiger Schritt. Du siehst also, du hast gute Aussichten. Frieden, Liebe und Freude liegen in deiner Reichweite. Du wirst sogar deinen Fehlern und Erfahrungen dankbar sein können, da sie dir die Möglichkeit gegeben haben, in deinem Film eine Pause zu machen, dich nach innen zu wenden, um deine innere Vollkommenheit und Reinheit zu erfahren und zu erkennen. Wie lange dieser Wandlungsprozess dauern wird, kann ich dir nicht sagen. Aber schon nach wenigen Tagen wirst du eine grössere, innere Freiheit erfahren können. Du kannst volles Vertrauen haben in den Prozess, und im Laufe der Zeit wirst du den goldenen Faden erkennen, der durch dein Leben führt.

Ich weiss nicht, wo sich das "Ich" befindet, und ich suche auch nicht danach. Ich bin so tief eingetaucht in den Ursprung Seiner grenzenlosen Liebe, als wäre ich im tiefen Meer versunken und könnte rundum nichts als Wasser fühlen, sehen und spüren.
Katharina von Genua. [87]

Ein Gedicht von Jallaluddin Rumi, einem Dichter aus Anatolien, der im 13. Jahrhundert gelebt hatte. Rumi ist ein Dichter, den ich liebe und der mich immer wieder tief berührt.

«*Komm, komm wer du auch bist, Vagant, Anbeter, Flüchtling.*
Es hat keine Wichtigkeit.
Unsere Karawane ist nicht eine der Verzweiflung.
Unsere Karawane ist eine des unendlichen Glücks.
Komm, auch wenn du deine Vorsätze tausendmal gebrochen hast.
Komm, komm wieder. Komm!» [88]

Was ich dir von ganzem Herzen wünsche ist, dass du die Möglichkeit hast, die Schönheit, Grösse und Kraft deiner eigenen Natur zu erkennen. Ich wünsche dir, dass du lernst, dich an deinem eigenen Bewusstsein zu berauschen. Ich wünsche dir, dass du grundlos glücklich bist.

Nach diesen Worten folgt ein Mantragesang und abschliessend eine Meditation. Durch das Mitsingen hat man die Möglichkeit, sich auf diese Seinsebene, auf diese Energie und Erfahrungsebene einzustimmen. Der ganze Kurs ist in dieser Weise aufgebaut. Am Anfang einige Worte, Betrachtungen oder eine gedankliche Übung, danach haben wir einen Mantragesang, der dir ermöglicht, das Herz zu öffnen und deinem Geist Ruhe und Frieden zu geben. Du wirst erfahren können, wie das Mantrasingen in dir eine gute und wohltuende Energie hinterlässt. Wir werden Mantras verschiedener Traditionen gebrauchen. Am Ende des Gesanges verbleiben wir in Stille und gehen in Meditation.

ZUFLUCHT FINDEN

Mit meinen Kindern war ich auf einer Reise in Indien. Wir haben die Yogalehrerin Gurumayi Chidvilasananda in Ihrem Ashram besucht. Eines Nachts haben wir Gurumayi auf einen Hügel begleitet, wir setzen uns alle um ein Lagerfeuer. Wir schauten in das Feuer und Gurumayi stand etwas abseits in der Dunkelheit und stellte uns die Frage: «In was kann ein Mensch immer Zuflucht finden?» Alle möglichen Antworten gaben wir, aber mit keiner Antwort war Sie wirklich zufrieden. Gurumayi wiederholte immer wieder die gleiche Frage: „Stehe auf, schaue in das Feuer und betrachte die Frage: In was kann ein Mensch immer Zuflucht finden?" Die Antwort, die sie hören wollte, lautete: „In der Dankbarkeit kann ein Mensch immer Zuflucht finden." Anfangs konnte ich mit dieser Antwort nicht viel anfangen, ich nahm sie einfach zur Kenntnis.

Einige Tage später war ich an einem Fest, einem Yagna, einer indischen Feuerzeremonie, das war akustisch, visuell und energetisch ein Erlebnis, aber anstatt mich zu erfreuen war ich auf jemanden richtig wütend. Wut ist eine Emotion, die einem fast keine Freiheit lässt. Ich wollte mich am Fest erfreuen und wollte meine Wut auf die Seite schieben. Das ist mir nicht gelungen, und so erinnerte ich mich an die Möglichkeit, in der Dankbarkeit Zuflucht zu finden. Wut und Dankbarkeit sind aber zwei ganz entgegengesetzte Gefühle. Wie kann ich Dankbarkeit empfinden, wenn ich wütend bin? In der Emotion habe ich eine sehr begrenzte Freiheit. In der Auswahl der Worte meiner Gedanken hingegen habe ich aber immer volle Freiheit. Und so habe ich angefangen, innerlich zu rezitieren, für was ich alles dankbar bin. Ich bin dankbar, dass der Schnee weiss ist, ich bin dankbar, dass die Bäume grün sind, ich bin dankbar, dass mein Auto rot ist, ich bin dankbar, dass Walfische blaue Augen haben, ich bin dankbar, dass mein Kissen weich ist. Am Anfang waren es nur dumme Sprüche, aber mit der Zeit wurde der Inhalt immer reicher. Ich bin dankbar, dass ich etwas lernen kann, ich bin dankbar, dass ich eine gute Beziehung zu meinen Kindern habe, ich bin dankbar, dass es Menschen gibt, die ich gerne habe, ich bin dankbar, dass es Menschen gibt, die mich gerne haben, ich bin dankbar, dass ich hier bin, usw. Nach einigen Minuten dieser gedanklichen Übung war ich von Dankbarkeit überschwemmt. Von der Wut keine Spur mehr. Ein Gedanke der Dankbarkeit aus dem Herzen genügt, um dich umzupolen. Beim Wort „Dankbarkeit" ohne Herz musst du es viele Male wiederholen, bis es seine Wirkung zeigt und das Herz mitschwingt. Du wirst auch erstaunt sein, für wie viele Sachen du dankbar sein kannst.

Mit diesem Thema der Dankbarkeit möchte ich hier diesen Abschnitt anfangen, sozusagen als vorbereitende Übung, um die Grundlage zu schaffen, auf der man aufbauen und wachsen kann. Machen wir also jetzt zusammen eine Übung der Dankbarkeit:

Ich bin dankbar beim Anblick eines Sternenhimmels.
Ich bin dankbar über die Weite des Raumes.
Ich bin dankbar beim Anblick der Berge.
Ich bin dankbar, dass ich singen kann.
Ich bin dankbar über den Gesang einer Amsel.
Ich bin dankbar beim Anblick des Meeres.
Ich bin dankbar über die Freundschaft eines Tieres.
Ich bin dankbar, dass ich die Schönheit der Blumen sehen kann.
Ich bin dankbar, dass ich ihren Duft riechen kann.
Ich bin dankbar, dass ich die Sonne auf meiner Haut fühlen kann.
Ich bin dankbar, dass ich den Wind in meinem Gesicht spüren kann.
Ich bin dankbar, dass ich dem Regen zuhören kann.
Ich bin dankbar über die Schönheit der Natur.
Ich bin dankbar, dass es Menschen gibt, die ich liebe.
Ich bin dankbar, dass es Menschen gibt, die mich lieben.
Ich bin dankbar, dass ich am Leben Freude finden kann.
Ich bin dankbar, dass ich etwas lernen kann.

Ich bin mir so ziemlich sicher, dass die Kraft des Wortes Dankbarkeit in dir eine gute Energie ausgelöst hat. Dankbarkeit ist das Tor zu deiner inneren Harmonie. Versuche eine Haltung der Dankbarkeit in deinem Leben zu bewahren. Die Lobpreisung der Welt gibt dir Weite. Nach diesen Worten folgt ein Mantragesang und abschliessend eine Meditation.

Es gab eine Zeit, als ich strauchelte und strauchelte.
Aber jetzt klettere ich hinauf und klettere hinauf, weit jenseits,
Sehr weit jenseits, weit über das endlose Jenseits meines Ziels
hinaus. Und dennoch weist mich mein Kapitän an:
"Geh weiter, geh weiter!"

Sri Chinmoy [89]

GEDANKEN

Unser Gedankensystem ist hauptsächlich akustisch, teilweise auch visuell. Die meisten Leute aber denken akustisch. Gedanken sind aus Worten gebildet, Worte sind aus Buchstaben gebildet und Buchstaben sind Töne. Wir hören also innerlich unseren Gedanken zu. Dies zu bemerken, gibt dir die Möglichkeit, zu erkennen, dass du der Hörende bist und nicht das Gehörte. Diese Unterscheidung dient nur zur Klarstellung unserer Identität, denn natürlich sind Gedanken einfach dein Bewusstsein in Bewegung. Gebe deinem stillen, reinen Bewusstsein mehr Aufmerksamkeit als deinen Gedanken. Ich hoffe, dass du angefangen hast, bewusst deine Aufmerksamkeit auf das zu lenken, was für dich angenehm ist. Unser Geist nimmt die Form an vom Objekt unserer Aufmerksamkeit. Um das besser zu erklären, mache ich dir einige einfache Beispiele: Wenn du einige Stunden Tetris spielst auf dem Nintendo, wirst du bemerken, wie dein Geist diese Gedankenform übernommen hat. Hast du aufgehört zu spielen, funktioniert dein Geist weiter auf dieser Ebene. Die gleiche Erfahrung kannst du machen, wenn du einige Stunden auf einer Play Station auf dem Video spielst oder wenn du ein interessantes Buch liest. Das, um zu erläutern, wie der Geist die Form des Objekts der Betrachtung annimmt. Da jede Gedankenform ihre eigene Energie hat, ist es für uns vorteilhaft, unsere Aufmerksamkeit auf das zu richten, was für uns angenehm und gut ist. Das ist eigentlich etwas ganz Einfaches, womit jeder Mensch einverstanden sein kann. Komischerweise aber lieben es die Menschen sehr oft, ihre Aufmerksamkeit auf das zu lenken, was ihnen nicht gefällt, z.B. kritisieren. Darum müssen wir bewusst wählen, auf was wir unsere Aufmerksamkeit richten. Unsere Gedanken, unsere Gefühle und unsere Einstellung können die ganz realen und konkreten Geschehnisse unseres Lebens beeinflussen. Du hast sicher schon gesehen, dass wenn man eine gute Stimmung hat, einem die richtigen Sachen im richtigen Moment passieren. Das sind auch Synchronizitäten. Die Natur unterstützt dich. Stehst du hingegen irgendwie quer zum Leben mit schlechter Einstellung, dann unterstützt dich die Natur auch, aber mit einem Ziegel auf den Kopf. Dieses Beispiel ist natürlich eine grobe Vereinfachung, die unvollständig ist. Vieles könnte man darüber sagen, aber im Grossen und Ganzen zeigt es eine gewisse Gesetzmässigkeit. Nicht umsonst sagt ein Sprichwort: Wie du in den Wald rufst, schallt es zurück.

Du bist nicht deine Gedanken, sondern die Gedanken gehören zum Bereich deiner Erfahrungen, du bist das erfahrende Bewusstsein, das stille Gewahrsein. Schliesse jetzt nochmals deine Augen und beobachte deine Gedanken. Sind sie langsam? Oder schnell? Hast du einen Gedanken nach dem andern oder hast du verschiedene Gedanken gleichzeitig? Du wirst feststellen können, dass da viel Abfall mitschwimmt, so ein Grundgeräusch von Gedankenfetzen, wie ein schlecht eingestelltes Radio, viel alter Ballast, der gar nicht mehr interessiert, alte, wiedergekäute, nicht mehr benötigte Gedanken, Kommentare deines Geistes, die dich nicht einmal interessieren. Viele unnütze Gedanken über Vergangenheit und Zukunft, unnütze, selbst gebastelte Dramen. In deinen Beobachtungen wirst du feststellen können, dass wir Gedanken haben, wo wir bewusst auch dabei sind oder eine unbewusste Gedankenaktivität, wo wir im Film verloren gegangen sind. Sich mit diesem ganzen Ballast gedanklicher Aktivität und Emotion zu verstricken und zu identifizieren, das ist Ego. Beobachte deine Gedanken, das hilft dir bewusst zu bleiben. Gib deine Aufmerksamkeit dem Guten und dem Nützlichen. Jetzt beobachte, dass zwischen einem Gedanken und dem nächsten Gedanken eine Lücke besteht. Gib jetzt den Gedanken keine grosse Aufmerksamkeit, sondern versuche in den Lücken zu verbleiben. Da findest du stilles, reines Bewusstsein, stilles Gewahrsein, die wahre Natur deines Geistes und das bist du. Das ist Meditation.

DAS BEISPIEL VOM OZEAN UND DEN WELLEN

Ich schildere dir jetzt ein Bild. Unendlich viele Wellen gibt es im Ozean, und alle sagen, flüstern oder schreien: Ich ... Ich ... Ich Es gibt mächtige Wellen, grosse und kleine, aber auch unscheinbare. Alle Wellen haben ihre Einzigartigkeit. Jede Welle hat ihr Hoch und ihr Tief. Manche Wellen fühlen sich bedroht von anderen Wellen, sie zischen: «Warum kommst du mir so nahe?» Andere wiederum flüstern: «Warum bleibst du mir so fern?»

Das Sein ist wie der grenzenlose Ozean, still und stets der gleiche. Die verschiedenen Aspekte der Schöpfung, alle Formen und Phänomene wie auch die ewig wechselnden Zustände des Lebens in der Welt, sind die kleinen und großen Wellen, deren Basis der weite Ozean ist.
                          Maharishi Mahesh Yogi [90]

Die Wellen geniessen es, wenn sie sich hoch aufbäumen, wenn sie sich überschlagen und sich im Schaum verlieren, haben aber auch Angst, auf einer Klippe zu zerschellen oder auf einem Strand auszulaufen. Nur diejenigen Wellen, die schon einmal eine Windstille erfahren haben, wissen dann für immer: „Ich manifestiere mich jetzt als Welle, aber meine wahre Natur ist der Ozean, ich bin der Ozean. Ich bin der Ozean in all seiner Grösse und Tiefe." Diese neue Identität gibt den Wellen eine grosse Freude und eine grosse Sicherheit, sie verlieren die Angst und können so alle Phasen ihres ewig wandelnden Daseins voll erleben. Sie versuchen aus Freude, Liebe, Anteilnahme und Mitgefühl den anderen Wellen mitzuteilen: «Du bist nicht nur diese kleine Welle, du bist der Ozean. Der Ozean ist deine wahre Grösse. Erfahre deine wahre Natur in der Windstille. Das gibt dir die Möglichkeit, deine eigene Grösse und Schönheit zu erkennen. Habe keine Angst, eine Windstille dauert nur kurze Zeit, mit dem Wind geht dein Dasein als Welle in all seinen Phasen weiter, aber mit einem neuen Bewusstsein.» Doch die meisten Wellen erkennen nicht den Wert der Windstille, sie haben sogar grosse Angst davor, sich zu verlieren.

Meditation ist die Windstille. Lachen und Weinen gehen weiter, aber eine zentrale Erfahrung in dir bleibt, die dir nichts und niemand nehmen kann. Liebe, Freude, Anteilnahme, Mitgefühl, Kraft und Friede wachsen innerlich, du wirst frei. Mit einer Taschenlampe können wir die Sonne nicht beleuchten, mit unserem Geist können wir Begriffe der Unendlichkeit nicht erfassen. Gedanken wie Raum und Zeit, Leben und Tod können wir nicht fertig denken, sie übersteigen unsere Möglichkeiten. Unser Weltbild ist immer nur eine Darstellung, eine Karte, ein Orientierungsbedürfnis unseres Geistes.

Mit Sicherheit sind unsere Konzepte immer begrenzt und darum auch teilweise falsch. Wichtiger als deine Selbstdefinition ist die Erfahrung, die du von dir selber machst. Du kennst deinen Geist durch das permanente Zuhören deines inneren Dialoges, der Worte, die sich bilden und denen du deine ungeteilte Aufmerksamkeit widmest. Du selber bist aber nicht deine Gedanken, Konzepte, Meinungen, denen du von morgens bis abends zuhörst. Du bist nicht das Gehörte, sondern der Hörende, du bist nicht das Gesehene sondern der Sehende, du bist nicht die Inhalte deines Geistes, sondern das reine Bewusstsein, das stille Gewahrsein. Und wenn du deine Augen schliesst und in deine innere Stille tief eindringst, dann erlebst du deine innere Stille, dein stilles Bewusstsein, dein Gewahrsein als heilig, als göttlich. Und diese Erfahrung ist ganz unabhängig von deinen Definitionen als Atheist oder als Christ oder Muslim. Also nochmals, denn das ist ganz wichtig: du bist nicht die veränderlichen Inhalte deines Geistes, du bist nicht dein innerer Dialog, du bist nicht deine Gedanken, du bist nicht deine Emotion, du bist der Erfahrende, du bist das reine Bewusstsein, dein stilles Gewahrsein. Das ist alles schnell gesagt, aber diese falschen Verstrickungen und Identifikationen definitiv zu verlieren, ist eine Lebensaufgabe. Ich kann dir hier bei den ersten Erkenntnisschritten helfen, da ich diese Täuschung so gut kenne. Doch um diese Sicht zur Vollendung zu bringen, wirst du einen grossen Lehrer brauchen, der diesen Bewusstseinszustand schon verwirklicht hat. Den musst du aber selber finden, da kann ich dir nicht helfen.

GEDANKEN – MANTRA – JAPA

Was machst du, wenn du schlechte Gedanken hast? Du wirst ja dabei auch sicherlich ein schlechtes Gefühl haben. Dies ist vielleicht nicht so schnell zu ändern, aber in der Wahl der Worte, deiner Gedanken, hast du jederzeit absolute Freiheit. Darum wähle einfach andere und bessere Worte.

Auf die Frage: „Was mache ich, wenn ich schlechte Gedanken habe?" antwortete Swami Muktananda mit einer Geschichte von Sheikh Nasrudin, eine komische Gestalt, die man bei Witzen und Weisheiten immer wieder gebraucht.

In unserer Geschichte war Sheikh Nasrudin ein ganz armer Bettler. Er hatte Hunger und begab sich auf die Treppe zum Tempel, um dort bei den Pilgern um Almosen zu bitten. Doch an diesem Tag war die Konkurrenz gross, schon viele Bettler hatten sich dort eingefunden. Sheikh Nasrudin hatte Hunger. Und mit dem Verstreichen der Zeit konnte er langsam an nichts Anderes mehr denken. Sheikh Nasrudin verschwand in seiner Traumwelt und fantasierte über die köstlichsten Speisen. Plötzlich sahen die anderen Bettler, wie Sheikh Nasrudin mit offenem Mund fast Atemprobleme hatte, als hätte er sich verbrannt. Sie fragten ihn besorgt: „Was ist denn mit dir los?" Und er erzählte, dass er sich in Gedanken ein köstliches Reisgericht zubereitet hatte, aber leider erwischte er viel zu viel scharfes Gewürz, und so brannte ihm nun die Kehle. Die anwesenden Bettler lachten ihn aus und sagten: „Du dummer Kerl. Warum hast du nicht einfach noch Joghurt dazu genommen?"

Einfache Lösung, nicht? Wir haben immer die freie Wahl unserer Worte. Und Worte sind oft der Ursprung unserer Gefühle.

Ich möchte dir hier über eine Übung berichten, die man in der Yogatradition «Mantra-Japa» nennt. Diese Übung kennt man in allen Kulturen und Traditionen der Menschheit. Eigentlich ist sie nur fast vergessen gegangen in unserer vom materialistischen Aberglauben dominierten Gesellschaft. Heute findet man die Übung des Japa im Nahen Osten, in Griechenland, im buddhistischen Asien und in Indien. Im Westen kennen wir noch das Rosenkranzgebet, das der «Mantra-Japa» Übung ähnlich ist. «Mantra-Japa» ist die Übung, ein Mantra oder eine kurze Gebetsformel ständig zu wiederholen.

Eines der wichtigsten Mantras im Islam ist: „La illah ill Allah".
Das bedeutet:
„Nichts ist, nur Gott ist. Ich bin nichts, ich bin in Gott."
Die Christen wiederholen: „Kyrie Eleison, Christe Eleison".
Das bedeutet:
„Gott erbarme dich meiner Sehnsucht,
Christus erbarme dich meiner Sehnsucht."
Die Buddhisten wiederholen: „Om Mani Pad-me Hum",
was bedeutet „Ich verneige mich vor dem Herrn»,
oder «Om Tare Tuttare Ture Soha», was bedeutet:
„Om, letztendliche Befreierin, wir rufen dich an."
In verschiedenen Yogatraditionen wiederholt man
„Shri Ram Jay Ram," was bedeutet: „Gegrüsst sei der Herr",
oder das Mantra „Om Namah Shivaya", was bedeutet:
„Ich verneige mich vor dem göttlichen Bewusstsein."

Das sind alles starke Mantras, die sich über die Zeit bewährt haben. Hinter diesen Traditionen liegt ein grosses Wissen. Diese Mantras wirken, auch wenn du deren Bedeutung nicht verstehst, sie sind wie kompakte Informationen an deinen Geist und Körper. Um das besser zu verstehen, mache ich dir ein Beispiel. Wenn du den Samen eines Baumes in die Erde steckst, wird dieser Same sein ganzes Potenzial entwickeln, auch ohne dein rationelles Wissen. Du musst nur sein Wachstum schützen. Umso stiller dein Geist ist, umso klarer wirst du die Wirkung des Mantras erfahren können. Um das besser zu verstehen, mache ich dir auch hier ein Beispiel: Wenn du einen Stein in die stürmische Oberfläche eines Sees fallen lässt, macht es nur „Plumps." Wenn du einen Stein in die ruhige, stille und flache Oberfläche eines Sees fallen lässt, ergibt sich eine Zeichnung, die sich über den ganzen See verbreitet. Wenn du ein Wort in die stille Oberfläche deines Bewusstseins fallen lässt, antwortet dir dein Bewusstsein mit dem vollumfänglichen Inhalt und Potenzial dieses Wortes. Mantras sind Worte des absoluten, göttlichen Seins und führen dich auf diese Erfahrungsebene. Mantra Japa ist in sich selber schon ein vollständiger Übungsweg.

Auf der Webseite der Gemeinschaft „Frères de Taizé" lese ich über Gesang und Gebet:

Mit Gesängen beten ist eine wesentliche Form der Suche nach Gott. Kurze, stets wiederholte Gesänge schaffen eine Atmosphäre, in der man gesammelt beten kann. Der oftmals wiederholte, aus wenigen Worten bestehende und schnell erfasste Grundgedanke prägt sich allmählich tief ein. Meditatives Singen ohne jede Ablenkung macht bereit, auf Gott zu hören. Alle können im gemeinsamen Gebet in solche Gesänge einstimmen und zusammen, ohne engeren zeitlichen Rahmen, der Erwartung Gottes Raum geben. Wo es Vertrauen auf Gott zu wecken gilt, sind Stimmen von Menschen, die sich im Gesang vereinen, unersetzlich. Ihre Schönheit lässt – wie die Christen in der Ostkirche sagen – etwas von der „Freude des Himmels auf der Erde" spüren. Inneres Leben kann sich entfalten. Die Gesänge sind auch eine Hilfe für das persönliche Gebet. Sie bewirken allmählich eine innere Einheit des Menschen in Gott. Während der Arbeit, bei Gesprächen und in der Freizeit können sie unterschwellig weiterklingen und so Gebet und Alltag verbinden. Sie setzen – und sei es im Unterbewusstsein – das Gebet in der Stille des Herzens fort. Communauté de Taizé

Während der Anbetung verschmilzt alles, was wir tun, mit dem Mantra.
Das Mantra, welches der Name ist, verschmilzt mit dem Geist.
Wenn der Geist ineinanderfliesst, löst sich alles auf.
Dann bildet die sichtbare Welt zusammen mit dem Sehenden das Bewusstsein.
Lalla Ded [92]

Unsere Lebensqualität hat eine direkte Beziehung zu unserer Einstellung, unsere Einstellung hat eine direkte Beziehung zu unseren Gefühlen, unsere Gefühle haben eine direkte Beziehung mit unseren Gedanken, unsere Gedanken haben eine direkte Beziehung mit den Worten, die wir in unseren Gedanken gebrauchen. Die Worte, die wir gebrauchen, haben einen direkten Einfluss auf unsere Lebensqualität. Wie du in den Wald rufst, schallt es zurück. Hast du den Film Matrix gesehen? Da ist die Menschheit von der Matrix in einer Scheinwelt in Gefangenschaft geraten und der Held des Filmes hat die Aufgabe, sie zu befreien. Matrix kommt von Matrika. «Matrika Shakti», das ist die Kraft der Buchstaben, die Kraft der Worte. «Matrika Shakti» wird auch die „unbekannte Mutter" genannt. Unbekannte Mutter, weil die Menschen mit den Worten, die sie in ihrem Geist gebrauchen, die illusorische Welt erschaffen, in der sie gefangen sind, ohne zu erkennen, dass sie dieses Programm, diese Matrix, selber erschaffen. In der Musik am Ende des Filmes wird ein Mantra gesungen, aber du musst genau zuhören, sonst erkennst du es nicht: «Asatoma Sad Gamaya Tamasoma Jyotir Gamaya Mrityor ma Amritam Gamaya», «Führe mich vom Unwirklichen zum Realen, führe mich von der Dunkelheit zum Licht, führe mich vom Vergänglichen zum Ewigen.» Hätten wir die Möglichkeit, unsere Gedanken auf Tonband aufzunehmen, vom Aufwachen am Morgen bis zum Abend, könnten wir einige Feststellungen machen. Das Meiste wäre total langweilig, weil wir in einem ganzen Tag sehr wenige gute und kreativ neue Gedanken haben. So verschleudern wir nutzlos, wenn nicht sogar schädlich, eine Menge geistiger Energie. «Mantra Japa» ist eine einfache und praktische Methode, dem Geist Klarheit, Reinheit, Ruhe, Frieden und Schärfe zu geben. Mit «Mantra Japa» gebrauchst du die «Matrika Shakti» auf die beste Art. Bei jedem Einatmen und Ausatmen wiederholt man immer das gleiche Mantra, das gleiche Wort, solange man es fertig bringt, dabei zu bleiben. Während den meisten Aktivitäten ist es möglich. Wähle eines dieser Mantras aus und versuche es einmal einige Stunden. Mache es, so oft du kannst. Es lohnt sich. Ich habe selber erfahren, dass jede Mantrawiederholung eine Dusche der Glückseligkeit werden kann. Meine Tochter Sibilla hat die gewaltige Energie des Mantra erfahren, usw. Dein Leben wird einfacher werden, du wirst sehr schnell erfahren können, wie viel Wohlbefinden du in dieser Übung erfahren kannst. Was dir helfen kann, das Mantra Japa aufrechtzuerhalten, ist das Singen oder Anhören einer Mantra CD. Danach hallt es in deinem Geist weiter, du kannst zuhören, wie das Mantra, wie der Gesang, im Inneren ganz fein und leise weiterläuft. Während der Arbeit, bei Gesprächen und in der Freizeit kann das Mantra unterschwellig weiterklingen und so Mantrawiederholung und Alltag verbinden. So geht, und sei es im Unterbewusstsein, das Mantra in der Stille des Herzens fort. Nach diesen Worten folgt ein Mantragesang und abschliessend eine Meditation.

LICHT DURCH DEN KÖRPER

Eine Übung, die ich von einem Freund bekommen habe und die total entspannend wirkt. Mir ist es selten gelungen, die ganze Übung zu machen, da ich nach wenigen Minuten meistens einschlafe. Du brauchst dazu einen stillen Raum und solltest für eine kurze Zeit ungestört bleiben können. Denke also daran, auch das Telefon abzustellen. Du brauchst auch ein Bett, um dich entspannt auf den Rücken zu legen, oder du machst es dir auf dem Boden bequem, mit einem Kissen unter dem Kopf und einem Kissen unter den Knien, um entspannt liegen zu können.

Lege dich also so angenehm wie möglich hin, entspanne dich ganz, entspanne dich tief, lass die Muskeln und die Knochen richtig locker und entspannt, dein Körper ist schwer, du fühlst dich gut.

Unten zu deinen Füssen ist ein starkes Licht, das deine Füsse fast berührt. Sehe dieses Licht wie eine leuchtende, strahlende Energiekugel. Dieses Licht entspannt dich tief und hat eine heilende Wirkung auf deine Füsse. Fühle, wie wohltuend dieses Licht deine Füsse entspannt, versuche, dieses Licht einzuatmen. Mit jedem Atemzug reinigt dich das Licht, entspannt dich und gibt dir Energie. Das Licht erlaubt der Energie, frei zu fliessen. Geniesse diese heilige und heilende Energie.

Jetzt siehst du innerlich, wie das Licht höher steigt. Deine Füsse, Knöchel, Waden, Kniegelenk, Oberschenkel und deine ganzen Beine erfüllt dieses Licht, entspannt dich tief und hat eine heilende Wirkung. Fühle, wie wohltuend dieses Licht dich entspannt, versuche dieses Licht einzuatmen. Mit jedem Atemzug reinigt dich das Licht, entspannt dich und gibt dir Energie. Das Licht erlaubt der Energie, frei zu fliessen. Geniesse diese heilige und heilende Energie.

Das Licht steigt langsam höher zu deinem Bauch. Mit geschlossenen Augen, sehe jetzt dieses starke Licht in deinem Bauch. Dieses strahlende, starke Licht, diese Lichtkugel geistiger Energie füllt deinen ganzen Bauch. Das Licht entspannt dich tief und hat eine heilende Wirkung. Fühle, wie wohltuend dieses Licht dich entspannt, versuche dieses Licht einzuatmen. Mit jedem Atemzug reinigt dich das Licht, entspannt dich und gibt dir Energie. Das Licht erlaubt der Energie, frei zu fliessen. Geniesse diese heilige und heilende Energie. Fühle, wie dieses Licht deine Sexualorgane und den Bauch tief entspannt. Atme ruhig und tief durch dieses Licht. Fühle, wie mit jedem Atemzug die ganze Zone gereinigt, entspannt und geheilt wird. Das Licht entspannt dich tief und hat eine heilende Wirkung. Fühle, wie wohltuend dieses Licht dich entspannt, versuche dieses Licht einzuatmen. Mit jedem Atemzug reinigt dich das Licht, entspannt dich und gibt dir Energie. Das Licht erlaubt der Energie, frei zu fliessen. Geniesse diese heilige und heilende Energie.

Das Licht steigt langsam höher und erfüllt jetzt den Solar-Plexus, Bauchspeicheldrüse und Magen. Atme ruhig und tief durch dieses Licht. Fühle, wie mit jedem Atemzug die ganze Zone gereinigt, entspannt und geheilt wird. Das Licht entspannt dich tief und hat eine heilende Wirkung. Fühle, wie wohltuend dieses Licht dich entspannt, versuche dieses Licht einzuatmen. Mit jedem Atemzug reinigt dich das Licht, entspannt dich und gibt dir Energie. Das Licht erlaubt der Energie, frei zu fliessen. Geniesse diese heilige und heilende Energie.

Das Licht steigt langsam höher und erfüllt den ganzen Brustkasten. Atme ruhig und tief durch dieses Licht. Fühle, wie mit jedem Atemzug die ganze Zone gereinigt, entspannt und geheilt wird. Das Licht entspannt dich tief und hat eine heilende Wirkung. Fühle, wie wohltuend dieses Licht dich entspannt, versuche dieses Licht einzuatmen. Mit jedem Atemzug reinigt dich das Licht, entspannt dich und gibt dir Energie. Das Licht erlaubt der Energie, frei zu fliessen. Geniesse diese heilige und heilende Energie. Atme ruhig und tief durch dieses Licht.

Das Licht steigt langsam höher und erfüllt die Kehle, steigt höher nach oben zwischen die Augenbrauen und dann oben mitten in den Kopf hinein. Dein ganzer Kopf ist erfüllt mit Licht. Das Licht entspannt dich tief und hat eine heilende Wirkung. Fühle, wie wohltuend dieses Licht dich entspannt, versuche dieses Licht einzuatmen. Mit jedem Atemzug reinigt dich das Licht, entspannt dich und gibt dir Energie. Das Licht erlaubt der Energie, frei zu fliessen. Geniesse diese heilige und heilende Energie.

Jetzt siehst du innerlich, wie das Licht den ganzen Körper durchfliesst. Dieses Licht entspannt dich tief und hat eine heilende Wirkung auf deinen ganzen Körper. Fühle, wie wohltuend dieses Licht die Wirbelsäule entspannt. Atme ruhig und tief durch dieses Licht. Mit jedem Atemzug reinigt dich das Licht, entspannt dich und gibt dir Energie. Das Licht erlaubt der Energie frei zu fliessen.

Das Licht steigt jetzt auch langsam durch die Hände, Handgelenke, Ellbogen, Oberarme in die Schultern. Atme ruhig und tief durch dieses Licht. Das Licht erlaubt der Energie, frei zu fliessen. Dein ganzer Körper ist ein Lichtkörper. Dieses Licht entspannt dich tief und hat eine heilende Wirkung auf deinen ganzen Organismus. Mit jedem Atemzug reinigt dich das Licht, entspannt dich und gibt dir Energie. Das Licht erlaubt der Energie, frei zu fliessen. Geniesse diese heilige und heilende Energie. Erlebe dich als Atem und Licht. Geniesse diese heilige und heilende Energie. Atme ruhig und tief durch dieses Licht.

Bleibe noch eine Zeitlang in diesem entspannten Zustand liegen und wiederhole innerlich ein Mantra. Wenn du wieder aufstehst und deinen täglichen Aktivitäten nachgehst, versuche dieses Körperbewusstsein beizubehalten, gleichzeitig zu denken, sprechen und handeln. Sollte es für dich zu schwierig sein, beschränke dich auf einen Teil des Körpers, zum Beispiel die Füsse oder die Hände oder die Stirne, einfach einen Körperteil, wo es dir leichtfällt, seine Gegenwart zu empfinden. Diese Gegenwartsübung ist wirklich ganz leicht und in ihrer Wirkung super. Dein Körpergefühl erlaubt dir, gegenwärtig zu bleiben, im Jetzt. Gegenwärtig, bewusst in deinen Gedanken, gegenwärtig, bewusst in deinem Handeln. Ganz im Jetzt. Versuche es. Nach diesen Worten folgt ein Mantragesang und abschliessend eine Meditation.

MEDITATION

In deinem Leben hast du schon viele Erfahrungen gesammelt, gute und schlechte. Auch deine Reaktionen darauf waren manchmal gut und manchmal auch nicht. All diese Erfahrungen haben dich geprägt. Sie brachten dich zu deiner jetzigen Identifikation. Deine Einstellung zu all diesen Erfahrungen beeinflusst deine heutige Lebensweise und wie du auf die aktuellen Situationen reagierst. Viele dieser alten Eindrücke sind ein Ballast für dich, sie schränken dich ein. Auch auf deinem Computer sammeln sich mit der Zeit alte und nicht mehr brauchbare Programme an, viel Ballast an ungebrauchten Files, Abfall im Papierkorb und in versteckten Dateien, eventuell sogar Viren und Spyware. Dein Computer verliert mit der Zeit sein volles Potential. Und selbstverständlich wirst du zuerst Viren entfernen, alte Programme löschen und zuletzt die Festplatte auch noch defragmentieren. In deinem Leben brauchst du ein wenig mehr Zeit, um dich von altem Ballast zu befreien und dein volles Potential an Liebe und Weisheit zur Blüte zu bringen. Seit Jahrtausenden braucht man dazu die Meditation, das ist die Aufmerksamkeit nach innen zu richten, auf die innere Stille, nicht auf die veränderlichen Inhalte des Geistes, sondern auf die grundlegende Weite und Reinheit des Bewusstseins. Nimm dir jeden Morgen und jeden Abend ein wenig Zeit für dich. Meditiere regelmässig, das sind zweimal Ferien im Tag. Eine Zeit der Erholung von deinem unruhigen Geist. Es wird gar nicht lange dauern, und du wirst die ersten Resultate erfahren dürfen. Schon nach wenigen Tagen wirst du eine grössere Distanz haben zu deinen Problemen, die sich auflösen werden, oder sich zu Aufgaben umwandeln. Mit der Zeit wirst du erleben, wie deine innere Freiheit, dein inneres Glück und Freude zunehmen. Der Weg ist einfach, von weniger zu mehr, und bringt Erfüllung. Diese tägliche Disziplin wird zu etwas sehr Wertvollem in deinem Leben werden.

Das, was sich offenbart, wenn Gedanken abwesend sind,
ist auch da, wenn Gedanken da sind.   Mooji [93]

Jetzt zu den praktischen Aspekten. Am Morgen ist die beste Zeit für die Meditation, eine frühe Morgenstunde, wo die meisten Menschen noch schlafen und der tägliche Rummel noch nicht begonnen hat. Das ist die beste Zeit am Morgen. Sollte es für dich aber nicht gehen, so ist auch jede spätere Stunde gut. Schütze dich vor Störungen, ziehe den Telefonstecker aus, stelle das Handy ab, hänge ein Schild an die Türe „Bitte nicht stören", lasse die Tiere draussen. Das Wichtigste ist die Meditation, aber zur Vorbereitung ist das Mantrasingen von grossem Nutzen, da es den Geist beruhigt und die darauffolgende Meditation erleichtert. Setze dich auf einen Stuhl oder auf ein Kissen am Boden. Wähle, was dir angenehmer ist.

Die beste Position ist diejenige, wo du den Körper am wenigsten spürst. Sitze locker, aber aufrecht. Lass deine Augen geschlossen und warte, bis du die ersten Gedanken „hörst". Und dann, wende deine Aufmerksamkeit auf deinen Atem, wie er reinfliesst und wie er rausfliesst, wie er reinfliesst und wie er rausfliesst. Du wirst deinem Atem zuhören und in Bereiche grösserer Stille gleiten. Nach kurzer Zeit wirst du deine Aufmerksamkeit verloren haben und dich wieder in Gedanken befinden. Das ist normal. Wende deine Aufmerksamkeit einfach wieder ganz anstrengungslos dem Fluss deines Atems zu. Dieser Zyklus wird sich unendliche Male wiederholen. Gib einfach dem Atem mehr Aufmerksamkeit als den Gedanken. Kämpfe niemals gegen die Gedanken, sondern wende anstrengungslos deine Aufmerksamkeit dem Atem zu. Lass deinen Fokus weit offen. Um dir besser zu erklären, was ich damit meine, gebe ich dir ein Beispiel: Wenn du ein Buch am Lesen bist, ist deine Aufmerksamkeit auf die gedruckten Worte konzentriert. Wenn du jetzt deinen Fokus weit werden lässt, so wirst du auch das weisse Papier sehen, den Hintergrund der gedruckten Worte. Halte in der Meditation deinen Fokus weit offen. Da ist die Stille. Gedanken steigen auf und da ist der ruhige Fluss des Atems. Du wirst in Bereiche grösserer Stille gleiten. Manchmal ist es wie ein Schlafen, aber bewusst. Bleibe wach und halte deine Aufmerksamkeit weit, ohne zu fokussieren. Wenn es passiert, dass die Stille so gross wird, dass auch der Geist schweigt, verbleibe in der Stille.

Das, was den Geist denken lässt, aber vom Geist nicht gedacht werden kann - Das ist wahrhaftig das Selbst. Dieses Selbst ist niemand anderes als Du.   *Kena Upanischad* [94]

DAS AQUARIUM MIT DEM GOLDFISCH

Ich schildere dir jetzt noch ein Bild. Das Wasser im Aquarium ist nicht ganz sauber, so dass der Fisch sich nicht ganz wohl fühlt. Anstatt den Dreck zu bekämpfen, ist es praktischer und einfacher, frisches Wasser nachzugiessen. Sauberes, reines, frisches Wasser wird ins Aquarium gegossen, und das verunreinigte Wasser fliesst ab. Man kann das nicht in einmal machen, da jedes Mal beim Eingiessen ein Wirbel entsteht, welcher alten, abgelagerten Dreck aufsteigen lässt. Für einen kurzen Moment geht es unserem Goldfisch also noch schlechter. So braucht es Geduld. Jeden Morgen und jeden Abend einen kleinen Krug frisches Wasser. Mit der Zeit wird die Lebensqualität unseres Goldfisches immer besser. Der Krug, den wir dazu gebrauchen, ist Nebensache, er muss nur praktisch und handlich sein. Was wirklich wichtig ist, ist das reine Wasser und das geduldige und systematische Vorgehen. Das reine Wasser ist die Erfahrung deines eigenen Bewusstseins. Der Krug stellt die kulturelle Form dar, die es dir möglich macht. Der Wirbel, der dadurch entsteht, stellt den unumgänglichen Reinigungsprozess des Systems dar. Diese Stresslösungen können sich auf emotioneller Ebene, auf intellektueller oder körperlicher Ebene abspielen. Dieser Reinigungsprozess ist wünschenswert, leider aber meistens unangenehm. Doch frage einen jeden, der auf irgendeinem Pfad der Selbsterkenntnis an sich gearbeitet hat, er wird dir sagen: Habe keine Angst, es lohnt sich tausendmal.

Nur wenn Du aus Hingabe stirbst, wirst Du für immer leben,
denn hat Dich die Hingabe erst einmal getötet,
gibt es für Dich den Tod nicht mehr,
weil Du bereits gestorben bist! [95]

Meditiere jeden Morgen, am Anfang für etwa 20 Minuten. Bist du aber einmal an diese tägliche Disziplin gewöhnt, kannst du die Meditationszeit auch steigern, bis zu etwa einer Stunde. Am Ende der Meditation nimm dir einige Minuten Zeit, um sanft herauszukommen. Wenn du zu schnell rauskommst, kann das eine nervliche Belastung sein. Sei sanft mit dir. Die Abendmeditation ist besser vor dem Nachtessen, weil ein voller Magen den Metabolismus steigert, während die Meditation den Metabolismus reduziert, so dass sich Meditation und Verdauung gegenseitig stören. Es ist auch immer gut, dass nach der Meditation noch eine gewisse Aktivität folgt. Das hilft der progressiven Integration der Meditation mit der Aktivität, so dass dein Nervensystem sich daran gewöhnt, die Stille der Meditation gleichzeitig mit der Aktivität aufrechtzuerhalten. Es gibt Menschen, die aber lieber vor dem Einschlafen meditieren. Das hat den Vorteil, dass wenn du nach der Meditation in den Schlaf übergehst, du danach im Laufe der Zeit einen meditativen Schlaf erfahren kannst. Dein Körper schläft, aber du bleibst gegenwärtig. Die Nachteile sind hingegen, dass es passieren kann, dass du nach der Meditation so einen gewaltigen Energieschub bekommst, dass du gar nicht mehr schlafen kannst.

Sollte es passieren, dass du brutal aus der Meditation herausgeholt wirst, durch den Postboten oder eine andere Störung, so setzte dich danach einfach wieder für einige Minuten in Meditation und beende die Meditation auf die gewohnte, sanfte Weise.

Wir beurteilen die Meditation nicht auf der Basis der Erfahrungen in der Meditation, wir beurteilen die Meditation auf der Basis des Wandels in unserem Leben. Du kannst Meditationen erfahren, die mehr einem Hirndurchfall gleichen, so viele Gedanken fliessen durch, oder du kannst hohe, spirituelle Erfahrungen haben. Bei der Meditation geht es aber nicht um Erfahrungen. Meditation ist keine Erfahrung, Meditation ist das Erscheinen der inneren Stille. Das kann der Zwischenraum zwischen zwei Gedanken sein und mehrere Sekunden andauern, oder auch die Wahrnehmung der Stille hinter allen Gedanken und Erfahrungen.

Also nochmals: Wir beurteilen die Meditation nicht auf der Basis der Erfahrungen in der Meditation, wir beurteilen die Meditation auf der Basis des Wandels in unserem Leben. Ist dein Verhalten im Leben richtig, so zeigt das, dass deine Meditation in Ordnung ist. Weite und Verbundenheit wachsen, die Identifikation und die Verstrickungen lösen sich auf. Erwarte also keine besonderen Erfahrungen während der Meditation. Meditation ist einfach Stille. Denke auch nicht, dass du keine Gedanken mehr haben wirst in deinen Meditationen. Gedanken wirst du fast immer haben, aber du wirst sicher auch mehr und mehr innere Stille erfahren können. Auch die Früchte der Meditation brauchen Zeit zu reifen.

Widme eine Ecke in deinem Haus der Meditation. Schmücke diesen Platz mit einem geeigneten Bild, das du liebst. Einer Fotographie von einem lebenden oder auch verstorbenen Meister, den du achtest, den du liebst, einer Kerze, einem Räucherstäbchen. Das sind Dinge, die dir helfen, eine gute Atmosphäre zu bilden. Halte diesen besonderen Platz sauber und gepflegt. Jeden Tag zweimal meditieren, das sind zweimal Ferien, und in deinem Leben wirst du die Reinheit und Schönheit deines eigenen Seins erfahren können. Dein Bewusstsein, deine wahre Natur, deine wahre Identität ist noch nie von irgendeiner Erfahrung befleckt worden. Dein Bewusstsein ist deine grundlegende Gutheit, das bist du.

Das Leben des Menschen ist eine Luftblase
auf der Oberfläche des Wassers,
eine Luftblase entsteht und vergeht,
das Wasser bleibt stets dasselbe.
                                      Irina Tweedie [96]

VERSCHIEDENE BEWUSSTSEINSZUSTÄNDE

Wir kennen alle den Tiefschlaf, den Traumzustand und das Wachbewusstsein. Wenn wir anfangen zu meditieren, entdecken wir einen vierten Bewusstseinszustand. Denken und Wahrnehmung sind transzendiert. Wir erfahren einen Zustand von reinem, inhaltslosem Bewusstsein, ein Grundzustand des Bewusstseins. Diese Erfahrung ist kurzfristig. Am Anfang ist unser Nervensystem noch unflexibel und ist noch nicht fähig, diesen vierten Zustand des Bewusstseins auch während der Aktivität aufrechtzuerhalten.

Mit regelmässiger Praxis der Meditation wird unser Nervensystem zunehmend flexibler und fähiger, die Erfahrung des reinen Bewusstseins auch während der Aktivität aufrechtzuerhalten. Anfänglich wird diese Erfahrung erst möglich sein in Situationen, wo die Aktivität sehr gering ist. Zum Beispiel während dem Schlafen, dem Träumen oder im täglichen Leben während ruhiger Aktivität. Im Voranschreiten, mit wachsender Integration von Meditation und Aktivität, wird der Moment kommen, wo unser reines Bewusstsein uns nicht mehr verloren geht.

Das ist jetzt der fünfte Bewusstseinszustand, den wir Erleuchtung nennen. In diesem Zustand sind wir im reinen Bewusstsein verankert und werden zum stillen Zeugen der geistigen Aktivität. Das subjektive Selbst wird als vollständig getrennt vom Handeln und Wahrnehmen in der Welt erfahren.

Die Entwicklung geht weiter, feineres Verständnis und feinere Wahrnehmung entwickeln sich. Man wird zunehmend fähig, das reine Bewusstsein nicht nur in sich, sondern auch bei anderen Menschen, Tieren und in der Natur, wahrzunehmen und zu erkennen. In diesem Bewusstseinszustand wächst Liebe, Hingabe und Freude zu seiner Erfüllung. Dieser sechste Bewusstseinszustand wird von einigen Traditionen als Gottes-Bewusstsein benannt. Es besteht noch eine feine und subtile Trennung von der uns umgebenden Schöpfung. Diese Erfahrung von Getrenntsein ist die Voraussetzung für die Sehnsucht nach Einswerdung.

Daraus entsteht ein siebter Bewusstseinszustand, das Einheitsbewusstsein.

Die Wahrnehmung lokalisiert das reine Bewusstsein, die Unendlichkeit, das göttliche Sein, an jedem Punkt der Schöpfung. Die gesamte Schöpfung wird als das eigene Sein, Selbst, erkannt. Es gibt keine Trennung mehr zwischen Selbst und Schöpfung, beide sind eins.

Die Grundlage aller Bewusstseinszustände bleibt der Raum des Herzens und der Liebe.

"Ich und der Vater sind eins." Jesus Christus

Wie die Entwicklung danach weitergeht weiss ich nicht, aber ich ahne, dass sie weitergeht. Die Ich-Identifikation, ändert sich in den verschiedenen Bewusstseinszuständen. Die grösste Umstellung und Veränderung geschieht im Moment der Erleuchtung und im Einheitsbewusstsein.

Was ich hier schreibe, entsteht leider nicht aus eigenem Erfahren. Was ich gut kenne, ist Schlafen, Träumen und den Wachzustand. Auch in der Meditation geschieht es mir noch oft, einfach einzuschlafen.

Shankara sagt

«*Den Schatz, den ich fand, kann nicht mit Worten beschrieben werden. Der Geist kann ihn nicht fassen. Mein Geist fiel wie ein Hagelkorn in die riesige Weite des Bewusstseins. Als ich einen Tropfen davon berührte, schmolz ich hinweg und wurde eins mit dem Absoluten. Und selbst nun, da ich zum menschlichen Bewusstsein zurückkehre, sehe ich nichts, höre ich nichts, das nicht göttlich ist. Ich weiss, dass nichts von mir verschieden ist.*» [97]

TONGLEN

Tonglen, eine Möglichkeit, gestörte Emotionen und Energien zu wandeln. Aus dem Buch „Tonglen" von Pema Chödrön:

Unser Herz öffnen.

Die Übung des Öffnens unseres Herzens hat zwei Aspekte: Glück teilen und Schmerz annehmen. Das heisst zuerst einmal: Wenn in deinem Leben irgendetwas besonders Erfreuliches geschieht, dann wünsche dir, dass andere an dieser Freude teilhaben können. Zum anderen heisst es: Wenn du irgendeine Form von Leiden erfährst, dann denke, dass viele andere Menschen ebenfalls leiden, und hege den Wunsch, sie mögen frei sein vom Leiden. Das ist das Wesentliche der Tonglen-Haltung: Sind die Umstände angenehm, denkst du an andere; sind die Umstände schmerzlich, denkst du an andere.

Gebet

«Mein Herr und mein Gott,
nimm alles von mir, was mich hindert zu dir!
Mein Herr und mein Gott,
gib alles mir, was mich fördert zu dir!
Mein Herr und mein Gott,
nimm mich mir und gib mich ganz zu eigen dir!»

Nikolaus von der Flüe [98]

Teresa von Avila, die im Jahre 1515 geboren wurde, gebrauchte nicht das Wort „Meditation", sondern sie nannte es „Gebet der Ruhe". Im Buch: „Aus der Quelle schöpfen" wird Teresa von Avila zitiert: „Du weisst, durch das mündliche Gebet kannst du wie von selbst zum Gebet der Ruhe geführt werden. Die eine Gebetsweise schliesst daher die andere nicht aus. Viele haben auf ihrem geistlichen Weg mit dem mündlichen Gebet begonnen und sind unbemerkt in ein tiefes Staunen und Schweigen der Seele eingetreten. Gerade durch das Beten des „Vaterunsers" kannst du zum innerlichen Gebet geführt werden und damit in ein Schweigen vor Gott. Die ruhevolle Wachheit in der Gottesnähe ist die beste Voraussetzung, ihm zu begegnen und von ihm berührt zu werden. Machst du Fortschritte im Gebet der Ruhe, so beginnt der Herr dir zu zeigen, dass er deine Bitten erhört.

Gott steht im Mittelpunkt zwischen allen Dingen.
Juliana Norwich [99]

Konkrete Hinweise, die dir den Einstieg in das innerliche Gebet erleichtern. Was auch im Gebet geschieht, es geschieht zu deinem Besten, du erfährst den Urgrund, aus dem dein Leben und das der gesamten Schöpfung entspringt. Das Wichtigste, um leicht in das innerliche Gebet hineinzukommen, soll dir noch einmal kurz zusammengefasst vor Augen geführt werden: Suche dir einen Platz, an dem du möglichst nicht gestört wirst. Setze dich bequem und gib im Ausatmen deine Anspannung ab. Schliesse die Augen und habe keine Erwartung an Kommendes. Lass dein bewusstes Denken ruhen. Gehe auch keinem Gedanken nach, der von selbst kommt.

Was Du suchst, ist das, was sucht.
Franz von Assisi [100]

Bei diesem Gebet bist du nicht mit dem Verstand tätig. Um deine umherschweifenden Gedanken und Kräfte zu sammeln, wenn es nicht bereits von selbst geschieht, richte dich in einer kurzen Gebetsanrufung, die du innerlich wiederholst, auf Jesus Christus aus. Schon sehr bald spürst du innere Sammlung und Ruhe, die sich von selbst einstellen. In dieser Hingabe an Gott tust du von dir aus rein gar nichts. Überfallen dich jedoch Gedanken oder eine Unruhe, die dich besetzen, kehre zu deinem Gebetswort zurück und wiederhole es innerlich. Schon sehr bald wird sich dir erneut die wohltuende und heilende Ruhe schenken. Lass alles geschehen, was geschehen will. Setze von dir aus dein verstandesmässiges Denken nicht ein und aktiviere auch nicht deine Wahrnehmung. Nach einiger Zeit der Übung des innerlichen Gebetes stellen sich Sammlung und Ruhe auch dann von selbst ein, wenn du dich zum Gebet hingesetzt hast, dich aber andere Dinge beschäftigen und du nicht einmal mehr motiviert bist zu beten.

Wenn du dich jetzt bewusst zurücknimmst, dich nicht anstrengst oder deinen Willen einsetzt, wirst du für Körper, Geist und Seele diese erhebende Ruhe erfahren. Hast du das Gefühl, dich zu verlieren, hab keine Sorge. Dir kann nur etwas Gutes geschehen. Mit grossem Gewinn wirst du in deiner seelischen Entwicklung Fortschritte machen. Wenn du dich – vielleicht nach einer halben Stunde – vom Gebet erhebst, wird dir diese Zeit sehr kurz vorkommen, und du hast das Verlangen, dein Gebet fortzusetzen. Beende aber das innerliche Gebet und spr-che stattdessen ein mündliches oder nimm dir jetzt Zeit zur geistlichen Schriftlesung, du bist nicht mehr weit davon entfernt, dass sich dein Lesen in Gebet wandelt. Selbst wenn du vermeintliche Rückschläge beim innerlichen Gebet erlebst, darfst du sicher sein, dass alles zu deinem Besten geschieht. Halte durch und gib nicht auf! Du übst eine wunderbar einfache Gebetsweise, die dein gesamtes Leben bereichert.

Wie Kerzenschimmer im hellen Sonnenlicht seine relative Bedeutung verliert, so verlieren im ewigen Lichte absoluter Seligkeit die relativen Lebensfreuden ihre beherrschende Macht über den Geist.
Maharishi Mahesh Yogi [101]

Sie befreit dich von Abhängigkeiten, lässt dich das Veränderliche vom Unveränderlichen unterscheiden, gibt dir grössere Entschiedenheit und Freiheit deines Geistes. Eine überaus wichtige Erfahrung, die du beim Üben des innerlichen Gebetes machen wirst, ist die innere Sammlung, du fühlst sie ganz tief in deinem Inneren und nimmst wahr, wie sich zu deiner äusseren Wahrnehmung eine weitere, die innere Wahrnehmung, einstellt. Deine Seele möchte sich in ihr Inneres zurückziehen. Während du beim Gebet die körperlichen Augen schliesst, öffnen sich die deiner Seele, um göttliche Kräfte in sich aufzunehmen. Es ist schwer oder gar unmöglich, diese Erfahrung in Worte zu kleiden oder Vergleiche zu finden, mit denen sie beschrieben werden kann."

ÜBUNG DER GLEICHHEIT

„Es ist eine allgemein menschliche, schlichte Wahrheit, dass jedermann glücklich sein und Leid vermeiden möchte, genau wie wir selbst. So wie du selbst, will jeder Mensch Freude empfinden, akzeptiert und geliebt sein, respektiert und geschätzt werden für seine einzigartigen Qualitäten. Ein jeder möchte gesund sein und sich in seiner Haut wohl fühlen. So wie du selbst, will niemand ohne Freunde und einsam dastehen, von anderen verachtet werden, krank sein oder sich wertlos und deprimiert fühlen." Diese einfache und wichtige Betrachtung ist aus dem Buch «Tonglen» von Pema Chödrön. «Wir sitzen also alle im gleichen Boot. Wenn du einer anderen Person begegnest, erinnere dich an diese einfache Tatsache. Genau wie ich wäre dieser Mensch gern glücklich; genau wie ich möchte er nicht leiden.» Besonders wenn du mit einem Menschen eine schwierige Beziehung hast, erinnere dich an diese einfache Tatsache. In Freude und Leid sind wir gleich. Durch diese Übung bestätigen wir, dass wir alle teilhaben am Menschsein, wir stellen eine überraschend intime Beziehung zu den anderen her. Sie werden so etwas wie Familienmitglieder für uns, und das trägt dazu bei, unsere Isolation und Einsamkeit aufzulösen.»

Die Liebe, die du für ein einzelnes Wesen empfindest,
könnte sich auf die ganze Welt ausdehnen,
ohne sich selbst zu erschöpfen.

Mooji [103]

Mein "ich" ist Gott,
und ich kenne kein anderes ich als diesen meinen Gott.
Katharina von Genua. [102]

UNGERECHTIGKEIT

Ein neuer Umgang mit Ungerechtigkeit. Wenn ich an der Tagesschau Kriegsberichte sah, konnte ich mich empören, wütend werden und auch Hass und Aggression erzeugen. Es war mir bewusst, dass in diesem Fall mein eigenes Gift an die Oberfläche kam und, dass meine Emotionen nur noch mehr Disharmonie in die Welt stellten. Ich wusste aber nicht, wie ich auf eine gesunde Art darauf reagieren konnte. Vor ein paar Jahren befand ich mich in der Nähe von Dresden an einem Kurs über Geistestraining und Meditation bei meiner Lehrerin Pyar.

In einer Mittagspause habe ich Dresden besucht und eine Ausstellung über die Bombardierung von Dresden gesehen. Ich bin Schweizer und kannte das Ausmass der Bombardierung nicht. Ich war schockiert. Als ich wieder am Kurs war, sass ich in den hinteren Reihen und habe mich in meinen Gedanken verloren. Mein Geist war nicht mehr am Kurs. Er war in den Bildern der Zerstörung von Dresden und ich überlegte mir, dass die gleichen Nationen, die dieses Kriegsverbrechen begangen hatten, heute den Irak bombardierten mit der Begründung, dass es dort Massenvernichtungswaffen geben könnte. Meine übliche Wut kam auf und gleichzeitig die Erkenntnis der Nutzlosigkeit meines eigenen Giftes. Ich wurde wieder meiner Umgebung bewusst und hörte gerade noch das Ende eines Satzes von Pyar: „Gib dein Mitgefühl und deine Anteilnahme nicht nur den Opfern, sondern auch den Tätern." Das habe ich sofort angewandt. Ich habe an die politischen und militärischen Befehlshaber gedacht, die dieses Kriegsverbrechen angeordnet haben und auch verantworten müssen. Ich habe ihnen mein Mitgefühl gegeben, dass sie in ihrer Menschlichkeit so tief fallen konnten und sich mit so grosser Schuld belastet haben.

Den Schmerz der anderen muss ich bekämpfen,
weil es genauso Schmerz ist wie mein eigener.
Die anderen sind fühlende Wesen genau wie ich.
Deshalb muss ich zu ihrem Wohle handeln.
　　　　　　　　　　Dalai-Lama XIV [104]

Mit Verblüffung konnte ich feststellen, dass meine Wut sich in der Fraktion einer Sekunde in Liebe umwandelte. Es war kein Umwandlungsprozess, es war eine augenblickliche Umwandlung, ganz anstrengungslos. Ich habe Pyar davon erzählt und sie hat meine Erfahrung relativiert, da ich ja mit Pantoffeln in der Wärme sitze und nicht direkt betroffen war, aber das Prinzip hat sie mir bestätigt.

Darkness cannot drive out darkness; only light can do that. Hate cannot drive out hate; only love can do that. Hate multiplies hate, violence multiplies violence, and toughness multiplies toughness in a descending spiral of destruction... The chain reaction of evil - hate begetting hate, wars producing more wars - must be broken, or we shall be plunged into the darkness of annihilation.
Dr. Martin Luther King, Jr. [105]

Denke an eine Ungerechtigkeit, die du erfahren hast, denke an den verantwortlichen Menschen dieser Ungerechtigkeit. Betrachte jetzt, dass auch dieser Mensch selber schon Opfer war und Opfer sein wird. Sicher hat er diese Ungerechtigkeit nicht aus Liebe und Freude gemacht, sondern aus seiner eigenen Schwäche, Unzulänglichkeit, aus eigener Verletztheit heraus. Die grundlegende Natur aller Mitmenschen ist das absolute, göttliche Bewusstsein und nicht die Identifizierung und Verstrickung mit den veränderlichen Inhalten des Geistes. Wir haben darum alle ungefähr die gleichen Probleme. Aus dieser Betrachtung gib ihm jetzt dein Mitgefühl. Die Verantwortung muss er selber tragen, aber dein Mitgefühl kannst du ihm geben. Verbleibe in dieser Stille und erkenne, was sich in dir damit schon verändert hat, was sich gelöst hat.

DIE KRAFT EINES GEDANKENS

Ich möchte ich dir eine Erfahrung schildern, die ich etwa 1993 gemacht hatte. Eine junge Frau mit Heroinproblem besuchte mich zu einem Vorstellungsgespräch. Sie stand noch unter Drogen, als sie mit mir über ihre Suchtproblematik sprechen wollte. Ich liess sie die Tarot-Karten nach Gerd Ziegler legen. Wir haben das keltische Kreuz gelegt. Diese Lege-Art habe ich gern, weil sie einem ein Bild der Grundsituation gibt, den Kern der Frage und auch die verschiedenen Einflüsse in Betracht zieht. Die Karten, die sie der Zufall wählen liess, entsprachen klar ihrer Situation. Ihre Grundsituation wurde dargestellt mit der Karte 15 „Der Teufel". Kurz gesagt ist das ein Bild, das eine starke Verstrickung und Hemmung symbolisiert. Ich habe ihr darauf gezeigt, was ich ihr für eine Kartenstellung wünsche.

Danach machten wir eine von mir geführte Meditation und ich liess sie gedanklich die Zielvorstellungen innerlich verbal wiederholen, in Form von „ich entschliesse mich" und „ich will". Nach der Meditation liess ich sie die Tarot–Karten nochmals legen. Das Resultat war verblüffend, da es exakt die neuen Gedankenbilder und Entschlüsse widerspiegelte. Diese Frau hat danach angefangen, regelmässig zu singen und meditieren und lebt heute sauber. Sie ist ein ganz schöner und wertvoller Mensch, wir sind gute Freunde geworden. Als ich einige Jahre später selber in grosse Schwierigkeiten kam, hat sie mir auch ganz konkret geholfen.

Ich schildere dir diese Episode, weil sie so klar darstellt, wie schon ein einziger Gedanke einer Situation eine neue Richtung geben kann. Man sagt, dass ein Gedanke, der dreimal wiederholt ist, schon zum Programm wird. Ist ein Gedanke noch von Sinneswahrnehmungen begleitet, so wird er noch stärker. Das ist auch der Grund, warum man in allen Traditionen der Welt Rituale ausführt mit Musik, Gesang, Duft, Licht und Bewegung. Wir haben hier in dieser Form des Kurses nicht die Möglichkeit, ein Ritual für unsere Ziele zu improvisieren, aber wir können zusammen eine geführte Meditation machen, mit den Zielen von Klarheit, Freude, Geradheit, Echtheit, Ehrlichkeit, Güte, Weite, Vergebung, Freiheit, Offenheit, Feinheit, Kraft und ein volles Ja zum Leben. Lese laut:

«Ich erkenne meine grundlegende Gutheit. Ich entschliesse mich für Klarheit und Freude. Ich entschliesse mich für Geradheit und Echtheit. Ich entschliesse mich für Ehrlichkeit und Güte. Ich entschliesse mich für Weite und Vergebung. Ich entschliesse mich für Freiheit und Offenheit. Ich entschliesse mich für Feinheit und Kraft. Ich entschliesse mich für ein volles Ja zum Leben. Ich bin dankbar für mein Leben.»

Loslassen wird oft missverstanden.
Es geht um das Loslassen von falschen Wahrnehmungen
und irrigen Vorstellungen der Wirklichkeit,
nicht jedoch um ein Loslassen der Wirklichkeit.
Pyar [106]

Lass deine Wünsche nach innen sinken und warte.
Erlaube der Erfüllung zu dir zu kommen.
Widerstehe sanft der Versuchung, deine Träume bis in die Welt hinein zu verfolgen.
Verfolge sie in deinem Herzen, bis sie im Selbst verschwinden, und lass sie dort ruhen.
Maharishi Mahesh Yogi N° [121]

LUST HABEN

Was wir wollen und wozu wir Lust haben. Leider ist das, auf was wir gerade Lust haben, nicht immer übereinstimmend mit dem, was wir tatsächlich wollen. Du solltest dich entscheiden und klar wissen, was du wirklich willst, und danach musst du dich in den täglichen Situationen daran erinnern, zwischen dem, wozu du gerade Lust hast, und dem, was du wirklich willst, das Bessere und Wertvollere für dich zu wählen. Du musst also eigentlich nur ständig das Beste für dich wählen, und aus deiner Gegenwart wird eine entsprechende Zukunft sich gestalten.

MEINUNGEN

Wir alle haben unsere Meinungen, die wir uns durch unsere Erfahrungen aufgebaut haben. Diese Meinungen sind uns nützlich, weil sie uns eine Richtlinie geben, doch gleichzeitig sind sie auch unser Gefängnis durch ihre Begrenztheit. Wir haben immer nur unseren Gesichtspunkt, wo es doch logischerweise tausend andere Möglichkeiten der Betrachtung gibt. Vor einigen Jahren bin ich in eine unangenehme Situation geraten, in der mir meine Meinung zum Hindernis wurde. Es war mir möglich, zu erkennen, dass die Emotion in Verbindung mit meinen Meinungen verhinderte, eine umfassendere und vollständigere Betrachtungsweise zu erlangen. Ich konnte aber meine Meinung nicht einfach unter den Tisch wischen. Diese Problematik, die für mich sehr schmerzvoll war, hat ziemlich lange angedauert, bis mir eines Tages ein erlösender Gedanke kam: „Da mir ja die Meinungen von Herrn Rossi, Herrn Müller und Herrn Bünzli gleichgültig sind, gibt es eigentlich gar keinen Grund, meiner Meinung mein ganzes Interesse zu widmen". Ich konnte meine Meinung behalten. Da ich ihr jedoch nicht mehr mein volles Interesse gab, hat sie mich freigelassen. Was ich damit sagen will, ist, dass es auf der einen Seite wichtig ist, sich eine Meinung zu bilden, gleichzeitig sie aber nicht so todernst zu nehmen.

ÜBERWINDUNG DES SCHLECHTEN

Über den Kampf zur Überwindung des Schlechten möchte ich dir hier einen kleinen Abschnitt aus dem I GING, das Buch der Wandlungen zeigen:

Für den entschlossenen Kampf des Guten zur Beseitigung des Bösen gibt es bestimmte Regeln, die nicht ausser Acht gelassen werden dürfen, wenn man Erfolg haben will. Entschlossenheit muss auf einer Vereinigung von Stärke und Freundlichkeit beruhen.

Ein Kompromiss mit dem Schlechten ist nicht möglich; es muss unter allen Umständen offen diskreditiert werden. Ebenso dürfen auch die eigenen Leidenschaften und Fehler nicht beschönigt werden.

Der Kampf darf nicht direkt durch Gewalt geführt werden. Wo das Böse gebrandmarkt ist, da sinnt es auf Waffen, und wenn man ihm den Gefallen tut, es Schlag gegen Schlag zu bekämpfen, so zieht man den Kürzeren, weil man dadurch selbst in Hass und Leidenschaft verwickelt wird. Darum gilt es, beim eigenen Haus anzufangen: persönlich auf der Hut zu sein vor den gebrandmarkten Fehlern. Dadurch stumpfen sich die Waffen des Bösen von selbst ab, wenn sie keinen Gegner finden. Ebenso dürfen auch eigene Fehler nicht direkt bekämpft werden. Solange man sich mit ihnen herumschlägt, bleiben sie immer siegreich.

Die beste Art, das Böse zu bekämpfen, ist energischer Fortschritt im Guten. Das möchte ich wiederholen: Die beste Art, das Böse zu bekämpfen, ist energischer Fortschritt im Guten.

Sieh die Einheit in der scheinbaren Phase der Verschiedenheit, sieh den unbegrenzten Ozean in den Wellen des Ozeans!
Maharishi Mahesh Yogi [107]

Im Umgang mit Emotionen und Gedanken haben wir bereits festgestellt, dass wir immer das, worauf wir unsere Aufmerksamkeit lenken, beleben. Wir erwecken es zum Leben, also folgt daraus, dass Aufmerksamkeit Energie ist. Die beste Art und Weise, Negativität zu begegnen, ob von innen oder aussen, ist: Indifferenz! Beobachte also deine negativen Gedanken und damit erzeugten Emotionen.

Steige nicht darauf ein. Bleibe neutral. Versuche nicht gegen etwas anzugehen, versuche nicht sie loszuwerden, genau dadurch bleiben sie. Bleibe im Wahr-Nehmen, Fühlen, Beobachten, ohne Reaktion, bis der Druck nachlässt. Dann wird der Geist wieder freier, und du hast wieder die Wahl, über den Inhalt deiner Gedanken zu entscheiden. Du kannst auch die Sensationen in deinem Körper fühlen, einfach nur fühlen.

Auch dann wird sich Emotionales und Mentales beruhigen, und du fühlst dich freier und leichter. Wenn du über Negativität nachdenkst, analysierst oder sie bekämpfst, dagegen angehst, bindest du dich in jedem Fall an sie. Sei auch, so viel es dir möglich ist, in der Natur und betrachte Schönheit und Weite, lade dich mit ihrer Harmonie, Stille und ihrem simplen Sosein auf. In der Natur findet man sich leicht wieder. Was die Menschen betrifft, so meide schlechte Gesellschaft, bis du selber stark und zentriert bist. Suche Menschen, die dich unterstützen. Hege Mitgefühl und Anteilnahme für Menschen, denen es schlecht geht, verurteile sie nicht aufgrund ihres Unvermögens. Der grosse Yogameister Patanjali, der vor tausend Jahren gelebt hat, sagt: «Gegenüber den Unglücklichen sollten wir Mitgefühl zeigen. Gegenüber den Glücklichen sollten wir Freundlichkeit pflegen. Den Bösen gegenüber sollten wir gleichgültig sein. An der Tugend sollten wir uns erfreuen.»

Pyar, meine Lehrerin, sagt: «Wenn du Ungerechtigkeiten siehst, gib dein Mitgefühl nicht nur dem Opfer, sondern auch dem Täter.» Das ist noch ein Schritt weiter als Patanjali.

Versuche es, es wird dir dabei sofort auch bessergehen. Wenn es dir schlecht geht, werde aktiv im positiven Sinn: Gehe in das Körpergefühl, um ins Jetzt zurückzukehren und den Denkprozess bewusst werden zu lassen.

Liebe ermöglicht unserem Herz sich zu weiten und alles was uns begegnet, sei es freudig oder schmerzlich mit unserem Herzen zu umschließen.

Pyar [108]

AGGRESSION, WUT

Wenn du negative Energien erlebst wie Aggression, Wut, Eifersucht usw., hast du verschiedene Möglichkeiten, diese Energien zu deinen Gunsten umzuwandeln.

Erinnere dich an das Tonglen, wie wir es am achten Kurstag behandelt haben.

Erinnere dich auch, deinem Geist die Aufgabe der «Mantra-Japa» Übung zu geben. Auch das Körpergefühl aufrechtzuerhalten, erlaubt dir, gegenwärtig und bewusst zu bleiben und nicht in deinen Geschichten zu versinken.

Wenn es dir schlecht geht, bist du meistens im egozentrischen Gedankenmodus hängen geblieben. Um da herauszukommen, öffne deine Sichtweise. Sich an die Dankbarkeit zu erinnern, ist ein solches sich Öffnen. Eine andere Möglichkeit sich zu öffnen besteht darin, alle unsere täglichen Handlungen einem Meister oder Gott zu widmen, zu offerieren und zu übergeben. Dies ergibt eine grössere Freiheit gegenüber der Handlung und es geht dir sofort besser. Versuche es. Du wirst bemerken können, dass die Resultate deiner Handlungen eine neue und bessere Qualität erhalten. Du wirst feststellen, dass es dir dabei besser ergeht. Du fühlst dich freier. Nehmen wir an, dass es eine Arbeit gibt, die dir widersteht. Das nächste Mal, wenn diese Arbeit ansteht, offeriere sie einem höheren Prinzip, und dieselbe Arbeit fühlt sich leichter an.

Ich kann dir dazu eine schöne Erfahrung erzählen. Ich fuhr in meinem Auto durch die Stadt Lugano und überlegte mir: «Wie kann ich offerieren? Was kann ich offerieren? Kann ich alle Handlungen offerieren? Oder nur einige?» Als ich so grübelte, fuhr ich gerade durch einen kleinen Tunnel, eine Unterführung am Bahnhof Lugano. Als ich aus dem Tunnel kam, sah ich auf der anderen Seite ein grosses Plakat mit der Schrift: „Take it easy." So hatte ich den ersten Teil meiner Antwort. Ich fuhr weiter und besuchte ein Behindertenheim. Als ich eintrat, wurde ich von einem geistig und körperlich spastisch behinderten, blinden jungen Mann begrüsst. Er hielt sich an einem Heizkörper an der Wand fest und als er meine Stimme hörte, rief er mich mit grosser Freude und sagte mir: „Ich habe dir sieben Lieder gewidmet." Er wusste, dass ich in diesen Tagen Geburtstag hatte. Ich bedankte mich, ich war aber auch erstaunt und fragte ihn, wie er denn das gemacht habe. Er antwortete: „Ganz einfach, ... wenn ich ein schönes Lied hörte, ... habe ich es dir gewidmet." So erhielt ich den zweiten Teil der Antwort auf meine Frage, von einem Menschen der blind, spastisch und auch geistig behindert ist. Welch geistige Grösse!

Gebet

Schenke mir ein dankbares Herz, o Herr,
Ein Herz, das nicht nur dankt, wenn es mir beliebt,
Als ob Dein Segen an anderen Tagen überflüssig sei,
sondern ein Herz, das Dir zu Ehren schlägt. O Herr!
Schenke mir ein Herz, dessen Pulsschlag
Deinen Namen singt. [109]

RESULTAT VERGANGENER GEDANKEN

Dein heutiges Leben ist das Resultat deiner vergangenen Gedanken, Gefühle und Handlungen. Willst du deine Zukunft kennen, beobachte ganz einfach die Qualität deiner jetzigen Gedanken, Gefühle und Handlungen. Es nützt dir nichts, das zu wissen, du musst es auch anwenden, das muss geübt werden. Erinnere dich im Laufe des Tages daran. Die Übung hat zwei Teile: 1: Nimm dir einen angenehmen Gedanken, der dir ein gutes Gefühl gibt und halte ihn aufrecht, solange es dir möglich ist. 2: Sei aufmerksam und beobachte, was für ein Echo dir die Welt entgegenbringt. Meistens musst du gar nicht lange warten. Ich habe dabei Erstaunliches erlebt.

WENN ES DIR SCHLECHT GEHT

Was tun, wenn es dir schlecht geht? Beobachte dich in deinem Verhalten. Hörst du dann immer die gleiche Musik? Eventuell sogar traurige oder aggressive Musik? Ist das schon ein Programm? Solltest du das feststellen, wechsle, und wähle dir eine andere und harmonische Musikform und sehe, was passiert. Wenn es dir nicht gut geht, mit welchen Menschen suchst du dann den Kontakt? Man sagt: Vögel gleichen Gefieders hocken zusammen. Beobachte deine Umgebung und gehe nicht zu Personen, die deinen Schmerz noch verstärken.

Erinnere dich an das «Tonglen» und an «MantraJapa». Halte das Körpergefühl aufrecht, singe und meditiere. Solltest du irgendwelche Substanzen konsumieren, mit der Hoffnung, dem Unwohlsein zu entfliehen, wisse, dass es dir danach noch schlechter geht. Kiffer geraten in Traurigkeit, Angstgefühle und paranoide Vorstellungen. Lass das Kiffen. Lass natürlich Heroinkonsum, Kokainkonsum und übermässigen Alkoholkonsum. Ist dir das schon nicht mehr möglich, mach den Entzug in einer familiären Umgebung, dann hast du den Entzug in einer Woche hinter dir. Ein Entzug im Krankenhaus dauert in der Regel einige Wochen. Hast du eine Abhängigkeit von einer Substanz, sei es Alkohol, Heroin oder Kokain usw., so hast du meistens eine schlechte Energie im Haus. Im Moment wo du dich entschliesst, damit aufzuhören, frei zu werden, ist es für dich gut, den Wohnort zu wechseln und wenn es geht, auch das Mobiliar und die Kleidung.

Sollte dir das nicht möglich sein, so musst du Massnahmen ergreifen, um die Energie in deiner Wohnung zu wechseln. Was ich dir empfehle: Mantragesänge laufen lassen, Tag und Nacht, das Haus gründlich putzen, Einrichtung umstellen, positive Bilder aufhängen und die ganze Wohnung mit Weihrauch, Salbei oder auch einfach mit Räucherstäbchen ausräuchern. Mach ein Ritual daraus. Ein Gedanke, der mit Sinneswahrnehmungen verbunden ist, hat eine grössere Kraft. Aus diesem Grund vollführt man Rituale mit Bewegung, Kerzen, Duft, Musik und Gesang. Mach dein eigenes Ritual der Reinigung. Für dich ist es auch wichtig, in solch einer Zeit viel Wasser zu trinken, das hilft der inneren Reinigung. Lege dir auch eine kleine, aber wertvolle Sammlung von Büchern an, die ausschliesslich aufbauend und wahrheitsgetreu in ihrem Inhalt sind. Wenn du darin liest, erinnerst du dich sofort wieder an das Wesentliche. Lese darin vor dem Einschlafen, das gibt deinem Schlaf eine gute Energie. Beurteile deine Fortschritte nicht in kurzen Zeitabständen. Das Leben verläuft immer zyklisch, in ständigen Wechseln von Hoch und Niedrig. Akzeptiere das. Betrachte deine

Entwicklung über längere Zeitabstände und erkenne, was sich verändert hat, wo du stärker, freier, liebevoller, gelassener, klarer geworden bist. Wenn du einen Absturz erlebst, so stehe wieder auf, der Weg ist der gleiche geblieben.

Swami Muktananda, sagt: «Achte und liebe dein eigenes Wesen und lasse diese Liebe zu anderen fliessen. Meditiere über dein eigenes Selbst, erkenne dein eigenes Selbst und alle Erkenntnis wird dein.»

MUTTER UND VATER

In der Suchthilfe habe ich festgestellt, dass das Thema von Mutter und Vater meistens sehr konfliktbeladen ist. In allen Comics von Walt Disney, Micky Maus und Donald Duck wirst du nie einen Vater oder eine Mutter antreffen, weil dieses Thema bei vielen Menschen emotionelle Konflikte auslöst. Du wirst nur fernere Verwandte finden.

Da ich in meiner Arbeit feststellen konnte, dass dieses Thema besonders wichtig ist, möchte ich darüber ein paar Worte sagen. Sollte es dir sauer aufstossen, sei geduldig mit dir und mit mir, und lasse dich darauf ein.

Das Wertvollste, was du in deinem Leben hast, ist das Leben selbst, und dieses Leben hast du von deinen Eltern bekommen. Hast du deinen Eltern gegenüber Liebe und Dankbarkeit? Wenn ja, ist das gut. Wenn nein, bedenke, dass gestörte Gefühle gegenüber deinen Eltern auch in deinem Leben Störungen auslösen können, denn deine Eltern sind gewissermassen auch deine Wurzeln. Es ist wichtig, dass du diese Beziehung ins Reine bringst, mindestens in deinem Herzen, sollte es aussen nicht möglich sein. Vielleicht haben deine Eltern Fehler gemacht, auch schwere Fehler, aber das ist nicht deine Sache, das bleibt in ihrer Verantwortung.

Oft verlangen wir von unseren Eltern, dass sie perfekt, fehlerlos sind und haben es schwer zu verstehen, dass auch unsere Eltern ganz gewöhnliche Menschen sind. Lasse die Verantwortung deiner Eltern bei deinen Eltern. Deine Aufgabe für dein Leben ist es, ihnen Liebe und Dankbarkeit entgegenzubringen. Sei geduldig, auch mit dir, gib dir Zeit dazu, bis der Moment dafür für dich richtig ist. Lass es einfach mal so als Bild in deinem Geiste wirken, bis du dazu bereit bist.

Was dir dabei helfen kann, sind unter anderem zwei Gedanken: Erstens sind deine Eltern auch ganz gewöhnliche Menschen, verstrickt mit den veränderlichen Inhalten ihres Geistes, also genau wie du, nur in einem anderen Film. Du kannst ihnen auch darum dein Mitgefühl geben und ihnen ihre Fehler verzeihen. Zweitens sind auch deine Eltern nicht die veränderlichen Inhalte ihres Geistes, sondern sie sind auch in ihrer grundlegenden Natur das reine Bewusstsein, absolut rein und vollkommen, also genau wie du.

Darum ist es naheliegend, dass du deinen Eltern ihre Fehler verzeihen kannst und es ganz natürlich für dich ist, ihnen deine Liebe zu geben. Unsere Beziehung zu unseren Eltern ist ein wichtiges Thema und ich glaube, dass sehr viele Menschen da etwas zu bereinigen haben.

Ich zum Beispiel habe das erst im Alter von sechzig Jahren begriffen, als meine Eltern schon tot waren, und trotzdem hat sich für mich noch einiges positiv verändert.

Da wir schon das Thema von Mutter und Vater betrachtet haben ist es naheliegend, auch etwas rückwärts zu schauen, auf den Stammbaum deiner Familie.

1°) Dein Vater und deine Mutter das sind 2 Menschen.
2°) Deine Grosseltern das sind 4 Menschen.
3°) Deine Urgrosseltern das sind 8 Menschen.
4°) Deine Ur- Urgrosseltern der das sind 16 Menschen.
5°) Die Generation zuvor sind 32 Menschen.
6°) Die Generation zuvor sind 64 Menschen.
7°) Die Generation zuvor sind 128 Menschen.
8°) Die Generation zuvor sind 256 Menschen.
9°) Die Generation zuvor sind 512 Menschen.
10°) Die Generation zuvor sind 1 024 Menschen.
11°) Die Generation zuvor sind 2 048 Menschen.
12°) Die Generation zuvor sind 4 096 Menschen.

13°) Die Generation zuvor sind 8 192 Menschen.
14°) Die Generation zuvor sind 16 384 Menschen.
15°) Die Generation zuvor sind 32 768 Menschen.
16°) Die Generation zuvor sind 65 536 Menschen.
17°) Die Generation zuvor sind 131 072 Menschen.
18°) Die Generation zuvor sind 262 144 Menschen.
19°) Die Generation zuvor sind 524 288 Menschen.
20°) Die Generation zuvor sind 1 048 576 Menschen.
21°) Die Generation zuvor sind 2 097 152 Menschen.
22°) Die Generation zuvor sind 4 194 304 Menschen.

Wenn wir jetzt all diese Mütter und Väter, die deinen Stammbaum der vergangenen 22 Generationen bilden, zusammenzählen, so kommen wir auf

4 194 303 Mütter und 4 194 303 Väter

Vier Millionen hundertvierundneunzigtausend dreihundertdrei Mütter und vier Millionen hundertvierundneunzigtausend dreihundertdrei Väter.

Du fragst dich jetzt warum ich dir so eine Rechnung zeigen will. Zweiundzwanzig Generationen, das entspricht ungefähr vierhundert Jahre Geschichte. In früheren Generationen wurden die Kinder sehr früh gezeugt. Du siehst also, dass dein Stammbaum in zweiundzwanzig Generationen eine beachtliche Grösse bekommen hat. Hier sind natürlich nur die Mütter und die Väter betrachtet. Alle Brüder und Schwester mussten wir hier auslassen. Ich zeige dir deinen Stammbaum aus verschiedenen Gründen.

Du hast viele Verwandte in der ganzen Welt verteilt. Du bist ein Weltbürger. Wenn auch nur eines dieser geborenen Kinder gestorben wäre, so würdest du hier heute nicht sein. Daraus folgen zwei Betrachtungen: Erstens zeigt es, dass all diese Mütter und Väter ihre Kinder sehr achtsam beschützt haben und am Leben erhalten haben. In früheren Generationen war das eine Leistung, die Überlebenschance eines Kindes waren schwierig. Dass du heute lebst ist also ein grosser Erfolg des Lebens.

Du solltest das wertschätzen. Da haben viele Mütter und Väter sich ernsthaft eingesetzt um dieses Resultat zu erreichen.

Deine Geschichte ist eine Erfolgsgeschichte. Eine andere wichtige Betrachtung ist, dass jedes Kind bei seiner Geburt viel Liebe und gute Wünsche mitbekommen hat. Du hast die Möglichkeit, in deinem Rücken den Segen und die guten Wünsche von vier Millionen Mütter und vier Millionen Väter zu verspüren.

Wende dich einmal rückwärts, verneige dich, sage danke, zünde eine Kerze an und stelle eine Blume dazu. Kannst du jetzt diesen Segen in deinem Rücken verspüren? Oder ahnen?

Selbst wenn jemand sagt: ich bin oder das ist meins,
richtet er seine Gedanken auf das absolute ich,
dass von keiner Grundlage abhängt.
Von der Meditation darüber inspiriert,
erlangt er anhaltenden Frieden.

Vijnana Bhairava [110]

HUMOR

Bei den weisen Menschen dieser Welt findet man immer viel Humor. Und wir wissen alle, Lachen öffnet unsere Herzen.

Dein Lachen und dein Humor bewirkt etwas Gutes bei dir und bei deinen Mitmenschen.

Da war ein Rabbi, ein Meditationsmeister. Er hielt gerade einen Meditationskurs mit Übungen von morgens bis abends. Und da waren zwei Schüler, voll Hingabe zu ihrem Rabbi. Jetzt kam es, dass sie Lust hatten zu rauchen, wagten es aber nicht, ohne zuerst ihren geliebten Rabbi um Erlaubnis zu fragen.

Fragt der erste Schüler:
„Rabbi, darf ich rauchen während der Meditation?"

Antwortet der Rabbi: „Deine Frage erstaunt mich sehr, natürlich darfst du nicht rauchen während der Meditation."

Fragt der zweite Schüler:
„Lieber Rabi, darf ich meditieren, während ich rauche?

Antwortet der Rabi: „Natürlich mein Sohn. Immer, mein Sohn."

Treffen sich zwei alte Freunde auf der Straße wieder.

Fragt der eine: «Hallo, wie geht es dir?»

«Danke, gut. Es läuft, so wie immer.»

«Und wie geht es deinem Sohn? Ist er immer noch arbeitslos?»

«Ja, leider. Aber er meditiert jetzt.»

«Meditieren, was ist denn das?»

«Ich weiß es nicht genau, aber er sagt, das sei besser als einfach nur rumsitzen und nichts tun.»

Zwei buddhistische Mönche gingen zusammen auf Pilgerreise, für die sie auch verschiedene Gelübde abgelegt hatten. Unter anderem auch, in dieser Zeit Frauen fern zu bleiben. An einem Fluss angekommen, wurden sie von einer schönen jungen Frau angesprochen, mit der Bitte um Hilfe, um an das andere Ufer zu gelangen. Der eine Mönch überlegte nicht lange, hob sie auf seine starken Schultern und brachte sie sicher ans andere Ufer. Dort setzten sie ihre Pilgerreise fort. Der zweite Mönch machte sich Gedanken über das Verhalten seines Bruders in Bezug auf das Gelübde, das sie abgelegt hatten. Und so, nach einer Stunde der Überlegungen, fragte er: „Wie konntest du diese Frau anfassen, wo du doch ein Gelübde abgelegt hast? Wie kannst du das vereinbaren?"

Darauf bekam er die Antwort: „Ich habe meinem Mitgefühl und meiner Anteilnahme Ausdruck gegeben und sie über den Fluss gebracht und wieder abgestellt. Du hingegen trägst sie immer noch."

Martin wacht morgens mit einem furchtbaren Kater auf. Er zwingt sich, die Augen zu öffnen, und blickt zuerst auf eine Packung Aspirin und ein Glas Wasser auf dem Nachttischchen. Er setzt sich auf und schaut sich um. Auf einem Stuhl ist seine gesamte Kleidung, schön zusammengefaltet. Er sieht, dass im Schlafzimmer alles sauber und ordentlich aufgeräumt ist. Und so sieht es in der ganzen Wohnung aus. Er nimmt das Aspirin und bemerkt einen Zettel auf dem Tisch: «Liebling, das Frühstück steht in der Küche, ich bin schon früh 'raus, um einkaufen zu gehen. Ich liebe Dich!» Also geht er in die Küche und tatsächlich – da steht ein fertig gemachtes Frühstück, und die Morgenzeitung liegt auf dem Tisch. Außerdem sitzt da sein Sohn und isst. Martin fragt ihn: «Kleiner, was ist gestern eigentlich passiert?» Sein Sohn sagt: «Tja, Paps, du bist um drei Uhr früh heimgekommen, total besoffen und eigentlich schon halb bewusstlos. Du hast ein paar Möbel demoliert, in den Flur gekotzt und hast dir fast ein Auge ausgestochen, als du gegen einen Türgriff gelaufen bist.» Verwirrt fragt Martin weiter: «Und warum ist dann alles hier so aufgeräumt, meine Klamotten sauber zusammengelegt und das Frühstück auf dem Tisch?»

«Ach das!» antwortet ihm sein Sohn, «Mama hat dich ins Schlafzimmer geschleift und aufs Bett gewuchtet, aber als sie versuchte, dir die Hose auszuziehen, hast du gesagt: «Hände weg, Fräulein, ich bin glücklich verheiratet».

Aus www.starflash.de/witze/

AKTUELLE NEUIGKEITEN,
Informationen,
Mitteilungen und Aktualisierungen
betreffend das Buch:
Grundlegende Gutheit
Innere Freude
www.adhikara.com/buch-infos/

Deine Musik regt mich zum Tanzen an;
im Säuseln des Windes vernehme ich Dein Flötenspiel;
die Wogen des Meeres bewahren den Rhythmus
Deiner tanzenden Schritte.
In der ganzen Natur vernehme ich Deine Musik, mein
Geliebter;
im Tanze verkündet meine Seele in Liedern ihre Freude.

Hazrat Inayat Khan [115]

«Om Amoghasiddhi Ah Hum»

Zeichnung von Désirée Kabbalah Wiprächtiger

LEBEN

SUCHT

GLÜCKLICH

SEIN

EINE GESCHICHTE IM HAUS.
VON DÉSIRÉE KABBALAH WIPRÄCHTIGER.

Heute haben Vincenzo Kavod und ich die ersten Korrekturen seines Buches „Grundlegende Gutheit - Innere Freude" abgeschlossen. Zuerst haben wir noch einander vorgelesen, entschlossen uns aber nach wenigen Seiten, dies zu ändern ... aus zwei Gründen: Da Vincenzo die Schule vermehrt im italienischen Teil der Schweiz besucht hatte, sind ihm einige grammatikalische Gesetze der deutschen Sprache fremder als mir. So konnte ich also besser diese kleinen Fehler korrigieren.

Aber auch, weil, wenn er las, war er oft so berührt im Wiederbegegnen seiner Erfahrungen, dass er zu oft weinen musste. Die meisten, die ihn kennen, wissen, wie sehr sein Herz berührt sein kann und ihm dann die Tränen laufen. So war es auch etwas einfacher, wenn ich alles vorlas. Er sass dann zuhörend daneben, mit einem grossen Pack Taschentücher ausgestattet!

Vincenzo fragte mich, ob ich Lust hätte, hier auch einen Beitrag zu schreiben, aus meinem Leben und zu den Jahren in seinem Haus, was ich sehr gerne mache.

PERSÖNLICHE GESCHICHTE UND WIE ICH INS TESSIN, IN VINCENZO KAVODS HAUS KAM

Wenn ich euch hier von meiner Lebensgeschichte erzähle, geht es mir darum, euch eine der vielen Geschichten nahezubringen, die in eine Sucht führen können. Aber vor allem auch, wie wundervoll die göttliche Führung einen immer wieder, trotz allem, egal woher wir kommen, zu grosser, innerer Freude und unserem ursprünglichen Glücklichsein zu führen vermag.

Jeder Mensch, der in Vincenzos Haus kam, hat seine Geschichte, oft viel dramatischer als die meine, und jeder würde ein Buch damit füllen können.

Willst du dich für einen Augenblick aus deinem Wagen bemühen,
ich hätte dir etwas zu sagen und etwas zu zeigen?
Komm mit ins Haus, oberste Etage links!
Wenn du dann im Weiterfahren lächelst oder weinst etwas Gutes
oder Böses meinst, so freut es mich und du kannst wiederkommen,
oberste Etage links.
                              Cornelia [122]

LEBEN

Geboren wurde ich 1963, in Luzern. Ich hatte eine schwierige Kindheit. Dass ich dies so beschreibe, ist nicht eine Schuldzuweisung zu meinen Eltern oder an das sogenannte Schicksal. Alle haben ihr Bestmöglichstes getan innerhalb all ihren situationsbedingten Möglichkeiten. So, wie es eben uns allen aus unserem menschlichen Erfahren möglich ist.

Meine Eltern waren nicht verheiratet, sie hatten über acht Jahre eine lockere Beziehung. Als meine Mutter ungewollt schwanger wurde, durfte sie aus gesundheitlichen Gründen nicht abtreiben, so wie es mein Vater damals gerne gehabt hätte. Da bin ich sehr froh darüber. Mein Vater hat die Beziehung dann abgebrochen. Meine liebe Mutter war nun alleine mit mir, was in jenen Jahren eher noch aussergewöhnlich war und schämte sich für ihre Situation vor ihrer Familie. Sie versteckte mich über neun Monate erfolgreich.

Sie hat eine Zwillingsschwester, also meine Tante, die bereits drei Kinder hatte. Als meine Tante zufällig doch noch von meiner Existenz erfuhr, bot sie an, mich in ihrer Familie aufzunehmen. Für meine Mutter war das eine grosse Erleichterung.

So kam ich zu einer zweiten Mami, einem zweiten Papi und mit meinen Cousinen zu drei grossen „Schwestern". Später kam noch ein „Schwesterchen" dazu. Meine Mutter wohnte gleich um die Ecke, und wir hatten wir immer nahen Kontakt.

Meinen Vater sah ich einmal im Jahr, wenn er die Alimente bezahlen kam. Er war für mich ein fremder Mann. Er wollte nicht, dass jemand von meiner Existenz wusste, da er sich in der Stadt Luzern für einen angesehenen Fahrlehrer hielt und ein uneheliches Kind doch „eine Schande" war.

Ich war ein sehr scheues, eher unnahbares Kind, und am liebsten mit mir alleine.

Meine Schwestern habe ich sehr geliebt und genossen. Und auch sie haben mich als Schwester gesehen und geliebt.

Eine der schönsten Kindheitserinnerung ist, dass wir in der Familie viel gesungen haben. Wir haben vielstimmig alles gesungen, was uns in den Sinn kam. Bei jedem Ausflug, an Weihnachten, bei jedem Geburtstag. Wunderschön! Und Theater haben wir gespielt und viel gelacht zusammen.

Mit 5 Jahren hatte ich einen schweren Unfall. Ich hatte die Gewohnheit, das Treppengeländer bäuchlings herunterzurutschen. Eines Tages sollte ich in den Kindergarten, ich hatte keine Lust, musste aber gehen. Aus Trotz rutschte ich bäuchlings hinunter ... ich bekam Übergewicht nach vorne und stürzte, etwa 10 Meter, Kopf voran in die Tiefe. Ich hätte ganz klar tot sein können, kam jedoch, wenn auch folgenschwer, mit einem Kieferbruch und einem gestauchten Rückgrat davon. Danke!

Bei unserer kleinsten Schwester wurde mit drei Jahren ein schon grosser Tumor entdeckt. Dies war für uns alle ein trauriger Schock, und für Mami 2 eine zusätzliche Belastung, nebst dem Kampf um das tägliche Versorgen von uns allen. Für meine Mami 2 begannen Jahre mit viel Spitalaufenthalten mit meinem Schwesterchen. Chemotherapie, Bestrahlungen, viel Berührtheit, viel Trauer, viel Angst und wenig Aussicht auf Heilung. Ich war oft mir selbst überlassen. Meine grösste, acht Jahre ältere Schwester hat sich viel um mich gekümmert, und ich war leider oft nicht so lieb zu ihr.

Meine sechs Jahre jüngere „Schwester" verstarb im Alter von 7 Jahren. Ich war damals 12, und ich war dabei, als sie die Augen für immer verschloss. Sie setzte sich im Bett auf, schaute Mami 2 an, dann mich ... und ging.

Es war ein trauriges und sehr eindrucksvolles Erlebnis, welches mich auf verschiedene Arten prägte. Ich befasste mich somit schon früh mit unserer menschlichen Vergänglichkeit. Wir wurden katholisch erzogen und ich hatte schon früh eine tiefe, innere Beziehung zu Jesus. Meine grösste Schwester war Gott von klein auf sehr zugetan und hat mir viel Schönes beigebracht. Auch meine Grossmutter war mir in dieser Hinsicht eine wichtige Vermittlerin. Leider verstand ich diese Lehren eher im Sinne von falsch verstandener Demut, also, wir Menschen, die als Sünder geboren werden, und somit hatte ich dauernd ein schlechten Gewissen. Ich getraute mich nie, Jesus um Hilfe zu bitten, sondern entschuldigte mich immer für mein fehlerhaftes Dasein.

Als mein Schwesterchen starb, habe ich Jesus immer wieder gefragt, warum sie nicht mich genommen hätten, weil dann wäre die Familie viel weniger traurig gewesen. Ich glaubte auch sehr an die mystischen Wunder, die bei der Taufe, bei der Konfirmation und all den Ritualen geschehen könnten, ich wünschte es mir, hoffte und betete darauf, aber es geschah nie etwas. Es machte mich traurig, und ich empfand mich als unwürdig.

Einen Monat, nachdem meine Schwester gestorben war, wurde ich von einem fünfunddreissig Jahre alten Mann missbraucht. Ich kam jenen Abend stockbetrunken nach Hause, es hat niemand etwas bemerkt. Ich fühlte mich selber schuldig. So verschloss ich mich auch der gerade erwachenden Weiblichkeit. Durch den Unfall mit dem Kieferbruch hatte ich grosse Probleme mit den Zähnen und der Zahnstellung und ein tiefliegendes Trauma vor Zahnärzten. Ich wollte und konnte mit niemandem darüber reden. Jedoch wurden die Schmerzen unerträglich.

SUCHT

Durch eine Eskapade mit Freundinnen, wo wir eine Flasche Rotwein zum Spass tranken, merkte ich, dass Alkohol die Zahnschmerzen linderte. So kam ich auf die Idee, den geliebten Rotwein meines Pflegevaters zu klauen und heimlich in meinem Zimmer zu trinken. So ging ich, mit damals erst 13 Jahren, täglich angetrunken zur Schule. Da die Zahnschmerzen immer stärker wurden, steigerte sich schleichend die Menge an Rotwein. Für ein halbes Jahr merkte niemand etwas von meinem Dilemma. Die leeren Weinflaschen hortete ich in meinem Kleiderschrank, bis eines Tages meine Mami 2 sie entdeckte. Sie fragte nur, was das soll. Ich erschrak so sehr, dass ich sofort damit aufhörte. Zum Zahnarzt musste ich halt dann doch.

Meine eine grosse Schwester zog schon früh von zu Hause aus, nach Bern. Sie war ein richtiges „Flower-Power"-Mädchen, unternahm Reisen mit Freunden in einem VW-Bus, malte wunderschöne Bilder, lebte ein Leben, welches ich anstrebenswert fand, und war mir so ein grosses Vorbild. Ich durfte oft zu ihr in die Ferien. Mit ihren Freunden haben wir gesungen, Gitarre gespielt, ich fühlte mich richtig angenommen. Die Gitarre wurde zu meinem Lieblingsinstrument. Ich wünschte mir eine solche, und meine Mami 1 hat mir eine zu Weihnachten geschenkt! So lieb!! Viele Jahre habe ich sie überall hin mitgenommen.

Mit 16 Jahren las ich das Buch von Joseph Murphy: „Die Macht des Unterbewusstseins". Daraufhin hinterfragte ich alle Konzepte des katholischen Glaubens. Leider verstand ich damals nicht, dass die Göttlichkeit in allem zu finden sei, sondern wendete mich einfach von allem ab. Dies und die vielen Unstimmigkeiten der Kirche warfen meinen christlichen Glauben für viele Jahre über den Haufen. Ich gab meine Wünsche, meine Sehnsüchte nach dieser Einheit mit Gott total auf. Auch hatte ich vermehrt Depressionen, dunkle, leere Zeiten.

Heute bin ich mir sicher, wäre ich in jenem schmerzlichen Prozess einem Menschen wie Vincenzo Kavod begegnet, der mir erzählt hätte, um was es wirklich geht ... ich hätte es gut verstanden, es hätte mein Leben gänzlich in andere Bahnen geleitet.

In diesem Jahr zog ich von zu Hause aus. Meine Familie hätte schon gerne gesehen, dass ich eine Lehre beginnen würde, aber ich wollte nur eines, auf die Kunstgewerbeschule, und dies wollten sie nicht unterstützen. Ich war und blieb für meine Familie ein grosses „Problemkind".

So jobbte ich die nächsten Jahre in diversen Bereichen, im Verkauf, im Service, bei einer Augenärztin, als Zeitungs-Verteilerin, an einem Kiosk usw. Ich fand immer Arbeit, aber war nie interessiert, eine Lehrstelle zu finden. Ich lebte mal da, mal dort, später in verschiedenen Wohngemeinschaften mit Freunden. Wir spielten Gitarre, sangen viel, wir gehörten zur Generation, die quasi in der „Nach-Hippie-Zeit" lebte. Haschisch gehörte da einfach dazu. Ich rauchte täglich, ich war psychisch sehr abhängig. In jener Zeit kamen auch andere Drogen wie LSD, Heroin und Kokain vermehrt unter uns Jugendliche. Dies machte mir aber sehr Angst, ich wollte nicht die Kontrolle über mich verlieren. Einige meiner damaligen Freunde sind dem Sog gefolgt und in schwere Abhängigkeiten geraten. Ich habe mich geweigert da mitzumachen. Einige wenige Male versuchte ich LSD und Kokain, aber es verunsicherte mich mehr, als dass es mir „Spass" machte.

Mit 18 Jahren wollte mir mein leiblicher Vater die Autofahrstunden schenken. So verbrachte ich das erste Mal etwas Zeit mit ihm. Er legte mir nahe, niemandem zu sagen, dass ich seine Tochter sei. Auch wenn ich es nie anders gekannt habe, tat dies mir wieder weh. In der ersten Fahrstunde liess er mich auf den Seelisberg fahren. Wir fuhren an dem riesigen Gebäude mit der Goldkuppel vorbei, welches ja das Yogazentrum von Maharishi Mahesh Yogi war. Mein Vater machte die Bemerkung, das seien eben diese sogenannten meditierenden Spinner, die behaupten, fliegen zu können. In meiner inneren Rebellion gegen meinen Vater dachte ich mir, dass mich dies aber genauer interessieren würde. Nach wenigen Fahrstunden spürte ich, dass ich es nicht mehr aushalten konnte, mit meinem Vater, der so gar nicht an mir interessiert war, weiterhin zusammen zu sein. Er prahlte nur mit seinen wichtigen Kontakten zu grosse Persönlichkeiten in aller Welt, und, wie er es, im Gegensatz zu mir, zu etwas gebracht hatte in seinem Leben. Ich brach dieses Experiment ab. Er sah es als Undankbarkeit und warf dies mir viele Jahre ärgerlich vor.

Vor drei Jahren verstarb mein Vater. Wir hatten in den letzten Wochen vor seinem Tod einen wunderbaren Kontakt zueinander. Das hat viel geheilt, ich bin tief dankbar dafür.

In jenem Jahr planten meine Freunde aus der Wohngemeinschaft, mit einem VW-Bus eine Reise nach Indien zu machen. Mein Traum! Und, ich durfte mit! All mein Hab und Gut, ausser meiner geliebten Gitarre, habe ich verschenkt. Ich wollte nie mehr zurückkommen. Wir sind losgefahren, sechs Jungs und ich als einzige Frau dabei. Nach vielen Abenteuern, über den Landweg durch das damals kriselnde Jugoslawien, sind wir in Griechenland angekommen. Meine Freunde sahen ein, dass eine Weiterreise mit dem Bus zu teuer kam und entschlossen, ihn zu verkaufen und mit einem organisiertem Linienbus weiter nach Indien zu reisen. Gleichzeitig eröffneten sie mir, dass sie ohne mich weiterreisen wollen, da ich zu jung und zu naiv sei ... es tat weh, aber sie hatten ja so recht!!

Ich blieb für einige Monate in Griechenland auf Kreta, wo ich in Tomatenplantagen arbeitete und alleine an einem Strand lebte, mit sehr wenig Habe. Nur ein paar Kleider und meine geliebte Gitarre habe ich bei mir behalten. Es ergab sich dort ein Freundeskreis von „Aussteigern". Es wurde immer viel Alkohol getrunken. Ich hatte Mühe damit und separierte mich von ihnen und entschloss mich, zurück in die Schweiz zu reisen. Mit nichts kam ich an. Ich ging zurück zu der damaligen Wohngemeinschaft, suchte wieder Arbeit und lebte so dahin.

Als ich 20 Jahre alt war, holte meine Familie einen ihrer Freunde zu Hilfe, er möge doch mal ein ernsthaftes Wort mit mir über meine Zukunft sprechen. Auf seine Frage, was ich denn wirklich gerne machen möchte, antwortete ich, wie schon viele Jahre davor mit den Worten, dass ich an die Kunstgewerbeschule in Luzern gehen möchte. Zum Entsetzen meiner Familie organisierte er, dass ich die Aufnahmeprüfung absolvieren konnte, und ich wurde aufgenommen. Meine Familie, ausser meiner leiblichen Mamma, unterbrach immer mehr den Kontakt zu mir.

Welche Freude, ich war in der Kunstschule! Ich war zwar sehr schüchtern, aber doch auch glücklich und gab mein Bestes. Das kreative Gestalten war so richtig meine Welt. Unter „uns Künstlern" gehörte auch dazu, dass viel gefeiert wurde. Jeder Anlass war willkommen, um Wein zu trinken und das „Leben zu geniessen". Natürlich merkte ich schnell, wie mich der Alkohol lockerer auftreten liess und kam zu einer folgeschweren und sehr irrtümlichen Erkenntnis. Ich weiss noch genau, wie ich dachte: «Wow, DAS ist meine Medizin.» Nicht nur getraue ich mich nun, mich zu zeigen, nein, ich wurde in allen Bereichen mutig. Ich besuchte alleine Konzerte, ging ins Theater, ins Kino, getraute mich endlich auch, alleine im Wald spazieren zu gehen und wurde so richtig gesellschaftlich offen. Natürlich eben nur mit Alkohol. Ich trank also jeden Tag Rotwein und bemerkte nicht richtig, wie sich die Dosis allmählich steigerte. So verbrachte ich dieses eine Jahr, den Vorkurs an der Kunstgewerbeschule Luzern. Ende Jahr rückte an der Schule der Entscheid näher, in welche Richtung wir uns weiterbilden wollten. Es gab verschiedene Angebote. Am meisten sagte mir die Abteilung Bildhauerei zu, jedoch war dort eine schon abgeschlossene Berufslehre die Grundbedingung. So blieb mir die Wahl, entweder Grafik oder Textilbereich zu wählen. Beides sagte mir nicht so zu, aber ich wollte so gerne an der Schule bleiben. So absolvierte ich die Prüfung zur Grafikfachklasse. Ganz knapp habe ich die Prüfung nicht bestanden. Das Komitee hatte die Wahl zwischen einer meiner Mitschülerinnen und mir und entschied sich für sie. Das war hart, aber irgendwie war ich auch erleichtert, denn als Grafikerin hätte ich mich damals noch nicht gesehen. Es war mir zu eng, zu viele „gerade Linien". Jedoch hielt ich mich dann auch hier für unwürdig, überhaupt kreativ sein zu dürfen, und wandte mich von der Kunst total ab.

So suchte ich mir wieder eine einfache Arbeit. Bis anhin trank ich weiter jeden Tag „meinen" Rotwein. Doch da sich die Menge gesteigert hatte und ich dies nicht mit meiner Arbeit in Verbindung stellen wollte, entschloss ich mich, da mal eine Pause einzulegen. Doch anstatt besser ging es mir in jenen Tagen immer schlechter, bis ich einen Arzt aufsuchte. Nach eingehendem Untersuch und der Befragung nach meinen Gewohnheiten eröffnete er mir, ich sei eine Alkoholikerin. Ich fiel aus allen Wolken. Wie konnte das sein, ich war doch erst 20 Jahre alt. Das passiert doch nur alten Leuten, so war meine naive Ansicht. Klar sah ich immer wieder viele junge Menschen in der Stadt umhertorkeln, jedoch sah man die nicht, wenn sie auf Entzug waren. Die Aufklärung über Suchtverhalten war in diesen Jahren allgemein noch sehr ungenügend. Mein Arzt riet mir, mich in eine Therapie zu begeben, da es fast unmöglich sei, ohne Hilfe aus der Sucht auszusteigen. Bei allen Substanzen hatte ich so Angst, meine Unabhängigkeit zu verlieren und wehrte mich vehement, diese zu konsumieren, aber ausgerechnet beim Alkohol war mir nicht bewusst, wie ich in eine der schlimmsten der Abhängigkeiten geraten war. Nachdem ich den Schock soweit verdaut hatte und nach etlichen missratenen Versuchen den Alkohol zu lassen, musste ich einsehen, dass ich tatsächlich alleine nicht davon loskommen konnte, und entschloss mich, in eine Therapie zu gehen. Zuerst kam ich für zwei Wochen in die psychiatrische Klinik um den körperlichen Entzug unter ärztlicher Aufsicht anzugehen. Ich war glücklich, wieder klar im Kopf zu sein und meinte, dass dies dann nun für immer vorbei sei. Dabei fing die Geschichte dort erst richtig an. So war ich in einer dreimonatigen Therapie, wo ich viel über Alkoholsucht lernte und darüber, wie ich da hineingeraten war. Durch meine Geschichte war ich ein „leichtes" Opfer für irgendeine Sucht. Ich hatte wunderbare Therapeuten, denen ich für ihre Begleitung auch heute noch sehr dankbar bin. Mit meiner Familie hatte ich schon seit Jahren keinen bis fast keinen Kontakt mehr. Ausser zu meiner leiblichen Mutter, die natürlich sehr besorgt war. Als ich die Therapie beendet hatte, hatte ich keine Wohnung, keine Arbeit, nur das erste Mal wieder die Nüchternheit, die mir auch viel Angst machte. Ich fand als Übergang ein Zimmer in einem Wohnheim in Luzern. Meine Zimmernachbarin war eine junge Frau aus Kroatien, die im Endstadium ihrer Krebserkrankung dort ihre letzte Zeit verbrachte. Es entwickelte sich eine wunderbare Freundschaft. Sie war noch sehr jung und wollte das Leben noch geniessen, so gut es ging. So begleitete ich sie an Konzerte, in die Disco, wohin sie eben gerade wollte. Sie konnte schon teilweise aus Schwäche nicht mehr richtig gehen, aber sie lebte nochmals so richtig auf. Sehr bald verstarb sie. Mein Versprechen, bei ihr zu sein, wenn sie geht, habe ich verpasst. Ich kam eines Tages nach Hause, und sie war bereits in das Spital überführt worden. Ich beeilte mich, sie noch zu sehen, kam aber zu spät. Das tat mir so sehr leid, ich konnte es mir fast nicht verzeihen. Ich betrank mich ganz fürchterlich. So begann der Kreislauf wieder, ich stürzte immer weiter ab.

Für drei Jahre jobbte ich mal hier, mal da, aber meine Sucht blieb nicht verborgen und so konnte ich keine Arbeit halten. Auch hatte ich keine Zukunftspläne mehr. Oft war ich in dunklen Depressionen gefangen.

In einer Bar lernte ich einen Mann kennen, ein lässiger Künstler, verliebte mich und kam mit ihm zusammen. Auch er war dem Alkohol zugetan. So wohnte ich in seinem Atelier und wir tranken, phantasierten von einer Karriere als Künstler und er malte und spielte Gitarre. Wunderschön! Sehr schnell wurde ich schwanger. Nein, das war in jener Situation bestimmt nicht unser Ziel. Entgegen seiner Mutter, die mich zur Abtreibung drängen wollte, war mir klar, dies Menschlein will in unsere Welt kommen, und sei es durch mich. Egal, was komme, es wird schon irgendwie gehen. Wir suchten uns eine gemeinsame Wohnung, ich suchte mir einen Putz-Job, er war arbeitslos, und mit Sozialhilfe kamen wir so knapp über die Runden. Eines Abends, ich war schon im siebten Monat schwanger, als ich von der Arbeit nach Hause lief, platze mir die Fruchtblase. Dies geschah genau vor einer Apotheke, ein paar Minuten vor Ladenschluss. So habe ich dort sofort um Hilfe gebeten. Ich wurde mit der Ambulanz ins Spital gebracht, und die Ärzte versuchten ihr Möglichstes, mein Kind vor einer frühzeitigen Geburt zu schützen. Jedoch am nächsten Tag, meinem vierundzwanzigsten Geburtstag, wollte mein Kind schon auf die Welt kommen. Da war sie nun, nach kurzen vierzig Minuten Wehen, meine Lena. Winzig klein, gerade 35 cm lang und nur 1300 Gramm schwer. Sie wurde mir natürlich sofort weggenommen zum Untersuchen. Das war schwer. Und trotzdem, ich war so richtig glücklich. Ihr Vater kam etwas zu spät zur Geburt, aber auch er freute sich riesig. Lena musste dann etliche Wochen in den Brutkasten. Wir besuchten sie täglich. Sie entwickelte sich wunderbar, und endlich durften wir sie nach Hause nehmen. Leider kriselte es in der Beziehung schon seit langem. Er sass den ganzen Tag herum, spielte Gitarre, träumte seine grossen Pläne und abends ging er mit seinen Freunden aus, trank viel und ging auch fremd. Ich war zu Hause, versuchte, mein Bestes zu geben, aber auch ich fing allmählich wieder an, Rotwein zu trinken, nur immer so viel, dass ich den Alltag meistern konnte, aber doch alles etwas „leichter" empfand.

Da wir nicht verheiratet waren bekamen wir von der Gemeinde einen Beistand. Der kam wöchentlich zu Besuch und fand, dass alles super laufe, ausser der Arbeitslosigkeit vom Vater. Auch eine Familienhelferin kam regelmässig zu Besuch. Keiner merkte etwas von meinem erneuten Weinkonsum. Die Beziehung wurde immer schwieriger. Wir wussten beide, dass wir eher keine gemeinsame Zukunft hätten. Ich lernte in der Stadt einen anderen Mann kennen, verliebte mich neu. Der neue Freund wusste um meine Situation und wollte mir helfen. Ich war offen zum Vater von Lena, aber er nahm mich nicht ernst. Ich entschloss mich, mit meinem neuen Partner zusammen wegzuziehen und meldete mich im Spital für einen Entzug an. Erst als Lenas Vater vor vollendeten Tatsachen stand, erwachte er und wollte mich sogar heiraten. Zu spät.

Da ich nun entschlossen war, mein Leben von Grund auf zu ändern, gestand ich dem Beistand die Wahrheit über meine Sucht und über meine Pläne und bat ihn um Hilfe, für die zwei Wochen meines Spitalaufenthalts eine geeignete Pflegefamilie zu finden für Lena. Er organisierte dies für uns. Im Glauben, nun komme alles gut, trat ich den Entzug an. Noch im Spital erreichte mich ein Schreiben des Beistandes, wo er beim Amt beantragte, man müsse mir das Kind entziehen und zur Adoption frei geben und dass die Pflegefamilie bereit sei, Lena zu adoptieren. Welch ein Schock!! Mit Hilfe meines neuen Partners insistierte ich sofort und schrieb eine genaue Erklärung meiner neuen Situation: Entzug gemacht, neue Partnerschaft, neuer Wohnort und schon Bemühungen für eine Teilzeitstelle im Verkauf. Da wir schon im Begriff waren, an einen neuen Ort zu ziehen, befand die Gemeinde, sie seien da nicht mehr zuständig, ich solle mich am neuen Wohnort an das Amt wenden. Diese jedoch wollten nichts davon wissen, es entstand ein Konflikt zwischen den Gemeinden über die Zuständigkeit.

Unterdessen war ich schon lange aus dem Spital ausgetreten. Meine Tochter war immer noch bei jener Pflegefamilie und ich durfte sie nur einen Samstag im Monat sehen. Das war schlimm. Ich nahm mir einen Anwalt. Leider war ich mit ihm nicht gut beraten. Er empfahl mir, die Insistierung aufzuheben. Dass damit der Antrag vom Beistand grüneres Licht bekam, wurde mir zu spät bewusst. Die beiden Gemeinden waren immer noch im Konflikt um die Zuständigkeit und es geschah nichts. Mir wurde dann mitgeteilt, dass die Pflegefamilie überfordert sei und ein neuer Platz für Lena gefunden werden solle. Sofort machte ich eine Einsprache, schilderte meine neue Situation nochmals, aber der Beistand wollte nichts hören und meinte nur, ich sei zu instabil. Wenn keine Familie gefunden werden würde, käme Lena in ein Kinderheim in Zürich. Schrecklich.

Es fand sich eine Familie, eine sehr liebe Frau. Sie erfasste unsere missliche Lage sehr gut, und so konnten ich und mein neuer Partner meine Tochter täglich bei ihr besuchen. Ich wandte mich an eine Sozialarbeiterin in Luzern, die ich von früher kannte und sehr gut mochte. Sie riet mir, mich mit dieser Geschichte an den „Schweizerischen Beobachter" zu wenden, eine Zeitschrift, die solchen und anderen Missständen in der Schweiz nachforscht und oft aufdeckt.

Unterdessen war Lena schon ein Jahr alt. Die Frau konnte Lena leider auch nicht behalten, aber es fand sich eine Familie, die bereits schon andere Pflegekinder aufzog, und so kam Lena zu ihnen. Die neue Pflegemutter war mir sofort sympathisch, und ich wusste Lena in guten Händen. Dort durfte ich sie zwar nicht mehr jeden Tag besuchen, aber wenigstens jedes Wochenende. Der „Schweizerischen Beobachter" setzte sich mit mir in Kontakt, es gab ein Interview und einen Bericht, welcher in der Zeitschrift veröffentlicht wurde. Der Journalist gab mir ein Begleitschreiben für die zwei sich streitenden Gemeinden, und schwupp…wurden alle Massnahmen von heute auf Morgen widerrufen … und ich hatte Lena wieder bei mir. Sie war nun fast 2 Jahre alt.

Für die Pflegefamilie war dies nicht einfach und auch Lena hatte schon eine innige Beziehung zu ihnen aufgebaut. Das konnte ich gut nachvollziehen. Der Kontakt blieb freundschaftlich bestehen und Lena verbrachte nun die Wochenenden oft bei ihnen. Zu jener Zeit ging ich zwei Arbeiten nach, morgens an einem Kiosk und nachmittags in einer Wäscherei. Lena konnte ich an beiden Orten mit mir mitnehmen. Das war einerseits schön, aber auch streng. Mir wurde nahegelegt, einen Tagesplatz für Lena zu suchen. Ja, wir suchten lang und begegneten manchen Familien, die dies zu einem nicht kleinen Preis anboten. Aber es kam mir so widersinnig vor; da sollte ich nun meine Tochter fremden Menschen übergeben, dafür arbeiten, um die bezahlen zu können, und sie meine Lena aufwachsen sehen lassen, anstatt mit meiner Tochter sein zu können? Heute ist es ja noch viel schlimmer geworden. Mütter müssen sich, nach sehr kurzer Baby-Pause, schnell wieder in die Arbeitswelt integrieren ... widersinnig!

Ich ging aufs Sozialamt, um zu beantragen, dass ich eine Halbtagstelle behalten würde, aber teilweise unterstützt werden würde, um mit Lena zu sein. Mein damaliger lieber Sozialarbeiter meinte, das machen wir anders ... Er beantragte, mich in die Invalidenversicherung aufzunehmen. Wie er es begründete, erfuhr ich erst viele Jahre später. Es wurde dann angenommen, ich bekam 100% Invalidenunterstützung. Heute wäre dies undenkbar.

So war mein Leben eigentlich wieder „in Ordnung".

Jedoch meine Suchtkrankheit stand mir immer wieder im Wege. Mein Freund hatte es weiss Gott nicht einfach mit mir. Er mauserte sich jedoch zu einem klassischen Co-Alkoholiker heran. Wenn ich trank, war ich unfähig, den Alltag zu meistern, das übernahm dann er. Wenn ich trank, war ich unfähig, zu Lena zu schauen, das übernahm dann er. Auch konnte Lena oft bei den Pflegeeltern sein. Ich wollte sie, soweit es ging, mit meiner Krankheit verschonen. Immer wieder liess ich das Trinken nach ein paar Wochen sein, machte wieder einen Entzug in der psychiatrischen Klinik und verschiedenen Kurzzeit-Therapiestellen, war dort schon richtig heimisch, und stand wieder auf. Mein Partner hatte aber auch damit Mühe. Er verfolgte mich misstrauisch auf Schritt und Tritt und hatte es gar nicht gerne, wenn ich wieder fähig wurde, den Alltag zu meistern und ihm „dreinzureden".

Die Abstände meiner Abstürze verringerten sich zunehmend, bis ich mich entschloss, wieder in eine stationäre Therapie einzutreten. Lena zog wieder ganz zu den Pflegeeltern, ohne Massnahmen vom Amt, dies machten wir persönlich unter uns aus. Drei Monate verbrachte ich wieder in Meggen im Therapiehaus. Es war sehr gut. In jener Zeit wurde für mich immer klarer, dass die gegenwärtige Beziehung mit dieser Dynamik nicht mehr haltbar war, für keinen von uns beiden. Wir trennten uns, nach sechs Jahren Beziehung.

In jener Therapiezeit wurde ich auch wieder sehr kreativ. Das blieb meinen Therapeuten nicht verborgen und sie und meine damalige Gruppe animierten mich, doch wieder eine Kunstschule zu besuchen. Ich liess mich darauf ein und bewarb mich an der damals noch privaten Kunstschule „Farbmühle" in Luzern. Ich wurde sofort aufgenommen. So beendete ich meinen stationären Aufenthalt in der Therapie.

Ich lebte nun alleine. Lena hatte nun schon die Schule im Dorf der Pflegeeltern begonnen, und so wollte ich sie nicht wieder mit einem Wechsel belasten, zumal ich mir selber ja noch gar nicht über den Weg traute. Die Zeit an der „Farbmühle" begann, es ging mir so richtig gut, ich war glücklich. Meine Hoffnung, es endlich aus der Sucht „geschafft" zu haben, schien nun real zu sein. Viele Monate ging das gut …. dann kam eine persönliche Krise, ich verfiel schleichend wieder meinem Drang, alles in Rotwein zu ertränken. Immer seltener ging ich zur Schule. Und wieder begann ich das altbekannte Ritual von Trinkphase, aufhören mit Aufenthalt in der Klinik. Therapien halfen mir schon lange nicht mehr. Hunderte Male hatte ich mein Leben erzählt, es heilte nichts in mir, es belastete nur aufs Neue. Ich hatte so genug. Ich hatte es aufgegeben, daran zu glauben, wirklich jemals gesund zu werden.

In jener Zeit zog ich aufs Land in der Nähe von Luzern, in ein Haus, wo auch meine beste Freundin mit ihren zwei kleinen Kindern lebte. Es gab immer wieder Wochen, wo ich abstinent lebte und teilweise die Schule wieder besuchte. Aber ich fühlte mich schrecklich dabei.

Ja, ich hatte aufgegeben. Lena wusste ich ja gut versorgt, dort hatte ich unterdessen sowieso nicht viel zu sagen. Sollte ich halt die Trinkerin sein. Sollte mein Leben halt so verlaufen. Abstürzen, aufstehen, abstürzen, aufstehen.

In der Psychiatrie hatte ich auch schon einen „Freundeskreis", man traf sich halt sporadisch dort wieder. Ich hatte sogar schon das Privileg, nicht mehr in die geschlossene Abteilung zu müssen. Die wussten, dass ich diese Freiheiten nicht missbrauchen würde. Ich lernte dort sehr viel über menschliches, psychisches Leiden jeglicher Art kennen. In der Weihnachtszeit, es war nun schon das Jahr 1994, sass ich vor der für Lena aufgebauten Krippe in meinem Wohnzimmer, ich weinte verzweifelt und liess ein Stossgebet zum Himmel: „Lieber Gott, es muss doch noch etwas Anderes geben, was mir helfen kann. Bitte, bitte, helft mir!"

Hinter jedem "O Herr!", das du sprichst,
steht ein tausendfaches "Hier bin ich".
Rumi [119]

Mein Gebet wurde bald darauf auf wundersame Weise erhört. Die Freundin, die im Haus wohnte und sehr besorgt war um mich, erzählte mir von einer anderen Freundin, die ich vom Sehen her auch schon kannte. Sie sei nun in einer Therapie, im Tessin. Dort sei ein Mann, der Menschen mit Suchtproblemen bei sich aufnehme. Er arbeite mit den Menschen über Meditation und habe ein Keramikatelier. Gerade sei er mit ihnen in Indien in einem Ashram. Tessin, Meditation, Keramik, Indien … dies alles weckte mein Interesse, auch wenn ich überhaupt nicht mehr an Therapie interessiert war. Sie gab mir die Telefonnummer, welche aber dann noch Wochen unbeachtet bei mir auf dem Tisch lag. Immer wieder drängte sie, ich soll doch einfach mal unverbindlich anrufen. Ihrer Freundin gehe es dort super gut.

In die Schule ging ich nur noch selten. Mir kam die Idee, dort zu beantragen, das letzte Semester zu verschieben, und vielleicht doch ins Tessin zu gehen. Während einer Krise, anfangs Mai 1995, rief ich dort dann endlich an. Eine angenehme Stimme am

Draht, der mir sagte, ich könne gleich heute für ein paar Tage vorbeikommen. Hmm, einfach so? Ohne durchdringende Fragen, wer ich denn sei und was mein Problem sei? Ungewohnt. Aber es machte mich neugierig. Ich hatte kein Geld und so ging ich dann doch noch nicht.

Vincenzo Kavod schickte mir eine Dokumentation seines Hauses. Nebst all den Regeln, erster Monat Kontaktsperre, keine Telefone, keine Post gefielen mir die Fotos von der Umgebung. Ich zauderte aber vor der Vorstellung, meine Freiheit wieder aufzugeben. Vincenzo rief mich an, es sei gerade wieder ein Zimmer frei, ich könne auf Besuch kommen. In jenen Tagen machte ich wieder mal einen Entzug, aber unterdessen alleine, zu Hause. So fühlte ich mich nun stark genug und reiste am 17. Mai ins Tessin. Ich erinnere mich noch gut an diese Reise. Tessin, wie sehr ich dies liebte. Schrecklich nervös und unsicher war ich. Vincenzo Kavod holte mich am Bahnhof in Lugano ab. Wir erkannten uns sofort. Er kam mir auch sonst so bekannt vor, aber ich wusste, ich hatte ihn sicher noch nie gesehen.

GLÜCKLICH

ERSTE TAGE, EIN NEUES LEBEN

Vincenzo Kavods Haus liegt in einem kleinen Dorf inmitten voller Natur. Er hatte drei Gästezimmer und er selber lebte mit seinen Gästen tagein und tagaus. Nur schon dies wäre für herkömmliche Therapeuten undenkbar gewesen. Was mir bei Vincenzo Kavod sofort auffiel, war, dass er dies, was er den Menschen vermittelt, selber total lebt. Er hatte und hat nicht den geringsten Zweifel. Und er war immens grosszügig, er liebte es, seine Gäste mit Geschenken zu verwöhnen.

Gleich zu Beginn erzählte er mir viel von seinem Wissen:

«Du bist nicht deine Geschichte, du bist der Erfahrende, der Zeuge, du bist reines, klares Bewusstsein, dies ist deine wahre Natur. Und die wurde noch nie getrübt durch Taten, durch Emotionen, durch all die Geschichten» … usw. Es waren Worte, die ich noch nie so gehört hatte, und ich verstand längst nicht alles, aber ich konnte sofort den Geschmack der Wahrheit darin wahrnehmen. Du bist nicht deine Geschichte, du bist weit mehr als das … hmmm.

Das Ziel all Deiner Wünsche bist Du.
Vincenzo Kavod [120]

Es war, als würde eine zentnerschwere, alte Last von mir fallen. Ja, wir sind nicht die Geschichte, so wahr! Dies zu hören und zuerst auch nur ein wenig als wahr zu verstehen, dies war, was ich immer gesucht hatte.

Im Haus waren damals zwei Jungs und eine junge Frau, die auch mal Gast war und für ein paar Tage zu Besuch war. Auch die Freundin aus Luzern, welche schon nicht mehr im Haus lebte, unterdessen aber im Tessin eine Arbeit und eine Wohnung hatte, war da. Mir waren alle gleich sehr sympathisch. Ich fühlte mich wohl.

Dann, der erste Mantragesang, die erste Meditation. Damals hielten wir das „Programm" noch in Vincenzo Kavods kleinem Zimmer ab. Da waren viele Bilder von indischen Meistern, Statuen von Shiva, von Buddha, Kunstwerke seiner Mutter, da war der Duft der Rauchstäbchen, die Kerze vor einem Bild einer wunderschönen Inderin, Gurumayi, mit Augen voller Liebe. Wir setzen uns auf den Boden, Vincenzo Kavod legte eine Kassette ein, Musik erklang, die sofort mein Herz berührte, und dann die mir noch unbekannten „Worte", ein Mantra, welches die Jungs und Kavod herzhaft und laut mitsangen. Uh, ich war noch so scheu, mein Gesang glich wohl eher einem Piepsen ... aber die Wirkung, die war sofort spürbar. Es war so schön, und ich wünschte mir, dass dies nicht enden möge. Und tatsächlich dauerte der Mantragesang fast 40 Minuten. Welch schöne Überraschung, welch wunderbares Eintauchen. Danach die Meditation. Was ist das? Einfach still sein, einfach Sein.

Vincenzo Kavod hatte mir zuvor schon das Mantra „Om Namah Shivaya" erklärt und riet, dies in Stille innerlich zu repetieren. Wenn Gedanken kämen, einfach zurück zum Mantra wechseln. Das versuchte ich. Doch an das Mantra erinnerte ich mich nur sehr kurz. Natürlich schwirrten mir viele Gedanken durch den Kopf, alles so neu, so schön. Ich wusste, ich komme endlich „nach Hause". Es war ein Wiedererkennen, ein DAS ist es, und es war ein grosses, entspanntes „Ahhh" in meinem Herzen. Ich wusste, da wollte ich hin, das war meine Rettung.

Am 21 Juni 1995 holte mich Vincenzo Kavod ab, und mit Sack und Pack und Katze Zusa ging es in ein vollkommen neues Leben. Ich war da ja bereits 32 Jahre alt. Die Jungs im Haus waren beide 18. So ergab es sich in Kürze, dass ich in die Rolle der mütterlichen Freundin kam. Das beinhaltete auch das Kochen, ein oft Hinterherräumen für die Jungs und auch vertraute Gespräche über deren Leben, die Freuden und die Sorgen. Anders, als ich mir von den vielen Therapien gewohnt war, gab es hier nicht eine Struktur von psychologischen Gesprächen, von Wiederkäuen alter Geschichten. Vincenzo Kavod wollte eigentlich gar nichts davon hören. Dies empfand ich etwas als schwierig, denn natürlich waren uns unsere Geschichten doch noch so sehr wichtig.

Die Tage waren wundervoll. Aufstehen, meist Sonnenschein, nicht der trübe Luzerner Nebel. Schon dies, ein grosses „Ahhh". Dann Kaffee trinken, Zigarette rauchen, dann gemeinsames Hinsetzen, Mantragesang, Meditation. Jeden Tag war das ein Fest für mich. Es tat sich so vieles an verloren geglaubter, unbedrückter Freude in meinem Herzen auf. Dann fuhren wir ins anliegende Dorf, machten Einkäufe und es gehörte dazu, dass wir im Ristorante Stazione auf einen Kaffee gingen. Dort lasen wir Zeitung oder plauderten über Dies und Jenes. Dann nach Hause, ja „nach Hause". So fühlte es sich mir schon nach ganz wenigen Tagen an. Innen und aussen. Dann Mittagessen kochen, gemeinsam essen und eine Pause danach. Am Nachmittag trafen wir uns im Keramik-Atelier, und Vincenzo Kavod zeigte auch mir, wie man an der Drehscheibe arbeitet. Das war superschön! Schon in den ersten Tagen brachte ich eine kleine Schale hin. Viel zu schwer und zu schief, aber ich hatte soooo Freude. Dieses Schälchen habe ich bis heute behalten. Vieles andere landete im Recycling-Kübel.

Es war für mich vieles neu hier. Da ich ein sehr scheuer und unsicherer Mensch war, erschreckte mich die Offenheit der Menschen im Umgang etwas. Umarmungen war ich mir nicht gewohnt. Hier berührte man sich im Gespräch am Arm, klopfte man sich dauernd auf die Schultern, umarmte sich, daran musste ich mich etwas gewöhnen. Ich fand das aber sehr schön. Ich weiss noch, als wir im Dorf waren, meinte ich oft, ich hätte irgendwas im Gesicht, ich sei besonders hübsch oder besonders hässlich, bis mir klar wurde, hier schauen sich die Menschen an und dies sehr oft wohlwollend. Das gefiel mir gut. Schnell war es auch für mich selbstverständlich. Und jedes Mal, wenn ich in die alte Heimat fuhr, sah ich den Unterschied im Umgang untereinander. Das Tessin gefiel mir immer besser. Auch hatte ich mir angewöhnt, jeden Tag einen kurzen Spaziergang zu machen, in diesem vielen Grün, dieser so wilden Natur, wundervolle Laubwälder, viele Kastanien und Birken. Es war noch in einer der ersten Wochen, wo ich auf so einem Spaziergang bemerkte, hier fühle ich mich auch geographisch zum ersten Mal zu Hause. Hier will ich nicht nach einem halben Jahr wieder wegmüssen. Bald suchte ich mir hier eine Wohnung und brach alle Zelte in Luzern ab. Das ist nun 21 Jahre her. Keinen einzigen Moment habe ich diese Entscheidung bereut. Es hat mir, in verschiedenen Hinsichten, das Leben gerettet.

MEDITATION UND MANTRASINGEN

Das Mantra-Singen hat mir vom ersten Moment an total gefallen, singen liebte ich ja schon sehr. Und dass es den Geist „einspurte" konnte ich in kurzer Zeit erfahren. Mit der Meditation hatte ich aber so meine Anfangsschwierigkeiten. Natürlich hatte ich, wie viele andere, eine etwas verschrobene Vorstellung davon, wie man meditieren soll. Zudem meinte ich, Meditation „macht" man. Da kann man noch so viele gute Tipps bekommen, hören kann man nur, was der eigene Geist zu verstehen vermag, die Erfahrung bleibt bei einem selber. Was ich hörte, war: ganz still, unbeweglich sitzen, keine Gedanken haben ... Es fiel mir schwer, so im Schneidersitz still zu sitzen, da ich ja seit klein auf Rückenschmerzen hatte. Ich meinte, da muss man sich „durchzwingen", das muss halt so sein. Irgendwie wurde es mit der Zeit etwas leichter. Nie hätte ich mir erlaubt, es mir bequemer zu machen ... erst viele Jahre später. Und mein unruhiger Geist ... oh Gott! Von Stille keine Spur, im Gegenteil. Es wurde immer lauter in meinem Gedankenspiel. Was ich noch nicht wusste, ist, dass je mehr Stille Platz bekommen darf, es einem einfach auch lauter vorkommt, wie man das innere Radio bewusster wahrnimmt. Es hat mir sehr geholfen, die Gedanken einfach in der gleichen, inneren „Lautstärke" durch das Mantra „Om Namah Shivaya" zu ersetzen. Wenn ich innerlich am Schimpfen war, schimpfte ich halt mit dem Mantra weiter. So wurde es bald ruhiger. Und auch schon bald stellten sich verschiedene Erfahrungen ein. Reinigungsprozesse gingen schon nach kurzer Zeit los und nahmen mir etwas die Freude am „stillen Sitzen". Aber es gab auch immer wieder so kleine Geschenke, wie ein totales Eintauchen ins Mantra. Einmal tanzten die Worte „Om Namah Shivaya" vor mir, rhythmisch zum Atem. Und da zeigte sich mir seine wahre Energie ... es wurde immer kleiner und kleiner, bis es in einem Punkt verschwand ... und eine feurige, leuchtende Energie das Rückgrat hinaufschoss. Ich erschrak sehr und unterbrach das Geschehen abrupt. Von da an konnte ich auch im Alltag kaum an das Mantra denken, es zog mir den Solar Plexus ins Innere, was nicht sehr angenehm war, aber erstaunlich. In der Meditation wollte sich das Erlebte oft wiederholen, aber meine Erwartung schaltete sich immer dazwischen. Es flaute bald wieder ab. Dies geschah etwa nach einem halben Jahr mit täglicher Meditation.

Für meinen unruhigen Geist ergab sich auch ein amüsantes Spiel in der Meditation.

Da ich nun also wusste, dass unser Ego ein „Störfaktor" zu sein scheint, habe ich angefangen, mit ihm zu reden.: „Hör mal, Ego, ich sehe dich! Lass mich in der Meditation in Stille sein, bitte schön." Und da war, als schrumpfe ein Geist, der mich umschlungen hatte, zu einem kleinen Zwerg, der sich neben mich setzte und mich angrinste. Oha! Hallo Egon. Toll, gut.

Aber als ich wieder in Stille wollte, breitete sich Egon erneut über und durch mich aus. Stopp! „Setzt dich gefälligst wieder neben mich, hast mich ja sonst den ganzen Tag zur Verfügung", dachte ich zu ihm. Dies Spiel wiederholte sich also eine Zeit lang, und „Egon", wenn auch grummelnd, setzte sich immer länger brav neben mich. Einmal schaute er richtig wütend zu mir hoch. Da nahm ich ihn mal in die Arme und fragte, was er denn brauche. „Egon" heulte los, wie ein kleines Kind. Oh, welche Überraschung! Von da an durfte er sich auch mal in mein Herz setzen während dem Sitzen. Manchmal beobachtete ich, wie er da zufrieden und fröhlich tanzte. Einmal war er auch ganz blau. Wir kamen so in Frieden.

Das Mantra-Singen blieb ein Genuss. Ich hatte gar keine Lust mehr auf andere Musik. Die Meditation machte ich einfach mit, weil es eben zum Programm gehörte. Das war gut so, denn es gab diverse Nebeneffekte, die ich als wertvoll empfand. Die Wahrnehmung gestaltete sich während des übrigen Tages als bewusster, freudevoller, ich gewann Boden unter den Füssen, in mir erwachte eine neue Kraft, mir selber zu begegnen. Was ich faszinierend fand, war, dass in mir Verarbeitungen begannen von alten Geschichten, aber nicht, wie in den herkömmlichen Therapien, künstlich hervorgeholt, sondern natürlich, spontan, zum richtigen Zeitpunkt und irgendwie immer mit einem entsprechenden Geschenkpaket an Kraft ausgestattet. Diese Dämonen standen nicht irgendwo schwammig um mich herum, nein, sie waren direkt vor meinen Augen. Vieles durfte sich zeigen, um sich dann relativ schnell aus meinem System zu verabschieden, anderes brauchte mehr Zeit und natürlich gibt es bis heute immer wieder Verarbeitungen, jedoch auf einer ganz anderen Ebene als früher. Nein, das war nicht immer einfach, aber sehr, sehr heilsam.

IM HAUS VON VINCENZO KAVOD

Zwischen mir und Vincenzo Kavod entwickelte sich in kurzer Zeit eine gute Freundschaft. Durch seine Arbeitsweise bestand unter uns nie eine Therapeuten-Klient-Beziehung. Die meisten Gäste waren immer viel jünger als ich. Für sie war Vincenzo Kavod schon eher eine Autoritätsperson und oft eine liebevolle Vaterfigur.

Nachdem ich in eine eigene Wohnung gezogen bin, hielt ich mich dennoch täglich in seinem Haus auf und beteiligte mich am gesamten Tagesablauf. In jener Zeit wurden noch viele Menschen in Not zu Vincenzo Kavod geschickt. Da ich keine Therapeutin oder Angestellte war, sondern einfach ein Mensch, der selber durch eine Suchtgeschichte geprägt war, wurde mir von den Gästen oft viel anvertraut von den persönlichen Sorgen. Und so ergab sich immer mehr eine gute Zusammenarbeit durch uns. Vincenzo Kavod führte die Menschen durch Meditation, erklärende Gespräche über irrtümliche Identifikation und vieles mehr zu einer neuen Wahrnehmung ihrer selbst und ich war für das Emotionale zuständig.

Kochen gehörte ja schon schnell zu meinem täglichen Tun. Meist waren Menschen im Haus, die wenig Lust hatten, sich zu beteiligen. Doch gab es auch Menschen, die genau dies brauchten. Da übergab ich den Kochlöffel für diese Zeit. Es forderte von mir viel an Flexibilität. So war ich da, wenn es gebraucht wurde, und zog mich zurück, wenn dies so gebraucht wurde.

Vincenzo Kavod war schon immer ein sehr grosszügiger Mensch, er verwöhnte seine Gäste sehr gerne. Wir unternahmen viel, reisten an manch schöne Orte wie Venedig, Genua, Sardinien, Amerika, und unternahmen viele kleine Ausflüge. Das genossen alle, und dank Vincenzo Kavod konnte ich auch immer mit dabei sein.

BEGEGNUNG MIT MEISTERN

In den Jahren wurde mir die Meditation immer klarer zu einem festen Bestandteil meines Lebens. Die indische Kultur faszinierte mich. So begann ich auch Mandalas zu gestalten. Die Tradition, einen Guru, einen spirituellen Meister, Lehrer, zu haben zog mich sehr an. Erleuchtung war nie mein Bestreben, dies schien mir unwürdigem Menschlein, katholisch tief so geprägt, sowieso unerreichbar. Aber das Eine in jedem zu sehen und zu ehren, fand ich grandios, es verband mich mit meinen Mitmenschen auf neue Weise. Selbstsicherheit hatte eine neue Bedeutung gewonnen. Auch versöhnte sich in mir ein grosser Teil meiner Herkunftsreligion. Jesus hatte wieder Platz in meinem Herzen. Ich lernte viel über mich und uns alle. Wir reisten auch an verschiedene Meditationsintensives, die meist ein Wochenende dauerten. Und so fuhren wir, mit drei jungen Gästen, im Frühling 1997 auch nach Sitges in Spanien, wo Gurumayi ein Intensiv organisiert hatte. Sehr viele Menschen kamen da hin, und einer unserer Jungs erkannte sogar die Schauspielerin Megg Ryan in der Menge. Und dann, ein lauter werdendes Gemurmel am einen Ende des Saals, Gurumayi war endlich da. So begegnete ich dort also zum ersten Mal einem Guru. Oh, wie schön sie doch war, und aber, oh, wie klein. Durch den Eindruck der Fotos in Vincenzo Kavods Haus erwartete ich eine grosse, stattliche Frau. Eine wunderbare, helle Energie ging von ihr aus, als sie durch die Menge an uns vorbeischritt. Ich war sehr berührt. Aber, es war eigenartig, in mir regte sich kein Gefühl, Gurumayi als meinen Guru zu empfinden. Irgendwie hatte ich dies erwartet, wenn ich sie mal persönlich sehen würde. Ich sah die Menschen, hingebungsvoll und strahlend zu Gurumayi aufschauend, ganz klar entschieden, dass sie ihr Guru sei. Ich war etwas neidisch auf diese echte Hingabe. Im Sommer 1997 reisten wir zusammen nach Amerika, nach South Fallsburg, in jenen Ashram, wo Gurumayi nun lebte. Dies waren wertvolle Wochen.

Im Jahr 1999 reiste ich mit meiner Freundin nach Indien. Welch ein Erlebnis! Meine Freundin kannte dort einen eher unbekannten Swami, in Kaivalyadham, und wir verbrachten eine Woche bei ihm und nahmen täglich an den Feuerzeremonien und Mantra-Rezitationen teil. Ein sehr schöner Mensch, eine starke

Persönlichkeit. Aber auch hier empfand ich mich nicht hingezogen, ihn als meinen Lehrer zu erkennen. Wir verbrachten auch eine Woche in Ganeshpuri, im Ashram von Gurumayi, welchen meine Freundin schon von dem Aufenthalt mit Vincenzo Kavod im Jahre 1994 kannte. Gurumayi war nicht dort, sie war ja nun schon fast immer in ihrem Ashram in Amerika. In der Organisation hier in Indien waren vermehrt Menschen aus Amerika tätig, dies war etwas sonderbar. Es war trotzdem stark und sehr schön. Wir waren externe Besucher und durften so nur in den ersten Teil des Ashrams. Dort lernte ich nun auch die wundervollen Plätze kennen, von denen Vincenzo Kavod uns schon oft erzählt hatte. Wir beteiligten uns jeden Morgen am „Guru Gita"- Gesang und an den „Aratis", welche morgens und abends im Vorhof stattfanden. Es war sehr schön.

Meine Freundin reiste früher zurück in die Schweiz und ich blieb noch zehn Tage alleine in diesem grossen, so total anderen, faszinierenden Land. Auf einer abenteuerreichen, zwanzigstündigen Reise mit dem Zug, zweite Klasse, fuhr ich in den Süden zum Winter-Ashram von Satya Sai Baba in Whitefield. Ich mietete ein einfaches Zimmer im Dorf und nahm an den täglichen Treffen mit Satya Sai Baba teil. Meist sass ich weit hinten, unter vielen indischen Frauen, die mir überhaupt nicht meditativ erschienen, was mich belustigte. Es wurde immer lange gewartet, dann kam Sai Baba in den Saal, setzte sich auf seinen Stuhl, und es wurden Bhajans gesungen. Das gefiel mir sehr gut. Gegen Ende des Programms erhob sich Sai Baba, spazierte durch die engen, freigehaltenen Wege in der Menschenmenge, um sich verschiedenen Schülern persönlich zuzuwenden. Nur einmal sah ich ihn von Nahem, er ging etwa drei Reihen vor mir vorbei. Je näher er kam, umso mehr war eine starke Energie spürbar. Ich empfand diese Energie als starke Liebe. Als er ganz nahe war, schaute ich weg und dachte: " Bitte, schau mich bloss nicht an!" Ich fühlte mich so unrein, klein und unwürdig. An einem anderen Tag dachte ich jedoch: „Was tue ich eigentlich hier? Ich bin nicht seine Schülerin, und obwohl ich seine Grösse so stark spüre, es zieht mich nicht zu ihm hin." Ja, in mir hatte ich schon die Hoffnung gehegt, es würde „funken", und ich würde meinen Guru in ihm finden. Trotzdem habe ich den Besuch diese Tage sehr genossen und fühlte mich sehr beschenkt, dort sein zu dürfen. Nach einer

Woche fuhr ich zurück zum Swami in Kaivalyadham, blieb ein paar Tage und flog dann, reich an erlebter Schönheit, zurück nach Hause.

Weiterhin war ich täglich mit Vincenzo Kavod und seinen Gästen, sang und meditierte jeden Morgen mit ihnen zusammen. Zu Hause hatte ich mir auch einen schönen Meditationsplatz eingerichtet. Doch da ich in einem Mehrfamilienhaus wohnte (ich lebe heute noch da), sang ich keine Mantras, aber setzte mich oft zur Meditation hin. Mantras begleiteten mich aber täglich. Ich hörte sie mir bei der Hausarbeit an, ich genoss sie während dem Malen und Zeichnen. Dies mache ich natürlich auch heute noch so.

Viel haben wir erlebt. Viele Menschen kamen und gingen. Viel Schönheit, auch Trauriges, von allem etwas. Langeweile war ein Fremdwort. Mit meiner Familie hatte sich auch vieles geändert. Es wird ja oft gesagt, wenn du meditierst, hat das Auswirkung auf vergangene und kommende Generationen. Dies konnte ich sehr gut sehen bei uns. Wir kamen wieder in Kontakt und heute sind meine Schwestern wieder meine besten Freundinnen. Wir haben eine wundervolle, herzliche Familie! Lena verbrachte viele Ferien bei mir und uns und lernte so auch schon viel über das Leid der Abhängigkeit kennen. Sie ist heute eine erwachsene, tolle Frau.

Was meine Alkoholkrankheit betrifft, muss ich hier gleich etwas ergänzen. Die meiste Zeit ging es mir ja wunderbar in meinem neu gewonnenen Leben, aber es gab schon noch etliche, wenn auch kurze Rückfälle. Heute geht es mir aber sehr gut. Suchtkrankheit gewinnt ja leider seine Eigendynamik und es ist wirklich schwer, dies zu überwinden. Denn hat man einmal die Grenze vom Gebrauch einer suchtbringenden Substanz überschritten, wird das Mittelhirn oder das Reptiliengehirn danach von der machtvollen Gier dominiert, was für einen Betroffenen gleichgesetzt wird mit Überleben. Die gefühlte Realität des Süchtigen wird dann so, dass der Gebrauch der Substanz nicht länger eine Wahl des Lebensstils ist, sondern eine Überlebensnotwendigkeit. Diese Tatsachen sind für Nicht-Süchtige oft schwer zu verstehen und so entstehen oft Vorurteile. Man kann doch, wenn man will. Leider ist dies dann nicht mehr nur eine Willenssache. Darum, Hut ab für jeden Menschen, der davon frei werden konnte und kann.

ENTSCHEIDUNG

Es ergab sich dann etwas für mich Trauriges, welches sich später aber als grossen Segen herausstellte. Im Jahr 2002 trat eine Frau im Haus ein, die ich eigentlich sehr gut mochte. Leider begann sie mich zu mobben, sie machte dies sehr subtil, so dass es Vincenzo Kavod gar nicht gross auffiel und er kein Verständnis für mich zeigen konnte. Sie sagte mir dann selber mal, sie müsse halt immer die Nummer Eins sein. Es war einfach ihre Art, sie meinte es nicht mal böse. Heute lebt sie auch schon viele Jahre hier im Tessin, hat einen feinen Mann geheiratet, sie haben einen mir lieben Sohn, und wir sind, auch wenn wir uns selten sehen, sehr gute Freundinnen.

In jener Zeit aber wurde es schwierig für mich. Irgendwann zog ich mich gänzlich zurück. Ich hatte auch einen kurzen Rückfall. Was in jenen Wochen des Rückzugs aber auch geschah, war, dass ich alles zu hinterfragen begann. Will ich wirklich meditieren? Oder mache ich das, weil es die anderen hier machen? Stimmt das denn alles so? Ich setzte mich immer noch jeden Morgen an meinen Meditationsplatz, aber ich meditierte nicht. Ich schrieb Tagebuch, weinte, lachte, sang, wenn auch leise, schimpfte, allerlei tat ich da, nur nicht meditieren, aber ich setzte mich immer hin. Ganz klar wusste ich nun, ja, das IST mein Weg, mein Sehnen. Und, ich hatte richtig Sehnsucht nach einer spirituellen Führung, einem lebenden Meister.

Im Frühjahr 2003 hatte sich die angespannte Situation wieder gelöst, ich kam wieder regelmässig in Vincenzo Kavods Haus, war mit seinen Gästen wie zuvor, und es war gut so. Jedoch beteiligte ich mich nicht mehr an den morgendlichen Programmen. Unterdessen hatte ich mir ein eigenes Meditationsprogramm gestaltet, welches ich früh morgens bei mir zu Hause abhielt.

Im Februar 2004 verstarb meine liebe Mamma 1 in ihrer eigenen Wohnung in einem Schwelbrand.

SEIN

BEGEGNUNG MIT PYAR

Eine befreundete Keramikerin hatte bei Vincenzo Kavod eine CD hinterlassen, von Pyar. Sie erzählte uns erfreut, wie sie diese Meditationslehrerin toll finde und legte uns nahe, die CD anzuhören. Die lag dann aber für Wochen unangerührt auf der Kommode. Kurz darauf rief diese Freundin an und meldete, dass Pyar für ein Wochenende in Bern sei und sie dort zum Satsang gehe. Ob wir auch kämen. Eigentlich war mein Interesse nur karg geweckt. Aber ich hatte eine andere Idee: Zu jener Zeit war mein Verhältnis zu meiner Schwester in Bern noch gänzlich gebrochen, was mir sehr leid tat. Ich dachte, ich könnte so mit ihr in Kontakt kommen, wenn ich sie anfragen würde, ob ich bei ihr übernachten könnte, weil ich zu diesem Anlass gehen wollte. Es klappte, meine Schwester sagte mir, wenn auch zögerlich, zu. So reiste ich nach Bern. Natürlich musste ich nun zu diesem Satsang gehen, klar! Zum Glück!

Es war Samstagabend, es waren schon viele Menschen da, ich setzte mich in den Raum, die Band begann ein Mantra zu spielen ... und um mich war es schon geschehen. Pyar setzte sich vor uns hin, und es war so wohltuend, ihr zuzuhören, zu sehen, wie sie mit den Menschen spricht. Was sie über Meditation sagte, ging mir direkt ins Herz. Noch am gleichen Abend rief ich ins Tessin zu Vincenzo Kavod an und er und ein junger Gast kamen am Sonntag auch nach Bern. Wir waren alle berührt! Danach hörte ich mir die CD natürlich an, und es tat so gut!

Kurz darauf reisten wir auch an Satsangs im Südtirol und im Frühling 2004 nahmen wir das erste Mal an einem Retreat in Oberbayern, in Melleck teil. Es war das Jesus-Retreat. Vor dem Haus hatte es eine lange Bank. Als ich da mal in einer Pause rauchend an der Sonne sass, setzte sich Pyar, die ja schönerweise immer unter uns ist, an das andere Ende. Da geschah es, ich konnte mir eher zusehen, als dass ich mir gross dazu Gedanken machte, ich rückte zu ihr hin .... und fragte, ob ich ihre Schülerin werden dürfe. Blurbs. Ich war regelrecht überrascht von mir selber. Sie sagte, ja gerne, und dass die anderen Schweizer auch schon gefragt hätten! Oh. Es war ganz eigenartig, in mir hat sich dieser Wunsch sozusagen klammheimlich gestaltet. Es war nicht der grosse Funken, wie ich erwartet hatte, aber so total stimmig. Und so sassen wir dann vor Pyar für die Zeremonie. Zu unserer Überraschung sassen da Vincenzo Kavod und noch drei weitere Menschen, alles seine Gäste, und eine deutsche Frau. Wir haben nicht untereinander ausgetauscht, dass wir um Schülerschaft gefragt haben.

Die verschiedenen Lehrer haben auch verschiedene Arten, wie sie Schüler annehmen. Pyar hat das Ritual übernommen, welches auch ihr Meister Osho praktizierte. Sie fragt, ob man auch wirklich will, ob Fragen da sind, dann bekommt man einen spirituellen Namen, der zu einem passt, mit Zertifikat dazu, sie schenkt einem eine Japa Mala um das Handgelenk, umarmt einen, geht in Stille, Stirn an Stirn... dann gibt's was Süsses, eine kleine Buddha-Figur als Geschenk dazu und plumps, ist man drin.

Die Japa Mala hat sie vor Kurzem jemandem so erklärt: „Das ist eine kleine Gebetskette, die ein Ausdruck ist für unsere Verbindung und natürlich auch benützt werden darf. Die hat die Eigenschaft, jedes Mal, wenn ihr sie benützt und Mantren rezitiert, wird sie stärker. Es ist in unserer Verbindung auch eine Art Telefon. Wenn du mich brauchst, kannst du darüber mit mir in Kontakt kommen." Dies habe ich seither versucht, und es klappt wunderbar! Dass es einen neuen Namen gibt, gefällt mir auch sehr. Nicht, dass ich den meinen nicht mag, im Gegenteil. Meine Mamma hat mich mit einem schönen Namen beschenkt. Pyar sagte, auch gerade letzthin mal dazu: „Der neue Name ist dein eigentlicher Name in seiner Bedeutung. Und, es symbolisiert auch, dass du entschlossen bist, diesen Weg zu gehen. Wenn dich jemand bei diesem Namen ruft, soll es dich immer an deine wahre Natur erinnern." Da wir ja eben gerade das Thema „Jesus" hatten, hatte Pyar diesmal hebräische Namen ausgesucht. Ehrlich gesagt hätte ich lieber einen so wohlklingenden, indischen Namen bekommen. Aber das war schon absolut Nebensache. So kam ich zu dem Namen „Kabbalah". Sie sagte mir dazu: „Die Juden beten mit ausgestreckten Armen, die Handfläche gegen Himmel gerichtet. Kabbalah, die Fähigkeit zu empfangen, offenes Herz – offene Hände - Segen über Segen".

Und Vincenzo bekam den Namen „Kavod", welches sie mit „Glorie Gottes" erklärte.

Im letzten Retreat sagte Pyar auch: „Mir geht es darum, dass ihr glücklich seid, so einfach. Glücklich und klar und wissend, wer ihr seid. Ich kann euch gleich sagen, wer ihr seid, aber deswegen wisst ihr es noch nicht. Aber ihr seid es nämlich: Klarheit, Liebe, Freude, Weite, Schöpferkraft, Göttlichkeit. Und um das tatsächlich zu sein, was ihr immer schon wart, darum geht es hier. Und dabei ist alles, was wir hier lernen, das Atmen, die Achtsamkeit, die Mantren, diverse Texte, die wir immer wieder mal durchnehmen, all diese tollen Dinge, all die Meister, die wir kennenlernen, alles ist dabei hilfreich. Je mehr, umso besser. Mir ist es eine Ehre, euch dabei zu unterstützen und zu begleiten. Oh ja!"

Das ist nun 12 Jahre her. Es hat sich so viel verändert bei mir, unglaublich! Viele reinigende, klärende Prozesse konnte ich durchgehen, wie schon davor, jedoch empfand ich mich auf eine Art wie „gehalten", begleitet. Dies in erster Linie ganz stark durch Pyar, obwohl ich mich selten persönlich an sie wende, und auch durch die wundervolle Sangha, die Gemeinschaft um Pyar. Ja, selten habe ich mich mit persönlichen Fragen an Pyar gewandt. Einerseits aus Scheu, mich zu zeigen, aber auch oft, weil irgendwer synchron auch die für mich gerade aktuellen Fragen stellte und ich somit die Antworten auch bekam. Diese Synchronizität geschieht in so einer Gemeinschaft auch wie verstärkt. Es war noch nie mein Ding, mich an Orten aufzuhalten, wo viele Menschen sind, und besonders in sogenannten spirituellen Gruppen hatte ich Mühe mit den Wettkämpfen, wer wohl heiliger sei und wer die meisten, lichtvollen Erfahrungen macht. So empfand ich dies meistens. Jetzt, in dieser Gemeinschaft, da fühle ich mich sehr wohl. Einmal kamen mir die Worte, es ist wie ein wohliges Aus-Kuscheln. Und zwar deshalb, weil da genauso Konfrontationen stattfinden, noch direkter und manchmal ganz schön heftig, aber immer mit der Liebe im Hintergrund. Die ist da eben auch verstärkt wahrnehmbar. Wir kommen aus sehr verschiedenen Leben und treffen uns aus dem gleichen Grund, aus der gleichen Sehnsucht. Oft sitze ich an den Retreats auf irgendeiner Bank vor dem Haus, sehe diese Menschen vorbeigehen, und denke: „Ah, den mag ich so von Herzen, oh, die ist so eine Liebe, uh, wie schön, ist die/der auch da", und sehe diese unsere Unterschiedlichkeit und diese grosse Schönheit von jedem...das haut mich oft um vor Liebe!

WACHSEN

Es ist auch ganz enorm, wie man zuschauen kann, wie wir „wachsen". Pyar sagte im letzten Retreat dazu: „Ich empfinde es mit euch als so eine Art gärtnerisch. Mit Wässern und Düngen, bisschen Unkraut jäten, und ich darf euch seit 15 Jahren beim Wachsen zuschauen und helfen."

Vor ein paar Jahren bekam ich eine Mail, wo Pyar und ihr Team mich anfragten, ob ich Lust hätte, als Mixer bei den Retreats zu helfen. Den braucht es, weil wir in den Satsangs alle über ein Mikrophon sprechen, es auch Aufnahmen gibt, die man später erhalten kann, und natürlich auch für die Musikgruppe, für den Sound. Was war ich erstaunt. Ich sass seit Jahren immer in der hintersten Reihe, und nun dürfe ich als Mixer da vorne sitzen und mithelfen? Von Herzen gerne! Es hat mir total Spass gemacht, diese Arbeit zu tun. Die Musikgruppe, die „Garuda", setzt sich jedes Retreat aus verschiedenen Musikern zusammen, je nachdem, wer von ihnen gerade dabei ist. Die Musik war für mich vom ersten Satsang her in Bern total wichtig und hilfreich. Ich liebte es ja schon vorher sehr, Mantren zu singen und deren zarte, unterstützende Wirkung zu spüren.

Nun, vor bald drei Jahren ergab es sich, dass an einem Retreat sehr wenig Musiker anwesend waren, und so durfte ich, die ich als Mixerin eh schon bei der Band sass, etwas mithelfen. Und, unterdessen ist es so, dass ich ganz bei den „Garuda" dabei bin. Dies empfinde ich als ganz grosse Gnade, ein grosses Geschenk. So weit durfte ich auch in diesem Bereich „wachsen", dass ich heute dies tue, für Pyar und die Sangha, was schon immer mein Herzblut war. Und ich lerne so viel dabei. Danke!!

Viele unserer Gäste waren und sind oft auch in den Retreats. Pyar hat uns alle immer voll und ganz unterstützt. Einige davon sind nach dem Austritt bei Vincenzo Kavod nicht mehr an die Retreats gekommen, aber ich weiss persönlich von diversen jener Menschen, wie es ihnen im Herzen wertvoll geblieben ist. Es gibt auch solche, die nach Jahren wiederkommen.

Vincenzo Kavod ist nun vor zwei Jahren in Pension gegangen. Das heisst, dass er nicht mehr Gäste im Haus aufnimmt, die über längere Zeit hier wohnen. Aber es heisst bei weitem nicht, dass es nun gemächlicher zu und herginge. Es kommen viele Menschen zu Besuch und in die Ferien, einige ehemalige Gäste, die nun Freunde sind, aber auch Menschen, die gerade Krise haben, etwas Abstand und Verständnis suchen und gern wieder in Meditation „eintauchen" möchten.

GÄSTE

Ja, viele Menschen haben wir kennengelernt. Von all denen mag mich nur an sehr, sehr wenige erinnern, die die Botschaft von Vincenzo Kavod nicht gleich verstanden haben. Es war natürlich ein grosser Unterschied, ob der Gast von einer Amtsstelle „geschickt", also hier platziert wurde, oder ob er/sie die Adresse selber ausgesucht hatte. Das ist klar. Jene jungen Menschen, die platziert wurden, auch die haben schnell verstanden und sich meist in der heimeligen Atmosphäre wohl gefühlt, aber sie mussten oft noch rebellieren und bescheissen, weil sie es bisher so kannten. Gerade von diesen jungen Menschen sind sehr viele zu einem späteren Zeitpunkt selber wiedergekommen. Sie hatten die „innere Adresse" trotzdem auch schon gefunden und unterdessen viel verstanden. Viele sind unterdessen suchtfrei, erwachsen und haben eigene Familien gegründet. Manchmal waren in den Jahren auch Menschen, die nur ganz kurz im Haus waren, so als Time-Out. Auch von ihnen kommen manchmal, nach Jahren, Mails oder Anrufe und sie berichten positiv von ihren Leben. Das ist so wunderbar. Mit einigen Menschen hatte und habe ich oft über die Zeit im Haus hinaus sporadisch Kontakt, in langen Gesprächen, bis oft in den Abend hinein. Über Internet und auch Facebook bin ich auch mit vielen in Kontakt. Darunter sind einige, früher als „hoffnungslos" gestempelte Menschen, die ihr Leben meistern. Welche Freude.

Ich bin heute sehr dankbar über vieles, was ich in Vincenzo Kavods Haus und mit all den Menschen lernen durfte. Viel an Geduld, Mitgefühl, Zuhören, Vermitteln, Da-Sein, viel an Flexibilität, sich immer wieder auf neue Menschen einzustellen, deren Gewohnheiten, Bedürfnisse zu akzeptieren und immer wieder, durch alle verschiedenen, angenehmen wie unangenehmen Verhaltensweisen, die innere, grundlegende Gutheit zu sehen, zu respektieren, zu schätzen und die Menschen dort anzusprechen und abzuholen.

MEDITATION HEUTE

Wenn ich heute zurückschaue, so kann ich nur in Dankbarkeit versinken.

Meditation hat für mich so viel verändert:

Früher hatte ich oft das Gefühl, nie ganz DA gewesen zu sein, so etwa, wie in Watte verpackt durchs Leben zu gehen. Dies war damals sicher auch ein wertvoller Selbstschutz. Heute erfreue ich mich daran, präsent sein zu können, hier und jetzt. So vieles gibt es täglich wahrzunehmen, was Freude macht im Aussen und mich unterstützt, die grundlegende, grundlose Freude im Innen vermehrt zu leben. Ein gutes und tiefes Vertrauen ist gewachsen. Ernsthaftigkeit hat viel Lachen und Humor Platz gemacht. Eine Leichtigkeit schwingt durch das Erleben, in jeder Hinsicht. Depressionen habe ich schon lange keine mehr, und wenn mal Traurigkeit da ist, ist eben Traurigkeit da, dies ist keine „gestörte Emotion". Da ist Boden unter den Füssen, unsere gute, schöne Erde. In den ersten Jahren mit Meditation waren die Veränderungen gut spürbar. Seit der Zeit bei Pyar durfte ich auch einige tiefe Erfahrungen erleben.

Da war zum Beispiel einmal nach einem Retreat eine klirrende Klarheit und eine starke Verbundenheit, besonders in der Natur. Dies hielt für ein paar Tage an.

Einmal während eines Retreats war mir, als würde eine Art Vorhang von mir abfallen. Alles schien klar und leicht, alles schien ok zu sein, egal ob Positives oder Negatives. Mein Gedanke war, SO erlebt man das Leben wirklich.

Einmal, auch in einem Retreat, war alles sehr total und jetzt, und ich nahm alle Farben ganz intensiv wahr. Einmal verfeinerte sich mein Geruchsinn ganz stark. Aber all dies hielt nur kurze Zeiten an.

Dies ist schon lange her und es „passierte" nichts mehr in diese Richtung. Es kamen immer wieder Zeiten, wo ich Mühe hatte, mich zur Meditation zu setzen. Ich tat es trotzdem, denn etwas blieb, und das war, die bewusstere Wahrnehmung im Alltag und die wachsende Gegenwart von Freude und Liebe. Klar, ich vermisste schon etwas, das mir das Hinsetzen „attraktiver" machen täte. Aber unterdessen erfreue ich mich an der Feststellung, dass sich da mein Vertrauen sehr gefestigt hat und ich es so sein lassen konnte.

Etwas Lustiges passiert mir sehr oft in den Träumen. Da sind so irgendwelche Geschichten, meistens, seit Jahren, spielen die sich in Retreats oder Satsangs ab, gemischt mit alltäglichen Begebenheiten. Irgendwann ergibt es sich, dass ich irgendwem telefonieren soll. Ich nehme mein Handy, aber da ist ein ganz fremdes Display drauf. Meistens ein nerviges Spiel, welches ich aber nicht zu spielen pflege. Und dann, dann merke ich, das kann nicht sein und frage mich, ob ich wohl in einem Traum bin. Einige Male konnte ich dann erforschen, wie sich Träumen „anfühlt", wie weit sich dieses Erfahren von der „Realität" unterscheidet. Einige Male zeigte ich das Handy einem anderen „Teilnehmer meines Traumes", und sagte: „Schau mal, wir sind in einem Traum." Genial. Einige wenige Male konnte ich das Geschehen im Traum beeinflussen und stellte fest, dass dies mit einer Art energetischen Anstrengung verbunden ist. Meistens bleibt es aber leider bei der einfachen Feststellung, dass ich am Träumen bin.

Vor wenigen Wochen erlebte ich dann dies:

Vincenzo Kavod kam von einem Abend- Satsang mit der italienischen Lehrerin Shakti Caterina Maggi nach Hause. Er erzählte mir: „Sie sagte dann: Schau, da drin in dir, da ist keiner."

Einen Augenblick versuchte ich mir, dies vorzustellen, wie schon oft. Und ... da war tatsächlich keiner ... keine Dési, keine Kabbalah

.... Ich sprach es nicht aus. Erst zwei Tage später erzählte ich dies, etwas zaghaft, an Vincenzo Kavod. Auch jetzt noch fällt es mir schwer, Worte zu finden für das, was da passierte. Mit jedem Tag konnte ich zusehen, wie der Vorhang sich wieder langsam schloss. Es war nicht so, dass ich versuchte, „ES" aufrechtzuerhalten, mir war klar, dass dies halt jetzt nicht möglich ist.

Es ist ein Geschenk, eine Gnade.

Die Geschichte des Erwachens ist deine Geschichte und meine Geschichte. Sie beginnt als persönliche Geschichte und endet als die Geschichte keiner Person.
Samarpan [111]

Und ich habe Vertrauen, dass alles im richtigen Moment geschieht. Es ist ok so. Es haben sich in mir einige Fragen gebildet, die ich im nächsten Retreat mit Pyar anschauen will. Wie gut, eine lebende Meisterin zu haben! Seither ist es aber so, dass ich mich als präsenter empfinde. Ich bin am „Beobachten". Mehr kann ich noch nicht darüber schreiben.

Meine Meditationspraxis hat unterdessen etwas Spielerisches angenommen. Ja, mein Meditationsplatz ist ein freudiger „Spielplatz" geworden. Dank den verschiedenen Techniken, die ich in den Jahren, durch Pyar und auch durch andere Lehrer, kennenlernen durfte, ist die Meditation „lebendig" geworden. Das heisst, es wechseln sich verschiedene Phasen ab. Nicht, dass ich jeden Tag was anderes mache, mir bleiben gewisse Rituale über Wochen dieselben.

Zurzeit zum Beispiel so: Ich erwache sehr früh und stehe auf, mühelos und gern. (Ich gehe auch sehr früh ins Bett, wohlverstanden.) Noch im Liegen ist der erste Satz jener, den der Zen Lehrer Thich Nhat Hanh in seinem Buch „Ohne Schlamm kein Lotos" empfiehlt:

„Ich wache auf und lächle.
Vierundzwanzig neue Stunden liegen vor mir.
Ich gelobe, jeden Augenblick bewusst zu leben
und alle Wesen mit den Augen des Mitgefühls zu betrachten." [112]

Das ist schon erfreulich stimulierend. Dann, aufstehen, genüsslich strecken, alles spüren im Körper. Zuerst gibt es Kaffee. Dann ab zum Meditationsplatz. Kerzchen anzünden, Rauchstäbchen auch, ein Begrüssungs-Namasté an Pyar auf dem Foto, an die wunderbaren Statuen von Tara, Buddha Amoghasiddhi, den kleinen, von mir geformten Ganesh aus Keramik, der schönen, grossen Maria, die ich von meiner Mutter erbte, an den etwas kleineren Jesus, den grossen Thanka meines Vaters und allen Helfer auf den Bildern, wie Achi auf ihrem blauen Pferd, Avalokiteshwara, Mahakala, Machi Labdrön usw.

Dort habe ich eine Klangschale, die schlage oder streiche ich sanft an, halte die Klangschale nahe zu meinen Ohren, dann zum Herzen und höre ihrem Klang nach, bis er gänzlich verschwunden ist. Auch habe ich mir ein paar Widmungen herausgeschrieben, die ich „offeriere": „Mögen wir alle Wesen Glück erfahren und die Ursachen von Glück. Mögen wir frei sein von Leid und den Ursachen von Leid, mögen wir niemals getrennt sein von der grossen Glückseligkeit, die frei ist von Leid."

Dies mache ich immer. Aber dann, je nach Zeiten, mag ich gerne eine Rezitation machen. Für ein paar Wochen war es „Der schwarze Mantel" mit „Mahakala", eine Zeit lang war es das lange „Medizin-Buddha-Mantra,", eine recht lange Zeit das reinigende Mantra von „Vajrasattva", das „Herzsutra" usw. Es gab in diesem Jahr auch eine Zeit, wo das „Vaterunser" öfters vorkam. Seit dem letzten Retreat macht es mir Freude, mit dem Atem zu „arbeiten", so wie wir es dort mit Pyar gemacht haben. Und dann, stille Meditation. Ahhh!

Ich bestimme nie die Zeit. Meistens dauert es eine halbe Stunde, manchmal länger, das variiert. Dann, ein Danke-Namasté, und auf, in den neuen Tag.

GEWOHNHEITEN

Was ich diese Jahre bewusst in meinen Alltag einführte, sind so kleine, spielerische Gewohnheiten. Pyar sagte auch: „Gewohnheit ist eine unglaublich starke Kraft."

Oh, ja!

Mir gefiel der Vergleich mit dem Trampelpfad und den Autobahnen, von dem sie uns erzählte. Gewohnheiten prägen sich ein und werden in unserem System mit der Zeit zu Autobahnen, also Strassen, die oft wiederbefahren wurden. Gewohnheiten ändern heisst dann, sich einen neuen Pfad zu bilden. Das ist dann zuerst nur ein Trampelpfad, aber mit Geduld und Übung wird auch der zu einer richtig ausgewachsenen Strasse. Alte Autobahnen hingegen werden von der Natur in relativ kurzer Zeit wieder eingenommen, es wächst zuerst Gras, dann ganze Wälder darüber.

So ist es mir zur Gewohnheit geworden, mich jeden neuen Tag für Freude und Liebe zu entscheiden und mir bewusst zu sein, dass ich dies tatsächlich selber so entscheiden kann.

Meine Wohnung ist in jedem Raum mit Statuen und Bilder von Buddhas und Meistern dekoriert, aber dies nicht nur, weil ich die schön finde, sondern auch als ständige Erinnerung an das, was wesentlich ist. Dies hat mir in den ersten Jahren, wo es oft noch düster war in meinem Geist, sehr geholfen.

Jeden Tag mindestens einmal die Vögel zu hören, diese Angewohnheit lernte ich schon vor Jahren durch Pyar kennen und bereitet mir immer neu Freude.

Wenn mein Geist so seine inneren Dialoge pflegte, in welche Richtung auch immer, aber vor allem, wenn die eher negativer Art waren oder sind, machte ich es mir zur Gewohnheit, diese, sobald es mir bewusst wurde, durch ein Mantra zu „ersetzen". Heutzutage erwache ich meistens schon mit einem Mantra im Geist, oft mit einer mir bekannten Melodie dazu, manchmal auch mit neuen, spontanen Klängen. Einige davon werde ich demnächst musikalisch verarbeiten. Dies verändert die Qualität des Tages enorm.

Bevor ich mein Zuhause verlasse, halte ich einen kurzen Moment inne. Neben der Tür hängt ein kleiner, hölzerner „Ganesh", und dem streiche ich kurz über den Rüssel, in mir ein: „Om Guru Om", Freude einatmen, Freude ausatmen, und los.

Jeden Tag versuche ich, mit allem und jedem so achtsam wie möglich zu sein. Meine Tochter findet es belustigend, wenn sie mich mit den „Dingen" sprechen hört. Bei meinen kreativen Arbeiten bekommen alle Details „Leben", und das bedeutet für mich, alles zu ehren. Oft ist dies humorvoll und eben eine Art, meine Art, die Achtsamkeit zu üben.

Auch wähle ich gut aus, mit was ich meinen Geist «füttere». Nicht, dass ich unangenehme Nachrichten ignoriere, nein, aber es ist bestimmt besser für die Welt, wenn wir «weisse Samen» setzen, als unser Entsetzen ins Leben zu tragen und zu verbreiten.

Die Praxis des «Tonglen» ist eine wunderbare Art, mit vielen der Emotionen und Nachrichten aus aller Welt umzugehen. Da durfte ich schon viel Schönes erleben damit.

Was ich noch sehr am Üben bin, ist die Achtsamkeit mir selber gegenüber. Das habe ich oft vergessen.

"Mein Innerstes, höre mir zu,
der grösste Geist, der Lehrer ist nah,
wach auf, wach auf!
Renne zu seinen Füssen -
Er steht gerade jetzt ganz nah bei dir.
Millionen von Millionen von Jahren hast du geschlafen.
Warum nicht heute Morgen aufwachen?"

Kabir [113]

VINCENZO KAVOD

Vincenzo Kavod ist ein ganz besonderer Mensch.

Mit seiner Erfahrung, absoluten inneren Überzeugung, Zweifellosigkeit und SELBST-Sicherheit hatte er schon früh eine Art zu leben, die sich wenige Menschen zugestehen. Seine Grosszügigkeit, sein grosses Herz und sein früher Entschluss, den Menschen zu helfen, hat schon so viele Herzen berührt. Er hat sich mit seiner Weise, den Menschen beizustehen, oft richtig durchsetzen müssen, und wir sehen ja alle, wie wertvoll dies so manchem das Leben neu ausgerichtet hat. Seine Familie, von Ex-Frau bis Enkelkinder, sind alles wunderschöne Menschen, die ich von Herzen gern habe. Es berührt mich oft, mitzuerleben, wie seine Kinder und seine Enkelkinder ihn lieben und schätzen. Sein Bruder und seine Schwägerin, die ja im unteren Stock des Hauses leben, sind feine Menschen, die all den, oft sehr lauten Jugendlichen immer mit viel Geduld und Nachsicht begegnet sind. Leider habe ich seine Mutter Cornelia Forster nicht mehr persönlich gekannt. Ihre vielfältige Kunst beeindruckt mich immer wieder. Es ist traurig, dass ihre Kunstwerke nicht bekannter geworden sind, denn sie bewegen einem oft das Herz.

Und wir, wir sind so richtig tiefe Herzfreunde geworden. Manchen erscheinen wir wie ein „altes Ehepaar." Um die Neugier vieler unserer Freunde zu stillen, sei erwähnt, dass wir es durchaus auch als Paar versucht haben. Zuerst war ich verliebt, aber er nicht. Dann war er verliebt, aber ich nicht mehr. Es sollte nicht sein, und wir sind heute darüber sehr glücklich. Nach wie vor sehen wir uns täglich und unsere Begrüssung ist jedes Mal von Herzen und hört sich so an: „Hoi, du liebe, guete, schöne Mönsch" und „hoi, du genauso guete Liebe". Auf Deutsch: „Hallo, du lieber, guter, schöner Mensch", und „hallo, du genau solch Lieber".

Ich wünsche mir für ihn, dass er weiterhin sein gelebtes Wissen den Menschen weitergeben kann. Auch wenn nun die Menschen nicht mehr offiziell für längere Zeit in sein Haus kommen, so gibt es dazu verschiedene Möglichkeiten: Zuerst einmal dies sein Buch. Ich bin überzeugt, dass es dem einen oder anderen den Herzfunken entzünden wird. Auch sähen wir es wunderbar, wenn er in den Schulen über Meditation sprechen würde. Denn genau im Alter, wo die äussere Suche für jeden Menschen beginnt, kann er sein Wissen um den wirklichen Wert unseres Seins und Daseins sicherlich in manches Herz bringen. Auch finde ich es sehr schön, dass nach wie vor diverse Meditationslehrer und Künstler hier im Haus einen Abend oder einen Tag gestalten kommen. Seine Stube ist ein herrlicher Raum dafür. Gerne helfe ich ihm da immer wieder, zu organisieren und vorzubereiten in allen Bereichen.

Ich wünsche ihm, dass ihm seine tiefe Berührtheit des Herzens immer öfter und tiefer erfahrbar ist. Ich wünsche ihm „Erwachen" ... obwohl das ja nicht ganz so richtig gesagt ist, da das nichts Persönliches ist.

Ich bin dankbar, dass es ihm trotz so vielen Jahren Diabeteserkrankung so gut geht. Ich bin dankbar, dass er den Gemüse- und Fruchtsaft entdeckt hat und dies ihm ersichtlich hilft, so fit und energiereich zu sein.

Ich bin dankbar über unsere tiefe Freundschaft, unser vieles Lachen und Erfreuen an all den kleinen und grossen Schönheiten des Lebens. Ich bin sehr, sehr dankbar, dass es Vincenzo Kavod gibt.

Gott ist Dir näher als Dein Atem
Sufi Spruch [123]

+ DANKBARKEIT

Dankbarkeit ist etwas Wundervolles.
Dankbarkeit öffnet das Herz.

Ich bin tief dankbar für diese meine Lebensgeschichte, für meine gesamte Familie, für meine Tochter Lena. Ich bin dankbar, dass mir Kreativität mitgegeben wurde und ich dies auf so verschiedene Weise umsetzen kann. Ich bin riesig dankbar für all die tiefen Freundschaften, jene aus der „alten Heimat" und jene, die ich hier im Tessin habe, die ich geniessen darf. Auch dem Alkohol bin ich dankbar, es hat mich viel gelehrt. Und dankbar bin ich, dass diese Erfahrungen der Vergangenheit angehören. Dankbar bin ich für so viel Unterstützung, die ich all die Jahre bekam von Seiten der Therapeuten, die mich in den schlimmsten Jahren begleitet haben. Alles war wertvoll, wichtig und richtig so. Danke, an all die Meister und Lehren, denen ich bis heute begegnen durfte und immer wieder darf. Unaussprechlichen Dank an meine Lehrerin und Herzensmeisterin Pyar. Danke zu Vincenzo Kavod.

DANKE für das Leben.

"Oh Sariputra, Form ist Leerheit;
Leerheit ist Form;
Form ist nicht von Leerheit verschieden
noch ist Leerheit verschieden von Form.

Buddha, das Herzsutra. [114]

In meinem Herzen sind Aussen und Innen, alles Er.
In meinem Leib sind Seele, Adern und Blut, alles Er.
Wie sollen an diesem Ort Glaube und Unglaube Platz finden?
Ohne Wie ist meine Existenz, denn alles ist Er.
Jallaluddin Rumi [116]

"La illah ill Allah".
„Nichts ist, nur Gott ist.
Ich bin nichts,
ich bin in Gott". [117]

INHALTSVERZEICHNIS DER «QR CODES»

Seite 11	www.youtube.com
	Vincenzo Altepost Ankündigung des Buches
Seite 12	http://pyar.de
Seite 14	www.adhikara.com/foto
Seite 19	www.youtube.com
	Hausverschiebung 1972 in Zürich
Seite 21	www.youtube.com
	Der Staubsauger
Seite 24	www.yogaschulen.ch/yesudian.html
	www.yogaschulen.ch/haich.html
Seite 30	www.youtube.com
	Pir Vilayat Inayat Khan: The Rapture of Being
Seite 33	www.youtube.com
	Toward The One Spirituality In Everyday Life
Seite 36	www.free-mind.guru/audio/Ya-Wahabo.mp3
Seite 37	www.youtube.com
	Conversation - Pir Vilayat Inayat Khan
Seite 38	www.adhikara.com/foto
Seite 49	www.youtube.com
	Transzendentale Meditation: Eine 15-Minuten Dokumentation
Seite 57	www.youtube.com
	Knowledge of the Knower - Maharishi Mahesh Yogi
Seite 61	www.youtube.com
	Freiheit hinter Gittern: Meditation im Gefängnis

Seite 67	www.youtube.com
	Swami Muktananda (A tribute to a Master)
Seite 78	www.siddhayoga.org/gurumayi-chidvilasananda
Seite 91	www.youtube.com
	'Jai Jai Aarti Nityananda'
	Rare Photos of Bhagawan Nityananda ~
Seite 93	www.youtube.com
	Irina Tweedie: The Sufi Path (excerpt)
Seite 94	www.adhikara.com/guruji
Seite 95	www.youtube.com
	Sathya Sai Baba is Pure Love
Seite 96	www.youtube.com
	Kalachakra Mandala in 2D view
Seite 101	www.adhikara.com/baba-bal-nath
Seite 106	www.youtube.com
	Q & A with Sri Chinmoy
Seite 107	www.youtube.com
	Mother Meera on Tour
Seite 107	www.youtube.com
	Amma (Mata Amritanandamayi)
	on Compassion in Stanford University
Seite 109	www.youtube.com
	1. Life story of Khenchen Lama Sherab Gyaltsen Amipa Rinpoche
Seite 111	www.youtube.com
	Sura Ya-Sin (Shaykh Muhammad Nazim)

Seite 115	www.youtube.com
	Interview with Paramahamsa Sri Swami Vishwananda Nov 2016
Seite 118	www.youtube.com
	The Four Noble Truths - Day 1 - New Delhi 2012
Seite 120	www.youtube.com
	Call Off The Search Sri Harilal Poonja Papaji Full Movie (1993)
Seite 122	www.youtube.com
	Look Into This Mirror and Recognise Yourself Without an Image
Seite 122	www.shakticaterinamaggi.com
Seite 122	www.youtube.com
	Simone Vanni Atmananda a Biandronno 31 8 13 pomeriggio
Seite 123	www.youtube.com
	Ramdas and Krishnabai
Seite 129	www.youtube.com
	Pyar: Unseren persönlichen Ausdruck von Liebe als Teil der universellen Liebe leben
Seite 132	www.adhikara.com/foto
Seite 135	www.youtube.com
	Synchronizität und Quantenverschränkung - Auf den Spuren des Dialogs von W. Pauli und C.G. Jung
Seite 153	www.youtube.com
	I Ging - das Buch der Wandlungen
Seite 156	www.youtube.com
	Gottfried Wilhelm Leibniz Doku Deutsch

Seite 157	www.youtube.com
	Rene van Osten: Der Universalcode des I Ging
Seite 161	www.adhikara.com/cornelia-forster
Seite 162	www.free-mind.guru/audio/Ya-Wahabo.mp3
Seite 163	www.adhikara.com/the-message-from-water
Seite 168	www.amazon.de
	Dr. Norman W. Walker - Frische Frucht und Gemüsesäfte
Seite 169	www.youtube.com
	What meditation really is - Sogyal Rinpoche
Seite 175	www.youtube.com
	Urknall aka The Big Bang Theory - einfach erklärt!
Seite 178	www.youtube.com
	Nirvana Shatakam Songs for Sri Mooji
Seite 187	www.youtube.com
	Leben im Jetzt - aber wie?
Seite 188	ww.adhikara.com/yoga_meditazione_canto_mantra
Seite 193	www.free-mind.guru/meditazione/ Om-Namah-Shivaya-gruppo.mp3
Seite 198	www.youtube.com
	One-Moment Meditation: How to Meditate in a Moment
Seite 202	www.youtube.com
	Die Wirklichkeit - Satsang mit Pyar
Seite 212	www.youtube.com
	Oprah Winfrey talks with Thich Nhat Hanh Excerpt - Powerful
Seite 213	www.adhikara.com/vincenzo-altepost
Seite 217	www.adhikara.com/buch-infos

Seite 219	www.adhikara.com/foto
Seite 223	www.free-mind.guru
Seite 226	www.adhikara.com/selbsthilfe/grundlegende-gutheit.mp3
Seite 248	www.youtube.com
	Pema Chödrön: Tonglen Meditation
	Omega Institute
Seite 251	www.youtube.com
	#30 Pema Chodron - Tonglen Meditation
Seite 254	www.youtube.com
	Interview: Gerd Bodhi Ziegler - Teil 1 von 3
	Tarot der Neuen Zeit
Seite 264	www.youtube.com
	momondo – The DNA Journey
Seite 266	www.starflash.de/witze
Seite 268	www.adhikara.com/buch-infos
Seite 271	www.adhikara.com/kabbalah
Seite 339	www.adhikara.com/OM.mp3

Die Richtigkeit der „QR Codes" kann mit dem Verstreichen der Zeit nicht gewährleistet werden.
Webseiten erneuern gelegentlich ihre Struktur und ihre Inhalte.

Veränderungen mir bitte melden: v.altepost@bluewin.ch
Auf der Webseite   www.adhikara.com/buch-infos
werde ich versuchen die Korrekturen einzufügen.

DIE TITEL EINIGER BÜCHER

MEDITATION:
DAS TOR ZUM HERZEN ÖFFNEN.
Von Sally Kempton.

www.amazon.de

DOORWAYS TO THE INFINITE:
Tantric Meditation.
Von Sally Kempton.

www.amazon.de

DER WEG DURCHS FEUER
Von Irina Tweedie.

www.amazon.de

REISE INS NICHTS.
Geschichte eines Erwachens.
Von Pyar.

www.amazon.de

SPIEL DES BEWUSSTSEINS:
Eine spirituelle Autobiographie.
Von Swami Muktananda.

www.amazon.de

KOLLISION
MIT DER UNENDLICHKEIT.
Von Suzanne Segal.

www.amazon.de

DIE WISSENSCHAFT VOM SEIN
UND DIE KUNST DES LEBENS.
Von Maharishi Mahesh Yogi.
www.amazon.de

BODHICHITTA
DAS ERWACHTE HERZ
Von Pyar.

www.amazon.de

AUTOBIOGRAPHIE EINES YOGI
Von Paramahansa Yogananda.

www.amazon.de

OHNE SCHLAMM KEIN LOTOS
Von Thich Nhat Hanh.

www.amazon.de

JETZT!
Die Kraft der Gegenwart.
Von Eckhart Tolle.
www.amazon.de

ICH BIN.
Von Nisargadatta Maharaj.
www.amazon.de

AUS DER QUELLE SCHÖPFEN.
Gebet nach Teresa von Avila.
Von P.Dyckhoff.
www.amazon.de

MUT UND GNADE.
Von Ken Wilber.
www.amazon.de

DU BIST DAS.
Satsang mit Gangaji.
Von Gangaji.
www.amazon.de

ICH GING DEN WEG
DES DERWISCH

von Reshad Feild

www.amazon.de

DAS WAHRE, SCHÖNE, GUTE.
Von Ken Wilber.
www.amazon.de

VON DER NATUR GOTTES.
Von Swami Muktananda.
www.amazon.de

DIE BHAGAVAD GITA.
Kapitel 1 – 6
Von Maharishi Mahesh Yogi.
www.amazon.de

DIE WELT IN MEINEM KOPF.
Von Swami Anantananda.
www.amazon.de

TORWEGE ZUM JETZT
Von Eckhart Tolle.
www.amazon.de

RAJA-YOGA
Mit den Yoga-Aphorismen des Patanjali.
Von Swami Vivekananda.
www.amazon.de

MEDITIERE:
Das Glück liegt in Dir.
Von Swami Muktananda.
www.amazon.de

DAS EINE LIED.
Von Rumi.
www.amazon.de

SCIENTIFIC RESEARCH on the Transcendental Meditation Program: Collected Papers, Vol. 1.
www.amazon.de

SPORT UND YOGA
Selvarajan Yesudian
& Elisabeth Haich
www.amazon.de

I GING.
DAS BUCH DER WANDLUNGEN
von Richard Wilhelm
www.amazon.de

EINIGE WEBSEITEN

ADHIKARA
Zeitgenössische Kunstausstellungen. -
Aussereuropäische Kulturen. -
Spirituelle und soziale Inhalte.
www.adhikara.com

KERAMIK
Töpferarbeiten.
www.adhikara.com/vincenzo-altepost

CORNELIA FORSTER
Meine Mutter.
Eine Künstlerin die in allen
Ausdrucksformen tätig war.
Bilder, Skulpturen, Wandteppiche,
Aquarelle, Zeichnungen, und Grafik.
www.adhikara.com/cornelia-forster

FREE MIND
Schaffe Raum in Deinem Geist.
Erkenne Deine grundlegende Gutheit.
Ein Kurs mit einem
24-Tage-Programm.
www.free-mind.guru

SUCHTHILFE
Drogenrehabilitation.
www.adhikara.com/drogen-hilfe-
therapie-einrichtung

PYAR
Satsang und Retreats mit Pyar.
pyar.de

PYAR AUF JETZT TV
www.jetzt-tv.net/index.php?id=pyar

MOOJI org
Gute Satsang Video.
mooji.org

MOOJI TV
Gute Satsang Video.
mooji.tv

SIDDHA YOGA
www.siddhayoga.org/

CHANDRAVALI
Chandravali D.Schang
Übersetzungen spiritueller Literatur
aus dem Englischen und Lektorat.
www.adhikara.com/chandravali-schang

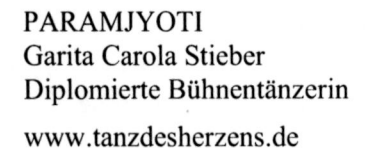

PARAMJYOTI
Garita Carola Stieber
Diplomierte Bühnentänzerin
www.tanzdesherzens.de

MANDALA
Die Webseite von
Kabbalah Désirée Wiprächtiger
mit ihren Mandalas
in drei Dimensionen.
www.mandala.ws

FACEBOOK
Meine Seite auf Facebook.
www.facebook.com/
vincenzokavod.altepost

DIE BIBLIOGRAFIE DER ZITATE.

Es war nicht immer leicht den Ursprung der Zitate festzulegen, da diese Zitate die Tendenz haben zu wandern. Es ist also durchaus möglich, dass sich da auch Fehler eingeschlichen haben. Solltet Ihr also eventuelle Fehler antreffen, so bitte ich Euch mir diese zu melden.
Meine E-Mail-Adresse ist v.altepost@bluewin.ch

Dieses Buch wird fortlaufend in kleinen Mengen gedruckt, so ergibt sich für mich die Möglichkeit Korrekturen auch weiterhin noch einzufügen. Ich danke für Eure Hilfe.

Üblicherweise ist es akzeptiert, dass man Zitate übernehmen kann. Aus diesem Grunde habe ich für diese Zitate keine Anfragen wegen Urheberrechte gemacht. Sollte es aber dennoch vorkommen, dass ein Urheber oder ein Verlag damit nicht einverstanden ist, so bitte ich freundlich mir das zu melden und ich werde das betreffende Zitat entfernen.
Meine E-Mail-Adresse ist v.altepost@bluewin.ch

Ich danke für Euer Verständnis und Eure Hilfe.

Vincenzo Kavod Altepost.

Vincenzo Kavod Altepost.
Via a Verlin 9
CH 6954 Sala Capriasca, Ticino
Schweiz
v.altepost@bluewin.ch

N° 1 When Grapes Turn to Wine: Versions of Rumi by Jalalu'l-Din Rumi (Author), Robert Bly (Translator) Yellow Moon Press, 1986	N° 2 Ein Gedicht von meiner Mutter Cornelia Forster www.adhikara.com/cornelia-forster
N° 3 The Essential Rumi, by Coleman Barks Book Club – 1995	N° 4 Mother of the Universe: Visions of the Goddess and Tantric Hymns of Enlightenment By Lex Hixon (Author) Publisher: Quest Books, 1994
N° 5 The Kabir Book: Forty-Four of the Ecstatic Poems of Kabir by Robert Bly Publisher: Beacon Press, 1977	N° 6 The Enlightened Mind by Stephen Mitchell Publisher: Harper Perennial. 1993
N° 7 Practical Guide to Integral Yoga by Sri Aurobindo (Author), The Mother (Author) Publisher: Lotus Press, 1998	N° 8 The Kabir Book: Forty-Four of the Ecstatic Poems of Kabir by Robert Bly Publisher: Beacon Press, 1977
N° 9 Irina Tweedie Der Weg durchs Feuer. Tagebuch einer spirituellen Schulung durch einen Sufi-Meister. Ungekürzte Ausgabe Ansata-Verlag; 1989 Seite 9	N° 10 Kabîr sagt: Spirituelle Gedichte von Kabîr, Rumi, Shams-i Tabrizi & von Volker Doormann Verlag: Books on Demand, 2009

N° 11 Rumi One-Handed Basket Weaving: Poems on the Theme of Work Coleman Barks (Translator) Publisher: Maypop Books	N° 12 Franz von Assisi
N° 13 Shakti Caterina Maggi www.shakticaterinamaggi.com/	N° 14 Maharishi Mahesh Yogi Zitate
N° 15 Vasisthas Yoga (Special Paper; 27) by Swami Venkatesananda Publisher: State University of New York Press, 1993	N° 16 Mooji Atem des Absoluten, Noumenon Verlag, 2012
N° 17 Liebe und Gott von Maharishi Mahesh Yogi. Regine Vollmer (Übersetzer) 1973	N° 18 Bhagavad Gita
N° 19 Franz von Assisi	N° 20 The Concise Yoga Vasistha by Swami Venkatesananda Publisher: State University of New York Press,1984
N° 21 Revelations of Divine Love by Julian (Author), Grace Warrack (Editor) Publisher: Kessinger Publishing, 2010	N° 22 Swami Muktananda Satsang with Baba, 1-5: Questions and answers with Swami Muktananda Gurudev Siddha Peeth Publications, © 1978 © 2017 SYDA Foundation®. All rights reserved.
N° 23 Be as You Are: The Teachings of Sri Ramana Maharshi David Godman (Editor) Penguin Books, 1989	N° 24 Revelations of Divine Love by Julian of Norwich (Author), Grace Warrack (Editor) Publisher: Digireads.com, 2013

N° 25 Bhagavadgita: Der Gesang Gottes - Eine zeitgemäße Version für westliche Leser von Jack Hawley Verlag: Goldmann, 2002	N° 26 Irina Tweedie Der Weg durchs Feuer. Tagebuch einer spirituellen Schulung durch einen Sufi-Meister. Ungekürzte Ausgabe Ansata-Verlag, 1989
N° 27 Ein Gedicht von meiner Mutter Cornelia Forster www.adhikara.com/cornelia-forster	N° 28 Malini Vijaya Tantra Abhinavagupta
N° 29 Baal Shem Tov zugeschrieben.	N° 30 The Essential Rumi von Coleman Barks Verlag: Harper, 2004
N° 31 Nobody, Son of Nobody: Poems of Shaikh Abu-Saeed Abil Kheir Verlag: Hohm Press, U.S. 2001	N° 32 Der Weg durchs Feuer. Tagebuch einer spirituellen Schulung durch einen Sufi-Meister. Ungekürzte Ausgabe Ansata-Verlag, 1989 Seite 614
N° 33 Shri Satya Sai Baba	N° 34 Lichtvisionen: Hymnen über die mystische Schau des göttlichen Lichts von Symeon der Neue Theologe Lothar Heiser (Übersetzer) Verlag: LIT, 2006
N° 35 Sri Chinmoy Meditation Menschliche Vervollkommnung in göttlicher Erfüllung. Sri Chinmoy Verlag, 1980	N° 36 Amma, Mātā Amṛtānandamayī http://amma.org/

N° 37 Die Upanischaden: Eingeleitet und übersetzt von Eknath Easwaran. Goldmann Verlag	N° 38 Sheikh Nazim Al-Haqqani - Naqshbandi Sufi https://sufipathoflove.com/sheikh-nazim/
N° 39 Tao Te King: Eine zeitgemäße Version für westliche Leser von Laotse (Autor), Stephen Mitchell (Autor), Peter Kobbe (Übersetzer) Goldmann Verlag, 2003	N° 40 Dalai-Lama Aus Seiner Einführung in das unendliche Mitgefühl.
N° 41 Dalai Lama	N° 42 Gangaji www.gangaji.org/
N° 43 Wake Up and Roar: Satsang with Papaji by Eli Jaxon-Bear (Author) Verlag: Waterside, 2017 oder auf avadhuta.com/	N° 44 The Self Is Already Attained von Swami Muktananda Verlag: SYDA Foundation, South Fallsburg, NY, 1993 © 2017 SYDA Foundation®. All rights reserved.
N° 46 Der Weg durchs Feuer. Tagebuch einer spirituellen Schulung durch einen Sufi-Meister. Ungekürzte Ausgabe Ansata-Verlag; 1989	N° 47 Reise ins Nichts: Geschichte eines Erwachens Von Pyar J. Kamphausen Verlag
N° 48 Padmasambhava Von Pyar in Retreats oft gebraucht. pyar.de/	N° 49 Maharishi Mahesh Yogi Die Wissenschaft vom Sein und die Kunst des Lebens J.Kamphausen Verlag 2004

N° 50 Courage and Contentment: A Collection of Talks on the Spiritual Life by Swami Gurumayi Chidvilasananda Publisher: SYDA Foundation, 1999, South Fallsburg, NY, © 2017 SYDA Foundation®. All rights reserved.	N° 51 Siddha Yoga Updates © 2017 SYDA Foundation®. All rights reserved. www.siddhayoga.org/
N° 52 Weisheiten www.momo-lyrik.de/weisheiten/weisheiten.htm	N° 53 The Hundred Thousand Songs of Milarepa: The Life-Story and Teaching of the Greatest Poet-Saint Ever to Appear in the History of Buddhism von Garma C.C. Chang (Autor) Verlag: Shambhala, 1999
N° 54 Licht auf Yoga: Das grundlegende Lehrbuch des Hatha-Yoga von B.K.S. Iyengar Verlag: O.W. Barth, 2012	N° 55 Maharishi Mahesh Yogi Die Wissenschaft vom Sein und die Kunst des Lebens J.Kamphausen Verlag 2004 Seite 155
N° 56 Reise ins Nichts: Geschichte eines Erwachens von Pyar J. Kamphausen Verlag; 2000	N° 57 Dudjom Rinpoche Schrift habe ich nicht gefunden.
N° 58 Sri Ramana Maharshi Schrift habe ich nicht gefunden.	N° 59 Fakhruddin Iraqi: Divine Flashes Classics of Western Spirituality by Fakhruddin Iraqi (Author), Peter Wilson (Translator), William Chittick (Translator), Seyyed Hossein Nasr (Foreword) Publisher: Paulist Press, 1982

N° 60 Plotin. Der Mystik-Blog von Werner Anahata Krebber	N° 61 Museum Rietberg Ausstellung Shiva Nataraja Der kosmische Tänzer 16.11.2008 - 1.3.2009
N° 62 Adi Shankara, Sankaracarya	N° 63 Vijnana Bhairava Das göttliche Bewußtsein.: 112 Weisen der Mystischen Erfahrung im Sivaismus von Kashmir von Bettina Bäumer Verlag der Weltreligionen im Insel Verlag, 2008
N° 64 Gespräche des Weisen vom Berge Arunachala von Ramana Maharshi Verlag: Lotos, 2006	N° 65 Mutter Teresa Heilige Teresa von Kalkutta
N° 66 Ich ging den Weg des Derwisch Von Reshad Feild Diederichs Verlag, 1987	N° 67 Ein Gedicht von meiner Mutter Cornelia Forster www.adhikara.com/cornelia-forster
N° 68 Ich ging den Weg des Derwisch Von Reshad Feild Diederichs Verlag, 1987	N° 69 Hakim Sanai The Book Of Everything: Journey Of The Hearts Desire Andrews McMeel Publishing, 2002
N° 70 Von den Siddha Yoga Updates © 2017 SYDA Foundation®. All rights reserved.	N° 71 Hazrat Inayat Khan www.sufismus.ch/

N° 72 Der Weg durchs Feuer. Tagebuch einer spirituellen Schulung durch einen Sufi-Meister. Ungekürzte Ausgabe Ansata-Verlag, 1989 Seite 960	N° 73 Der Weg durchs Feuer. Tagebuch einer spirituellen Schulung durch einen Sufi-Meister. Ungekürzte Ausgabe Ansata-Verlag, 1989
N° 74 Das Wunder der Dankbarkeit. Wie Wertschätzung das Leben verwandelt von Manfred Mohr & Bärbel Mohr Verlag: Gräfe und Unzer, 2012	N° 75 Der Weg durchs Feuer. Tagebuch einer spirituellen Schulung durch einen Sufi-Meister. Ungekürzte Ausgabe Ansata-Verlag, 1989 Seite 657
N° 76 Ich ging den Weg des Derwisch Von Reshad Feild Diederichs Verlag, 1987	N° 77 Thich Nhat Hanh Ohne Schlamm kein Lotos: Die Kunst, Leid zu verwandeln von Thich Nhat Hanh, Ursula Richard (Übersetzer) Verlag: Nymphenburger, 2015
N° 78 Aus einem Darshan Magazin von Swami Muktananda, Gurumayi Chidvilasananda Syda Foundation. Oder aus dem Siddha Yoga Korrespondenz Kurs Syda Foundation © 2017 SYDA Foundation®. All rights reserved. www.siddhayoga.org	N° 79 Buddha Aphorismen www.aphorismen.de

N° 80 Gurumayi's Message for 2017! from Siddha Yoga Updates © 2017 SYDA Foundation®. All rights reserved.	N° 81 Meditation: Das Tor zum Herzen öffnen von Sally Kempton Mit einem Vorwort von Elizabeth Gilbert, Verlag: Kailash.2012 Auf Seite 301
N° 82 Mengzi Von der Freiheit des Menschen: In der Übersetzung von Richard Wilhelm. von Mengzi (Autor), Richard Wilhelm (Übersetzer) Marix Verlag ein Imprint von Verlagshaus Römerweg, 2012	N° 83 Jallaluddin Rumi Rumi Zitate auf dem Web
N° 84 Vijnana Bhairava Das göttliche Bewußtsein.: 112 Weisen der Mystischen Erfahrung im Sivaismus von Kashmir von Bettina Bäumer Verlag der Weltreligionen im Insel Verlag, 2008	N° 85 Maharishi Mahesh Yogi Zitate
N° 86 Thousand Teachings of Shankara von Sankaracarya (Autor), A.J. Alston (Übersetzer) Verlag: Shanti Sadan; 1990	N° 87 Katharina von Genua Life and Doctrine von Catherine of Genoa Verlag: CreateSpace Independent Publishing Platform, 2013
N° 88 Jallaluddin Rumi Rumi Zitate auf dem Web	N° 89 Sri Chinmoy Meditation Menschliche Vervollkommnung in göttlicher Erfüllung Sri Chinmoy Verlag, 1980

N° 90 Maharishi Mahesh Yogi Zitate	N° 92 Lalleshwari von Swami Muktananda Verlag: Syda Foundation, 1981 © 2017 SYDA Foundation®. All rights reserved.
N° 93 Atem des Absoluten Dialoge mit Mooji: Manifestes und Nichtmanifestes sind eins von Mooji (Autor), Daniel Herbst (Übersetzer) Noumenon-Verlag, 2012. Seite 58	N° 94 The Kena Upanishad Rediscovering Indian Literary Classics von Muni Narayana Prasad Verlag: D.K. Print World Ltd, 1996 Sprache: Englisch, Sanskrit
N° 95 Der Weg durchs Feuer. Tagebuch einer spirituellen Schulung durch einen Sufi-Meister. Ungekürzte Ausgabe Ansata-Verlag, 1989 Seite 205	N° 96 Der Weg durchs Feuer. Tagebuch einer spirituellen Schulung durch einen Sufi-Meister. Ungekürzte Ausgabe Ansata-Verlag, 1989. Seite205
N° 97 Shankara, Sankaracarya Zitate	N° 98 Niklaus von Flüe: Engel des Friedens auf Erden von Johannes Schleicher & Tanja Hoegg Vier-Türme-Verlag; Auflage, 2016
N° 99 Juliana von Norwich zugeschrieben Juliana von Norwich, die englische Heilige des Mittelalters, schrieb: »Gott steht im Mittelpunkt zwischen allen Dingen».	N° 100 Ich ging den Weg des Derwisch Von Reshad Feild Diederichs Verlag, 1987

N° 101 Maharishi Mahesh Yogi Zitate	N° 102 Life and Doctrine von Catherine of Genoa Verlag: CreateSpace Independent Publishing Platform, 2013
N° 103 Atem des Absoluten Dialoge mit Mooji: Manifestes und Nichtmanifestes sind eins von Mooji (Autor), Daniel Herbst (Übersetzer) Verlag: Noumenon-Verlag, 2012 Seite 198	N° 104 Dalai-Lama XIV
N° 105 I Have a Dream von Martin Luther, Jr. King HarperOne Verlag, 2003	N° 106 Pyar pyar.de
N° 107 Maharishi Mahesh Yogi Zitate	N° 108 Pyar pyar.de
N° 109 Gebet	N° 110 Vijnana Bhairava Das göttliche Bewußtsein.: 112 Weisen der Mystischen Erfahrung im Sivaismus von Kashmir von Bettina Bäumer Weltreligionen im Insel Verlag, 2008
N° 111 Reise ins Nichts: Geschichte eines Erwachens von Pyar J. Kamphausen Verlag; 2000	N° 112 Thich Nhat Hanh Ohne Schlamm kein Lotos: Die Kunst, Leid zu verwandeln Ursula Richard (Übersetzer) Verlag: Nymphenburger, 2015

N° 113 Reise ins Nichts: Geschichte eines Erwachens von Pyar J. Kamphausen Verlag; 2000	N° 114 Buddha, das Herzsutra
N° 115 Hazrat Inayat Khan www.sufismus.ch wahiduddin.net	N° 116 Jallaluddin Rumi Zitate
N° 117 Wichtiges Gebet und Mantra im Islam.	N° 118 Hazrat Inayat Khan. www.sufismus.ch wahiduddin.net
N° 119 Ich ging den Weg des Derwisch Von Reshad Feild Diederichs Verlag, 1987	N° 120 Vincenzo Kavod Altepost
N° 121 Maharishi Mahesh Yogi Zitate	N° 122 Ein Gedicht von meiner Mutter Cornelia Forster www.adhikara.com/cornelia-forster
N° 123 Sufi Gedanke	

AKTUELLE NEUIGKEITEN,
Fotos, Informationen, Mitteilungen und Aktualisierungen
betreffend dem Buch: «Grundlegende Gutheit Innere Freude»
Die Richtigkeit der „QR Codes" kann mit dem Verstreichen der Zeit
nicht gewährleistet werden.
Webseiten erneuern gelegentlich ihre Struktur und ihre Inhalte.

Veränderungen mir bitte melden: v.altepost@bluewin.ch
Auf der Webseite   www.adhikara.com/buch-infos
werde ich versuchen die Korrekturen einzufügen.
Danke.

Danke

PLATZ FÜR EIGENE GEDANKEN

PLATZ FÜR EIGENE GEDANKEN